6 Basics of
Contemporary Psychology

ベーシック現代心理学

教育心理学

[第3版]

子安増生・田中俊也・南風原朝和・伊東裕司 著

Yuhikaku

第3版へのまえがき

　本書は、〈ベーシック現代心理学〉の1冊として1992年1月に発刊され、11年間で15刷をかぞえた後、内容の改訂を行い2003年3月に新版を刊行し、さらに12年間で12刷をかぞえた。そしてこの度2度目の改訂を行い、第3版として刊行することになったものである。

　教育心理学のベーシックなテキストとして着実にロングセラーの道を歩めたことは、教科書に採択して下さった先生方および一般読者の皆様のご支援のお蔭と心より感謝申し上げるとともに、今後の新たなユーザーにとってより相応しい内容になるように内容を一新した次第である。

　著者4名のチームワークは初版から変わらず、「学級集団の理解」の章を第4章から第6章に移したほかは、大幅な章立ての変更も行っていない。全体の枠組みは初版と新版のものを継承しつつ、この12年の歳月の変化を押さえ、コラムも含めて、テキストとしてより利用しやすいものになるように留意して改訂を行ったものである。

　学習指導要領の改訂について見ると、初版刊行直後の1992年の改訂で小学校の生活科の新設、中学校の情報基礎領域の新設、高等学校の社会科の地理歴史科と公民科への改編、家庭科の男女必修化などが行われた。新版刊行の前年の2002年の改訂では、完全学校週5日制となるのを受けて、「ゆとりの中で生きる力の育成」をめざし、「総合的な学習の時間」が拡大されたが、その後「ゆとり教育」批判が高まった。2011年実施の最新の改訂は、次代を担う子どもたちがこれからの社会において必要となる「生きる力」を身に付けることを教育目標にうたうものとなった。小学5・6年生の外国語活動の時間が創設され、初等教育から高等教育まで、教育のグローバル化が広く進行している。本書は、このような教育制度・体制の変化に対応するための改訂でもある。

　今回の改訂作業にあたって、有斐閣編集部の櫻井堂雄氏に大変お世話になった。櫻井氏と有斐閣編集部の皆様に厚く御礼申し上げたい。

2015年2月10日

著者一同　識

初版まえがき

　20世紀も残すところ後10年を切った。後世，この世紀はいったい何の時代として位置づけられるであろうか。航空宇宙技術，医療技術，コンピュータ科学などの進歩に代表されるように，科学技術発展の世紀であったとみなされるであろうか。それとも，19世紀の植民地主義が残したさまざまな矛盾が二度にわたる世界大戦や各地の地域紛争という形で噴出した世紀ととらえられるであろうか。もちろんさまざまな考え方が可能であるが，1つの見方として，20世紀を「教育の世紀」であったととらえることもできよう。

　学校教育（近代公教育）は19世紀の半ばころから興ったが，それが飛躍的に発展したのは今世紀になってからのことである。子どもたちや多くの青年がまったく労働というものを行わず，日中の大部分の時間を学校ですごすということは，現代の日本人にとってはごく当たり前のことであるが，時計の針を100年余り元に戻してその当時の人の視点に立って考えてみると，このことは想像を絶するできごとであるにちがいない。

　学校教育は，導入の当初はぎくしゃくとした形で社会に受け入れられたが，やがて安定した制度として社会の中に定着していった。しかし最近では，激動する社会の大きな変化に比して，学校教育の変化があまりにも緩慢であり，両者の間のズレが拡大することへの懸念や問題点が指摘されるようになってきた。また，今世紀の後半には，教育が子どもたちのためだけではなく人間の一生を通じて重要であるとする生涯教育または生涯学習の視点が強調されるようになってきた。このような時代の流れの中で，教育心理学も現代的な教育の課題について積極的に取り組んでいくことが期待されていると言えよう。

　本書は，有斐閣〈ベーシック現代心理学〉シリーズの1冊として，教育心理学の最近の研究動向や問題意識の変化をおさえつつ，スタンダードなテキストになることを目ざして書かれたものである。心理学の世界では，1956年ころから始まったといわれる認知科学，およびその1つの研究分野としての認知心理学が，教育の諸問題に対して新しい理論や方法論を次々に提出してきた。本書では，このような新しい考え方を積極的に取り入れると同時に，従来の教育

心理学の成果の中で重要なものはきちんと押さえておくという方針で編集され，執筆が進められた．

また本書は，昭和63年12月に改正された教育職員免許法（教免法）と平成元年3月に改正された新学習指導要領を意識しつつ編集されている．改正教免法の教員免許状取得の要件となる履修科目の規定では，従来の教育心理学，児童心理学，青年心理学などの専門教育科目が「幼児，児童又は生徒の心身の発達及び学習の過程に関する科目」と「教育の方法及び技術（情報機器及び教材の活用を含む．）に関する科目」の2つに変更されたと考えることができる．本書は，この2つの科目を学習する上で必要なテーマをできる限りカバーするようにした．また，新学習指導要領の大きな改正点である小学校低学年の生活科やコンピュータ教育の導入の問題についても積極的に取り上げた．

本書は，大きく言って3つのパートから構成されている．第1章「教育心理学の課題」は，本書全体のイントロダクションとして教育心理学の課題や立場，およびその学び方について述べたものであり，この章が第1のパートを占めるものである．第2のパートは，第2章「発達過程の理解」，第3章「適応と障害の理解」，第4章「学級集団の理解」，第5章「学習の基礎の理解」，第6章「新しい学習研究の理解」の5つの章であり，発達・学習・認知・適応・障害・学級集団といった教育心理学の基礎的理論の要点をどのように理解すべきかという視点で書かれている．第3のパートは，第7章から第10章までの4つの章であり，第7章「授業の方法」，第8章「情報機器の活用方法」，第9章「教育評価の方法」，第10章「教育データの分析方法」というように，教育心理学の実際的活用にあたって必要な方法論についての押さえを中心に議論が展開するものである．

第5章と第6章が連続した内容の章となっているほかは，どの章からどの順で読んでいただいてもかまわないのであるが，教育心理学全体について一から学びたいという読者は，各章を順を追って読んでいくことがよいであろう．

本書を作るにあたって，4人の執筆者の活動の場が東京・新潟・京都・大阪と地理的に離れていることや，執筆者の1人が長期間アメリカに出張したということもあり，全員そろって打ち合わせを行う機会が得られなかった．しかし，企画の段階で会合を開いたり，執筆や校正の段階で緊密に連絡をとりあって作

業を進めることによって，本書全体の統一性については十分配慮したし，4人の執筆者がそれぞれの専門的知識を生かし，持ち味が出せたのではないかと考えている。

　最後になったが，有斐閣編集部の堀田 清氏と大前 誠氏には，本書の企画から出版までのあらゆる段階で大変お世話になった。この場を借りて心より感謝申しあげたい。

　　1991 年 10 月

子 安 増 生
田 中 俊 也
南風原 朝和
伊 東 裕 司

も く じ

第1章 教育心理学の課題 …………………………………… 1

1 教育心理学とはどんな学問か　1
教育心理学の定義／心理学と教育心理学の関係／教師の仕事と医師の仕事／教育効果の検証

2 日本の教育の現状と問題点　12
外国から注目された日本の教育／個性化教育について／アカウンタビリティ／学校5日制の導入／学習指導要領の改訂

3 教育心理学の学び方　23
教育心理学の研究方法／教育心理学の研究領域／教育心理学の文献

第2章 発達過程の理解 …………………………………… 29

1 発達の基礎概念　29
発達の定義／発達と関連することば／発達曲線／発達加速現象

2 発達段階　33
発達段階を区分する理由と留意点／発達段階の行政的区分／発達心理学における発達段階の区分

3 ピアジェの発生的認識論　46
ピアジェ理論の基本的概念／感覚-運動期／前操作期／具体的操作期／形式的操作期

4 最近の認知発達理論　51
新ピアジェ派——情報処理的発達観／「心の理論」研究

第3章 適応と障害の理解 …………………………………… 55

1 適応と教育　56
適応とは何か／適応とパーソナリティ／自己概念と適応／学校教育と適応／学校不適応／教育相談

2 特別支援教育　62
国際障害分類から国際生活機能分類へ／特別支援教育の開始

3 個別の障害の理解　65
障害の分類／障害児教育の課題

第4章 学習の基礎の理解 …………………………………… 75

1 行動主義的な学習理論　76
学習とは何か／2つの行動の分類／レスポンデント条件づけ／オペラント条件づけ／強化スケジュール／反応形成／プログラム学習

2 学習の基礎としての記憶　83
短期記憶と長期記憶／記憶の2貯蔵庫モデル／短期記憶から長期記憶への情報の転送／文，文章などの記憶

第5章 認知心理学の観点から見た学習 …………………… 93

1 知識獲得としての学習　94
2種類の知識／宣言的知識の形態／手続的知識の形態

2 学習過程の種類　98
記憶による学習／習熟による学習／試行錯誤による学習／例からの学習／説明による学習／例の記憶による学習／他者との相互作用による学習

3 学習研究におけるいくつかの焦点　106
構成主義／誤ることの意義／学習の転移／メタ認知の役割／状況に埋め込まれた学習

4 数学の問題解決の学習——まとめに代えて　115
リソース，ヒューリスティック，制御／信念システム，文化

参入

第6章　学級集団の理解 …………………………………… 119

1　学級集団の特徴　119
集団の構成原理／学級集団の特徴

2　学級集団の機能　121
教授-学習機能／役割取得の訓練機能／利他的行動の育成機能／集団規範の体得・自己欲求抑制機能／社会的欲求の充足機能／共感性の育成機能

3　学級集団の発達過程　122
探索・同一化／集団目標・集団規範の発生／内集団と外集団の分極化／集団雰囲気の発生／役割分化と凝集性の高まり／学級風土

4　学級の対人関係　125
友人関係／社会的促進と社会的抑制／向社会的行動と共感性の育成

5　学級の病理現象——いじめについて　129
いじめの定義と原因／いじめの予防と対応

第7章　授業の方法と教師の役割 ……………………………… 135

1　授業理論　135
「形成」のスタンスの教師の授業／「共学」のスタンスの教師の授業／総合的な学習の授業

2　授業形態　142
「教える」授業／「学ぶ」授業／個性を尊重した授業／アクティブ・ラーニング

3　教師の役割　148
望まれる資質・力量／教師のリーダーシップ

第8章　教室でのICT活用 ……………………………………… 153

1 メディア・リテラシーと情報の教育化　153

2 情報の教育化と教育の情報化の経緯　155
　　情報の教育化／教育の情報化

3 ICT 活用の基本理念　159
　　視聴覚教育の理論／視聴覚機器の機能の分類／マルチメディア・コンピュータの特性

4 ICT 活用の理論的根拠　162
　　知識表象のレベル／知識表象のパラドックス

5 教室での ICT 活用の形態　166
　　コンピュータで学ぶ／コンピュータで教える／コンピュータで表現する／コンピュータでコミュニケーションする

6 教室外での ICT 活用　173

第9章　教育評価の方法　177

1 教育評価の機能　177
　　教育評価とは／指導の過程に直結した評価／指導上の参考にするための評価／選抜や配置のための評価／研究的な評価

2 評価情報の収集法　182
　　学力テスト／パフォーマンス評価とルーブリック／ポートフォリオ評価／各種の心理検査／質問紙調査／インフォーマルな情報収集

3 評価情報の解釈と利用　192
　　達成基準に基づくテスト得点の解釈／集団基準に基づくテスト得点の解釈／個人内基準に基づくテスト得点の解釈／テスト得点の解釈の妥当性／テスト得点の信頼性／正誤パターンおよび誤答の分析

第10章　教育データと分析結果の見方　201

1 データの分布の特徴の把握　201
　　度数分布／代表値／散布度／母集団と標本と統計的推論

2　複数の分布の平均の比較　205
　　効果量／平均値差の検定／検定から推定へ／3つ以上の群の間の平均の比較

3　2つの変数間の関係の把握　212
　　散布図と相関関係／相関係数とその解釈上の留意点／統計的な予測

4　多くの変数間の複雑な関係の把握　218
　　説明変数が2つある場合の予測・説明／潜在変数の導入／変数間の交互作用／コンピュータ・ソフトウェアの利用

● コ ラ ム

1　カフェテリア教育 vs. 全人教育（26）
2　小学校で教わる漢字（42）
3-1　映画に描かれた障害者（68）
3-2　アセスメント（72）
4-1　オペラント条件づけの応用（82）
4-2　認知心理学における記憶研究の展開（88）
5-1　ブランドは学習されたもの？（97）
5-2　動機づけと学習（114）
6　学級崩壊の本質的原因（133）
7　大学における講義とゼミ（141）
9-1　学習者のテスト観（180）
9-2　PISA（186）
9-3　CBTと項目反応理論（IRT）（196）
10-1　個人間の相関関係と個人内の共変関係（214）
10-2　"輪切り"選抜と回帰効果（216）

引用文献　225
事項索引　233
人名索引　242

本書のコピー，スキャン，デジタル化等の無断複製は著作権法上での例外を除き禁じられています。本書を代行業者等の第三者に依頼してスキャンやデジタル化することは，たとえ個人や家庭内での利用でも著作権法違反です。

◆ 著者紹介

子安 増生（こやす ますお）　1, 2, 3章担当。
1950年生れ。1977年京都大学大学院教育学研究科博士課程中退。
現在，京都大学名誉教授。博士（教育学）。
主　著　『心の理論』（岩波書店，2000年），『幼児が「心」に出会うとき』（共著，有斐閣，2000年），『ミラーニューロンと〈心の理論〉』（共編著，新曜社，2011年），『発達心理学Ⅰ・Ⅱ』（共編著，東京大学出版会，2011・2013年），『公認心理師エッセンシャルズ』（共編著，有斐閣，2018年），『基本がわかる 心理学の教科書』（実務教育出版，2024年）ほか。

田中 俊也（たなか としや）　6, 7, 8章担当。
1952年生れ。1981年名古屋大学大学院教育学研究科博士課程修了。
現在，関西大学名誉教授。博士（心理学）。
主　著　『思考の発達についての総合的研究』（関西大学出版部，2004年），『大学で学ぶということ』（共著，ナカニシヤ出版，2015年），『教育の方法と技術』（編著，ナカニシヤ出版，2017年），『大学での学び――その哲学と拡がり』（関西大学出版部，2020年）ほか。

南風原 朝和（はえばら ともかず）　9, 10章担当。
1953年生れ。1981年アイオワ大学大学院博士課程修了（Ph.D.）。
現在，東京大学名誉教授。
主　著　『心理学研究法入門』（共編著，東京大学出版会，2001年），『心理統計学の基礎』（有斐閣，2002年），『臨床心理学をまなぶ7 量的研究法』（東京大学出版会，2011年），『続・心理統計学の基礎』（有斐閣，2014年），『検証 迷走する英語入試』（編著，岩波書店，2018年）ほか。

伊東 裕司（いとう ゆうじ）　4, 5章担当。
1955年生れ。1982年慶應義塾大学大学院社会学研究科博士課程単位修得退学。
現在，京都女子大学教授，慶應義塾大学名誉教授。博士（心理学）。
主　著　『記憶の心理学』（分担執筆，太田信夫編，放送大学教育振興会，2008年），『認知心理学を知る〔第3版〕』（共編著，おうふう，2009年），『裁判員の判断の心理』（慶應義塾大学出版会，2019年）ほか。

第 1 章 教育心理学の課題

　子どもたちが学校に行って「読み書き計算」をはじめとする教育を受けるということは，人類の長い歴史から考えると決して自明のことでも当然のことでもなく，先進工業諸国においてさえ，19世紀半ばころに開始された，たかだか150年ほどの期間の慣行である。教育を受ける渦中にある生徒や学生の間は，教育とはいったいどうあるべきかを考える余裕はないかもしれない。教育を対象として，それを学問的に検討することは，個人的な体験に根ざしつつ，それを対象化・一般化する必要があり，ある意味で高度な営みといえる。教育心理学は，そのことを心理学の観点から行おうとするものである。本章では，教育心理学とはどんな学問か，わが国の教育の現状と問題点は教育心理学からはどのように分析されるか，教育心理学を学ぶにはどうすればよいかについて概説する。

1 教育心理学とはどんな学問か

◆ 教育心理学の定義

　教育心理学という学問は，一般的にはなじみの薄いものであろう。そのようなものは高等学校までの教科には出てこないし，大学（短期大学も含めていう）の従来の一般教育の授業でも，心理学や心理学概論を学ぶ機会はあっても，教育心理学を履修することはない。また，かつては，教育心理学は教育原理などと並んで，大学で教員免許状をとるための必修科目の1つであった。しかし，

1988（昭和63）年の12月に改正された教育職員免許法（教免法）が定める「教職に関する専門教育科目」には，
　「幼児，児童又は生徒の心身の発達及び学習の過程に関する科目」
　「教育の方法及び技術（情報機器及び教材の活用を含む。）に関する科目」
の2つがあるだけで，教育心理学という科目名はなくなってしまった。教免法改正後も「教育心理学」を授業科目名として残して対応している大学は少なくないし，教育心理学の重要性はむしろますます高まっているのであるが，少なくとも名目上はいわゆる免許科目から消えてしまったのである。なお，その後の教育職員免許法の改正に伴い，現在教職に関する科目は，①教職の意義等に関する科目，②教育の基礎理論に関する科目，③教育課程及び指導法に関する科目，④生徒指導，教育相談及び進路指導等に関する科目，⑥教育実習，⑦教職実践演習から構成されるようになっている。

　さて，教育心理学の教科書では，教育心理学は「一般心理学に対して特殊部門を構成する心理学の一分野として位置づけられていると同時に，教育社会学などと隣接する，教育科学の一分野ともみなされる」（倉石ほか『教育心理学〔改訂版〕』1978，1ページ）学問であり，その性格は「教育に関する心理学的事実や法則を明らかにし，教育の営みを効果的に推進するために役立つような知見や技術を提供するもの」（前掲書，1ページ）と定義されている。

　教育心理学のこのような位置づけと性格に関して，もう少し説明を加えよう。

◆ 心理学と教育心理学の関係

(1) 心理学の方法論　　前述のように，教育心理学は心理学の下位部門の1つであり，これまで心理学の研究方法やその研究成果を取り入れて発展してきたものである。

　歴史的に見ると，心理学は最初哲学の一分科であり，思弁的方法（経験によらず，頭の中で理性だけに訴えて考えること）が重視された。その後，近代科学の興隆とともに，心理学は物理学・化学・生物学などの自然科学の研究方法を取り入れることに熱心な時代があった。しかし，やがて純然たる自然科学の方法だけでは人間の心の問題が解明できないことが明らかになり，心理学は独自の方法を求めはじめたのである。

　自然科学の重要な方法である観察と実験は，人間に対する観察・実験が物質

に対する場合とは本質的に異なる側面があることに注意をはらいつつ，心理学においても中心的な方法として用いられている。また，一般に「アンケート」ということばで理解されている質問紙調査法は，心理学ならびに社会学が開発した方法である。さらに，個人をよりよく理解する方法として，面接法，事例研究法，心理検査（心理テスト）法などが用いられる。以上のような心理学の研究法は，教育心理学においても同時に有用な方法である（本章**3**参照）。これに対して，教育心理学が独自に開発したものには授業分析法，テスト構成法，教育統計法などがあるが，全体としてはそう多いとはいえないだろう。

他方，研究の成果に関しては，心理学と教育心理学の間で活発な相互交流が行われてきたといってよい。たとえば，歴史と規模の点でわが国の心理学関係の二大学術団体といえる「日本心理学会」と「日本教育心理学会」は，その両方に加入している会員が多いし，論文・著書などでの文献の引用も相互的に行われている。

(2) 教育心理学の独自性　上で述べたように，教育心理学の研究方法の多くが心理学からの借用ないし応用であるとしたら，教育心理学は心理学に従属する学問であり，独自性はないということになるのだろうか。必ずしもそうとはいえないのである。

心理学は，ごく一般的にいうならば「人間の行動の事実と法則を明らかにすることを通じて人間の心のはたらきを解明しようとする学問」である。他方，教育心理学はこの定義の最初の部分に「教育場面における」という限定句をつけることによって，その基本的定義が成立するようにみえる。しかしながら，それですべてが尽きるわけではない。

教育には，教える人（教師）と教えられる人（学習者）があり，教える内容（教科，教材）があることは誰にでもわかる。しかし，それに加えて，あるいはそれ以上に重要なのが，「何を」「どこまで」「なぜ」教えるのかということ，すなわち教育目標の問題と，「何を用いて」「どのようにして」教えるのかということ，すなわち教育方法の問題の2つである。つまり，教育心理学においては，教育場面における人間の行動の事実と法則を明らかにするだけでは不十分であり，教育目標の適切さを論じたり，一定の教育目標に照らしてある教育方法の是非を論じるような，いわば価値的な視点が大切となるのである。そして，

このことは，心理学からだけでは決して出てこない，教育心理学独自の視点といえよう。

では，他方において，教育学に対する教育心理学の独自性はどこにあるだろうか。教育学と一口にいっても，教育の本質とは何かを考える教育哲学，教育思想や教育制度の歴史的発展を明らかにする教育史，国や文化による教育現象の違いを比較検討する比較教育学，教育内容の範囲と順序性の観点から適切なカリキュラム構成を探究する教育課程論，学校と社会の関係を理論的・実証的に考察する教育社会学，教育の法的根拠や教育計画について論ずる教育行政学など，細かく専門分化している。これらの分野と教育心理学とは，研究目的も研究方法も異なっており，ことさら違いを強調する必要はないのであるが，とくに重要な問題として，「教育効果の検証」という点に教育心理学の独自性を主張できるのではないだろうか。

以下，このことを説明するために，教師の仕事と医師の仕事の違いについて考えることからはじめたい。

◆ 教師の仕事と医師の仕事

（1）教師と医師の類似点　はじめに，教師と医師の似ているところについて考えてみよう。

教師と医師という職業は，ともに社会にとって不可欠なものである。もちろん，他の多くの職業も社会にとって重要であり，この2つだけがとりたてて重要とはいえないかもしれない。しかし，教師と医師がきちんと仕事をしてくれる社会でないと，われわれは安心して毎日を過ごすことはできない。教師や医師が人間として尊敬できるような人であってほしいという願いをこめて，「士」でなく「師」の字をつけてよぶのであろう。

近代国家では，第三次産業（サービス業）の果たす役割が大きいが，その中でも教育機関と医療機関を整備することが，金融機関や交通・通信機関の整備などと並んで重要な課題である。そのため，教師と医師を計画的に養成し，無資格の者や不適格な者を排除するために免許制度を採用している国が多いのである。わが国において，各都道府県に必ず国公私立の医科大学・医学部と，国立の教育大学・教育学部（教員養成系学部）が置かれているのもそのためである。

そして，他の学部と違って，医学部と教育学部では，最初から医師または教

師をめざして入学してくる学生の比率が高く，良かれ悪しかれ職業志向的であることが，この両学部の教育方針や学生の意識の特徴であるといえよう。

(2) 教師と医師の社会的評価の違い　ところが，世間が教師に対して与えている社会的評価と医師に対して与えている社会的評価は必ずしも同一ではない。要するに，教師の社会的評価が医師にくらべて低いということが一般に多くの国々で見られるのである。

このような教師と医師の社会的評価の違いは何に由来するのであろうか。もちろん，それが収入の差に基づくことはいうまでもないが，収入の高い職業であればすべて高い社会的評価が得られるというものでもないし，収入の高さそのものが何によって決まるのかも考えなければならない。そこで，次に両者の社会的評価の違いを生み出すと思われるいくつかの理由を考えてみよう。

まず第1に，医学部と教育学部の入学のしやすさの違いである。わが国では，このことがよく受験の偏差値という物差しであらわされる。医学部と一口にいっても，トップクラスの大学としんがりの大学とでは偏差値に天地ほどの違いがあるが，平均すれば医学部は教育学部よりも偏差値がずっと高いことは，世に知れわたっている。また，医学部が教育学部よりも入学がむずかしいということは，わが国に特有のものではなく，多くの国々で見られることである。

第2に，医師の養成は，教師の養成にくらべると，養成期間の長さと専門性の高さという点ではるかに上を行く。医学部は6年制であり，医師になるためには医師国家試験をパスし，研修医として修練を積まなければならない。そして，重要なことは，現在はこのコースしか医師になる道はないという点にある。

他方，教育学部は4年制であり，所定の単位を修めて教員免許状を取り，教員採用試験に合格し，教師として採用される。これが1つの典型的コースであるが，短期大学で同様のコースをとれば2年間で教師になれる。また，小学校教員の養成を行っている大学・学部は限られているが，中学・高校の教員では，教育学部以外の学部を出ても教職科目の単位を取りさえすれば教師になれるし，実際そういう教師の比率が高い。後者のことは，「教員養成の開放制」として一般に高く評価されており，たしかに広い視野をもった教師を育てるという点では大変よい制度なのであろうが，教師養成の専門性の高さということとは，どうしても矛盾が生ずる。

第3に，行為の目標の明確さということをあげなければならない。医師の行為の目標は，病気やけがを治し，あるいは病気を予防することである。この目標はきわめてわかりやすい。もちろん，時代によって，また地域によって，重大な病気の種類は違う。たとえば，人間にとって致命的な病気の種類は時代によって変化してきた。中世のヨーロッパでは，黒死病（ペスト）が最も深刻な問題であった。産業革命以降は，肺結核がこれにとって代わった。そして，現在では，ガンの治療が最大の問題である。しかし，患者の病気やけがを治すという医師の仕事の基本的な目標は，時代や地域を越えて普遍的に存在するものである。

　ところが，教育の目標は時代，地域，文化・社会の影響を強く受ける。第二次世界大戦以前のわが国では，忠君愛国の人間をつくることが最大の教育目標であった。それが，戦後は民主的人間をつくることにとって代わった。180度の転換といってよい。また，現在の日本の教育目標がどのようなものであるかについて，国民的合意（コンセンサス）を得ることははたして可能であろうか。さらに，仮に日本の国内で意見の一致がみられたとしても，他の多くの国々では違った教育目標が存在するのである。

　第4として，行為の結果の明瞭さをあげよう。医師の行う医療行為は，結果が比較的はやく，かつ，はっきりとわかる。すなわち，病気やけがが治るか治らないかのどちらかである。祈禱師（きとう）もお祈りという行為で病気を治そうとするが，現代社会において彼らが信用されないのは，行為と結果の結びつきがはっきりしないからである。

　教師の行為とその結果は，もちろん祈禱師ほどあいまいではないが，医師の場合ほど明確でないこともまた事実である。教育の効果は，卒業生を上級学校に何人送りこんだかという単純な結果なら比較的わかりやすいが（それにしても成果があらわれるまで何年もかかる），人間性の形成ということになると長い年月が必要であるし，結果の評価の仕方も一義的でない。

　この行為の結果の明瞭さということが，ある意味で最も重要な問題なのである。このことを論ずる1つの手がかりとして，医師の行為の結果が明瞭になったのは近代医学の出現以降のことであり，それ以前は医師もまたあまり専門性の高くない職業だったという事実について説明しておこう。

(3) 専門分化する以前の医業　たとえば，ヨーロッパ中世を例にあげる。この時代には，王侯・貴族・大商人などの高貴なあるいは富裕な階層では，病気やけがをみてくれる専門の医者がいただろうが，ふつうの庶民は専門の医師にかかる機会も金銭的余裕もほとんどなかったと考えてよい。

では，庶民は病気やけがのときはどうしたのか。ただがまんして寝ているだけとか，あやしげな民間療法にたよることも多かったが，専門家ではないにしても，一応医師の役をしてくれる人はいたのである。

まず，今でいう内科的な仕事は「僧院医学」が対応した。キリスト教の神父たちは信者からさまざまな悩みの相談を受けるわけだが，その悩みの中には身体の不調が原因となっているものも少なくなかった。神父たちは当時の知識階級に属し，基礎的な医学の知識を持っている人が少なくなかった。彼らはまた，薬草に関する知識も持ち合わせていたから，僧院の裏庭で薬草を栽培し，そこから薬をつくりだすこともできた。たとえば，シェイクスピア作の有名な悲劇『ロミオとジュリエット』に登場するロレンスという神父もこのような僧院医学の心得がある者という設定らしく，劇の中でジュリエットに42時間だけ仮死状態になる薬を与える場面がある。また，別の例であるが，僧院の裏庭に植えたエンドウの交配実験から遺伝の法則を発見した修道士（最後は僧院長）メンデルも，この僧院医学の伝統の中から出てきた人といえる。

このように，ヨーロッパ中世では内科的な仕事は僧院医学が担当したが，それでは外科的な仕事は誰が行ってきたのであろうか。折れた骨をついだり，出血の手当てをしたり，時には虫歯になった歯を抜いたりという荒療治や血を見る「不浄な」仕事は，聖職者である神父さんにはできないものである。そこで，このような歯科を含めた外科的仕事は，何と散髪屋さんがやっていたのである。これを「理髪外科」という。フランスでは，18世紀の中ごろまで理髪師と理髪外科は同じ組合（ギルド）に属していたとされる。

今日，日本の散髪屋の店の前には，赤と青と白の斜めの帯状の模様をした円筒がクルクル回っているが，実はあれは散髪屋が外科をかねていた時代の看板の名残であると言われる。つまり，赤は動脈を，青は静脈を，白は包帯をあらわす色とされ，それが外科の仕事の象徴となっているのである。

このように，ヨーロッパの中世においては，もちろん国による差とか，都市

部と農村部の違いなどはあっただろうが，医業は必ずしも専門的な仕事ではなく，いろいろな職業の片手間に行われていた場合が少なくなかったと考えてよさそうである。

(4) ブラインド・テストによる薬効の研究　中世のヨーロッパは黒死病（ペスト）が猖獗をきわめた時代でもある。医師たちは，この疫病に対してなすすべもなく，ただ患者を隔離し，病死体を埋めるしかなかった。しかし，近代医学は多くの病気の原因を明らかにし，効果的な治療方法を確立した。医師が専門的職業となるのは，このような近代医学が始まってからのことである。

ところで，たとえば薬の効果を調べようとする場合，次のような問題が生ずる。われわれは，病気になると，まずそれがどんな病気なのか，また，どのような治療をすればどの程度の期間で治るのかが知りたくなる。お医者さんにみてもらって，「大したことはありませんね。薬を飲めば2，3日でよくなりますよ」とでも言ってもらえば安心できる。まさに「病は気から」であって，不安は病状を悪化させ，安心は症状を軽くする。

そこで，極端な場合，これはよく効く薬ですよと言われてニセ薬を飲まされても病気が治ってしまう，ということが起こりうる。これは，偽薬またはプラシーボ（placebo）の研究として実際に行われているものである。1933年にイギリスのエバンズは，狭心症の発作をおさえる薬を研究する中で，薬とプラシーボの効果を比較する実験を行い，当時使われていた薬のうちプラシーボよりもよく効いたのは3分の1以下という事実を発見した。

その後のプラシーボの研究によれば，頭痛やせき程度の軽い病気の30％程度はプラシーボで治るといわれている。また，薬を飲むと，頭が重くなったり，眠くなったり，吐き気がしたり，胃のぐあいが悪くなったりという副作用が生ずることがあるが，プラシーボでも本来生ずるはずのない副作用症状の出る場合があることも確認されている。

さて，薬を与えるとき，患者に薬の内容を教えずに与えてその効果を調べる研究をブラインド・テスト（blind test）という。これには，表1-1に示すように，2通りのやり方がある。

表1-1の上の段に示すシングル・ブラインド・テスト（single blind test）では，薬の内容を知らないのは患者だけであり，担当医も薬の効果を調べる研究

表1-1　2種類のブラインド・テストの説明

	患者	担当医	研究者
シングル・ブラインド・テスト	×	○	○
ダブル・ブラインド・テスト	×	×	○

（注）○は薬の内容に関して知っている場合，×は知らない場合。

者もその内容をよく知っているという場面で研究が行われる。これは，アメリカのゴールドという人が1937年にはじめた方法であるとされる。ところが，このシングル・ブラインド・テストでは，担当医の薬に関する知識が患者に間接的に影響を与える可能性が残っている。つまり，医師がよく効く薬と信じて与える場合と，そうでない場合では，患者に与える安心感が異なってくることが考えられる。

そこで，表1-1の下の段に示すようなダブル・ブラインド・テスト（double blind test）が必要となる。つまり，患者も担当医も薬の内容をよく知らないような場面で投与し，その効果を第三者である研究者が調べていく方法がとられる。これは，1950年にアメリカのグレイナーがはじめた方法といわれている。このダブル・ブラインド・テストは，日本でも1965年ころから厚生省（当時）の薬事審議会でとりあげられ，現在ではダブル・ブラインド・テストで薬効の確認できるものしか新薬として認可されないようになっている。

(5) 教育におけるホーソン効果　では，以上のことを教育心理学にあてはめて考えるとどうなるだろうか。ここでは，薬の効き目の検証ではなく，ある教育方法の効果の検証について考えてみよう。ちょっと考えるとわかることであるが，教育方法の効果を調べる場合には，実はブラインド・テストのような方法を用いることが大変むずかしいのである。教育方法の効果を検証する場面では，ダブル・ブラインド・テストはいうまでもなく，シングル・ブラインド・テストの事態を作り出すことすらむずかしい。つまり，表1-1において，「患者」を「生徒」に，「担当医」を「担任教師」に置きかえ，「薬の内容に関して知っている」を「教え方について知っている」に読みかえたとする。これを表1-2としよう。問題は，教師が何か新しい教え方をはじめた場合，生徒がそれに気づかずにいるということがはたして可能かどうかということである。ふつうは，教師が何か新しい教え方をすれば，生徒は「あれ，いつもとは違う

表1-2　教育心理学へのブラインド・テストの応用

	生徒	担任教師	研究者
シングル・ブラインド・テスト	×	○	○
ダブル・ブラインド・テスト	×	×	○

（注）○は教え方について知っている場合，×は知らない場合。

な」と思い，そのことが生徒の注意や学習意欲を高める結果となりやすい。

このことは「教育におけるホーソン効果」ということばで説明される。ここで，ホーソン（Hawthorne）というのは，ウェスタン・エレクトリック社という電機メーカーの工場があるアメリカのイリノイ州の地名であり，1920年代から30年代にかけて，ここを舞台として生産効率をあげるためのさまざまな研究が行われたのである。

たとえば，工場の照明の明るさが作業能率に及ぼす効果の検討といった研究が行われた。工場の中に照明条件を変えることのできる実験的作業場を用意し，いくつかの作業現場から作業員に来てもらって実験を行った。その結果，照明条件が現在よりもよくなれば作業能率があがるが，照明条件が現在よりも悪くなっても作業能率がそれほど低下しないというデータが得られた。前半は予想されたことだが，後半はまったく予想に反するものである。

なぜこういう結果が生まれたかというと，作業員の人たちは，この実験でよい成績をあげれば待遇をよくしてもらえるかもしれないとか，自分は職場を代表してきているのだから仲間のためにもがんばらなくてはならないというようなさまざまな思惑から，ふだんよりもずっと努力したためと推測された。

これと同じことは教育場面でも生ずる。新しい教え方をはじめた当初は，生徒も先生もがんばるので教育効果があがったように見える。これが，教育におけるホーソン効果である。しかし，その方法が広く一般に普及すると，もの珍しさから生ずる魅力はあせ，陳腐なつまらないものになりさがり，教育効果もしぼんでしまうことが多いのである。

（6）ピグマリオン効果　このように，教育場面でブラインド・テスト（とくにダブル・ブラインド・テスト）を用いて調べることは大変むずかしいのであるが，ほとんど唯一の例外といえるのが R. ローゼンサールらによる「ピグマリオン効果」の研究である。

ピグマリオン効果という名の由来は，ギリシャ神話において，キプロス王ピグマリオンが自分の彫った美しい女性の像に恋をし，生きた人間の娘になることを強く願ったので，女神アフロディテがその願いを聞きいれてやり，像を人間の娘に変えてやったというエピソードがあり，それに因んだものである。

　ローゼンサールのある実験では，小学校1年生から6年生までの児童を対象とし，新学期に「学習能力予測テスト」と称して知能検査を行い，その中からランダムに20%の子どもを取り出して担任教師に「検査の結果，この子どもたちは将来きっと成績が向上する」という予想を告げた。そして，一定期間後に再び検査を実施したところ，1年生と2年生のみにおいて，実際にその子どもたちの得点の上昇が確認された。つまり，教師がこの子は伸びると思って教えると，実際に成績があがったというわけである。

　ピグマリオン効果の存在は，その後の追試研究の結果からは必ずしも確認されたものとはいえないのであるが，生徒にはもちろん先生にもニセの情報が与えられたという意味でダブル・ブラインド・テストの条件を満たしているといえよう。しかし，これは例外的な事例であって，教育方法に関わる場面でブラインド・テストを用いて調べることは，実施上の問題に加えて，偽の情報を与えるという研究倫理上の問題も含まれており，現在ではほとんど不可能に近いのである。

◆ 教育効果の検証

　薬の効果を調べる場合にくらべると，教育方法の効果を調べることはひどく困難な問題ではあるが，しかし，教育効果の検証をきちんと行っていかない限り，教育は教師の自己満足で終わってしまう危険性がある。教育心理学のめざすことの第一は，この教育効果の検証をきちんと行うことにあるといえよう。これまで，多くの教育改革が中途で挫折してきたのは，このことを疎かにしているからではないだろうか。

　たとえば，1979（昭和54）年の共通一次試験導入以後の国立大学の入試改革の混迷ぶりはどうだろうか。受験機会の複数化，推薦制度の導入，面接・小論文重視，大学入試センター試験への衣替え，AO入試の導入など多くの変更が行われてきたが，一方ではあまりにもよく変わるため「ネコの目入試改革」との批判も受けている（子安，2001）。入試方法を変えることによって何が変わっ

たのかをきちんと検証せず，ただその時どきに指摘された弊害だけに目を向け対症療法的に対策を考えるだけでは，所期の効果は達成できないのである。

　新しい教育制度や教育方法を導入しようとするとき，また既存の教育制度や教育方法を変更しようとするとき，事前の綿密なリサーチと事後のきちんとした効果の検証が必要なのであるが，そのようなことが十分に行われているとは言いがたい。医師が治るか治らないかわからないような治療しかできないとしたら，患者ははたして高いお金と長い時間をかけて医者にかかろうという気持ちが起きるだろうか。そのように考えると，教育効果を検証することの大切さが理解できるだろう。

　教育心理学の第一の任務は，さまざまな教育的はたらきかけや教育的関わりの効果をきちんと検証することにある。もちろん，それは第一の任務であって，それですべてが尽きるわけではない。そのことは本書全体を通読していただけばわかることであろう。

2　日本の教育の現状と問題点

　上で述べたように，教育心理学は現実の教育の諸問題と密接に関わる学問であるといえる。そこでこの節では，日本の教育の現状と問題点についていくつかのトピックスを選び，教育心理学の立場から少し考えてみることにしたい。

◆ **外国から注目された日本の教育**

　（1）アメリカとイギリスの教育改革の動向　　現在の日本の教育には改善すべき問題点が多いということが，新聞・雑誌・テレビなどで報道されるようになって久しい。マスコミの世界でこれに反論し，「いや，日本の教育はうまくいっている」と言おうものなら，「どこがうまくいっているのか」とたちまち袋だたきにあいかねない。ところが，他方では，欧米の各国が日本の教育の価値に注目しはじめたという報道が1980年代には行われていたのである。

　たとえば，1988年11月に放映されたNHK特集「世界の中の日本」では，日本型の教育を取り入れようとするアメリカやイギリスの教育改革の動向が伝えられた（NHK日本プロジェクト取材班，1989）。公教育ではないが，音楽教育の鈴木メソッドも外国での知名度が高い。

アメリカでは，レーガン政権下の 1983 年に，ベル教育長官の諮問機関である「教育の優秀性に関する全米審議会（National Commission of Excellence in Education）」が『危機に立つ国家（A nation at risk）』という報告書を提出し，アメリカの教育が憂うべき学力の低下をもたらしていることを指摘した。この報告書は，明らかに日本の教育の優秀性への対抗意識を念頭に置いて書かれたものである（橋爪，1984）。

ベル元長官は，NHK の番組の中でインタビューに応じ，アメリカの教育が次に何をすべきかという質問に対し，「もっと試験を増やし，その結果を生徒や親に報告し，やる気を起こさせることです。もう 1 つ必要なのは，登校日数を増やすことです。日本人が 240 日も登校するのに，我々が 180 日しか登校しないで，日本人を負かせといっても無理でしょう。我々は，もっと一生懸命勉強する必要があります。これまでより高い水準を期待し，生徒への要求も増やすべきです」と述べている（NHK 日本プロジェクト取材班，1989，37〜38 ページ；日本の登校日数は学校週 5 日制導入以前のものである）。

また，イギリスでは，1987 年に当時のサッチャー首相が全国共通カリキュラムの導入，全国一斉学力テストの実施，オプティングアウト制度の創設という大胆な教育改革を行った。オプティングアウト制度は，学校の運営権を地域の教育委員会から切り離し，PTA の代表者によって構成される理事会に委ねる方法を選択可能にする制度で，各地の教育委員会で根強い労働党の影響力を排除するための半私立化案といってよい。その際，サッチャー首相は，イギリスがアメリカ，ドイツ，日本との経済競争に負けないためには高学歴の若者が必要であり，そのために教育改革を断行するのだという意味のことを述べているのである（森嶋，1988）。この教育改革の基本的方向は，1997 年に政権が労働党のブレア首相に移った後も維持された。

(2)『ニッポンの学校』　アメリカやイギリスが日本の教育を参考にした教育改革をめざす動きを示していることと呼応するように，日本の学校教育のある面での優秀性を指摘する外国の研究者の著作が 1980 年代にあらわれた。

その 1 つは，アメリカの教育学者ウィリアム・カミングスの『ニッポンの学校』（Cummings, 1980）である。カミングスは，京都などの小・中・高校の教室に入り，そこで授業を実際に体験してこの本を書いた。カミングスがとくに注

目したのは，日本の学校の平等性と子どもたちの学力の高さである。

カミングスによれば，日本の教育の平等性は，すべて能力に応じて等しく教育を受ける権利を有すると規定した憲法の理念，都市化の過程で社会・経済的格差による居住地の分離が進まなかったこと，教師の平等主義志向の強さ，文部省（当時）による全国的に標準化されたカリキュラムなどがその原因となっているという。

また，学力の高さの要因としては，教育に対する親の関心の高さ，全国的に標準化されたカリキュラム，児童・生徒が学校で過ごす時間の長さ，秩序正しく授業を受ける態度の訓練，教職が安定した職業であることなどがあげられている。

他方，日本の教育の問題点として，カミングスは生徒の能力のランクづけを行う入試制度が進学中心の私立学校を増やし，そこでの受験競争が小学校で教えられた平等理念を忘れさせてしまう危険性を指摘している。

(3)『日本の高校』　2番目は，アメリカの文化人類学者トマス・ローレンの『日本の高校』(Rohlen, 1983) である。ローレンは，1974年から1975年にかけて，神戸市の5つの高等学校のようすをフィールド・ワークの手法でつぶさに観察し，それをアメリカのハイスクールと比較することによってこの本を書き上げた。

ローレンは，日本が学校教育の効率性という点ですでにアメリカをはるかに追い越していることを認め，「初等教育においては，美術や音楽はもちろんのこと，基礎教科の面でもアメリカより進んでいる。……私が推定したところによると，日本の高校卒業生は，平均的なアメリカの大学卒業生に匹敵する基礎知識を身につけている。英語はうまくしゃべれないが，英語の書き言葉の知識は，アメリカの大学卒業生が身につけている外国語の平均的な能力よりも，明らかに優れている」(友田訳，345ページ) と述べている。

しかし他方において，ローレンは，ある人から自分の子どもを日本の高校で学ばせたいかと聞かれたとき，即座に「ノー」と答え，そして，ほとんどのアメリカの高校についても同様に「ノー」と答えるであろうと付け加えた，という自分の経験を語っている。

まとめとしてローレンは，日本とアメリカの教育にはそれぞれ問題点があり，

そのことを孔子のことばを引用しつつ，日本の教育者は「学びて思わざれば則ち罔(くら)し」を，アメリカの教育者は「思いて学ばざれば則ち殆(あやう)し」を肝に銘ずべきであると言っている。このことばは，日本の教育では学問がきちんと体系的に教えられているので学力成績は高いが，生徒は型にはめられ自分で考える力に乏しいこと，対照的に，アメリカの教育では自己表現を重視するので生徒1人ひとりが個性的であるが，学問を体系的に教えることが十分でなく基礎があやふやになっていることのそれぞれに対して反省を促すものである。

(4)『日本の教育達成』 3番目の本は，イギリスの心理学者リチャード・リンの『日本の教育達成』(Lynn, 1988；子安, 1989参照)である。この本の中でリンは，学力の国際比較研究のデータに示される日本の児童・生徒の優秀性の原因を次のような点にまとめている。

(1) 日本の親たちは教育熱心で，子どもの学習に対する動機づけも高い。日本の母親は，アメリカの母親にくらべて，能力よりも努力をより重視し，子どもの現在の学業成績に対する満足度が低く，学校に対する不満が強い。これらのことは，子どもを勉学に駆りたてる大きな要因となっている。

(2) 中等教育が中学と高校に分かれており，高校入試と大学入試が明確な勉学の目標として設定されていることが，生徒の外発的動機づけを高めている。

(3) 日本の学校は年間の平均授業日数が240日（当時）であり，アメリカやイギリスの180日にくらべるとかなり長い。しかし，1日当たりの平均授業時間数は4.6時間であり，アメリカ・イギリスの5.0時間よりも短い。授業日数が長く授業時間数が短い方式は，子どもたちの疲労を少なくするので効率的である。

(4) 日本の学校で教えられるカリキュラムは，文部省（当時）によって細かく規定されている。そのことが教育の質を維持するのに役立っている。

(5) 日本の教師の能力は欧米諸国の中でも高いほうである。そのわりに，政府の予算に占める生徒1人当たりの教育費では，日本の数値は低い。その理由の1つは，幼稚園教育や中等教育・高等教育において私立学校の占めるウェイトが高いことにある。

以上の点はすでにカミングスらが指摘したことでもあるが，リンはさらに独

自に分析した知能研究のデータを提出した。ウェクスラー式知能検査などにより測定した日本の子どもの平均知能指数（言語的知能と視空間的知能をあわせたもの）をアメリカの子どもと比較した場合，幼児期の初期（2～4歳ころ）ではむしろ日本の子どものほうが低いが，10歳あたりで逆に追い越してしまうのである。一般に，算数・数学の成績は言語的知能との相関が高いとされるが，日本の子どもとアメリカの子どもとの間に言語的知能に関して大きな差はない。したがって，算数・数学の学力差は知能の差ではなく教育の効果である，とリンは解釈している。

　カミングス，ローレン，リンの3人の主張には「隣の花は赤い」式の見方も含まれ，日本人の目からは疑問に思える点もあるが，日本の教育を外から眺めることによって客観的に見つめることの重要性を示してくれたといえよう。彼らが指摘しているように，日本の教育に多くの長所があったことは事実である。しかし，その後，学校週5日制の導入（2002年から完全に土曜休業が定着）によって，年間の平均授業日数が大幅に削減され，その結果「ゆとり教育」批判が生ずるに至ったのは皮肉である。

◆ 個性化教育について

　ローレンの『日本の高校』にも示されているように，日本の教育の最大の問題点は児童・生徒の個性を伸ばすという点で十分でなかったというところにある。つまり，「個性化教育」の実現がわが国の教育改革最大の課題であったといってもよいだろう。以下，このことについて考えてみよう。

　(1) 社会化と個性化　　教育の仕事にたずさわる者，あるいは，これから教師になろうとする者は，次の2つの事柄を同時に理解する必要があるだろう。

　⑴「教育とは人間を型にはめるものである。」
　⑵「型にはまりきらないのが人間である。」

　⑴は個人が社会に適応する過程であり，「社会化」とよばれるものである。教育とは，それによって何かを得るものであると同時に，何かを失うものでもある。生まれたばかりの赤ちゃんは，どんな言語の音韻体系をも学ぶことができる潜在能力を持っている。アメリカに生まれれば英語が話せるようになるし，ロシアならロシア語，中国なら中国語がうまくなる。しかし，日本に生まれて2歳を過ぎ，日本語の音韻体系を理解するようになると，英語やロシア語や中

国語の音韻は聞き取りにくくなるし，うまく発音することもできない。「水路づけ」ということばがあるように，特定の言語を話す水路が通じる代わりに，他の水路は通じにくくなるのである。型にはめることを恐れていては，教育はできない。しかし，型にはめる時期や型にはめる方法については，その適切さを十分検討する必要がある。

　他方，(2)は「個性化」の過程である。教育すれば教えた通りの人間ができあがると考えるのは，あまりにも楽観的に過ぎる。そもそも，生徒が教師の教えた通りのことしか学ばないとすれば，そこには知識の「縮小再生産」しか存在しないことになる。生徒は教師をある面で乗り越えて進んでいかなければならないのであり，教師は「教えたように育ってほしいが，教えたように育つとは限らない」という覚悟をもって教育に取り組む必要がある。

(2) 伝統的授業形態からの脱却　日本の学校教育は，明治の初期以来連綿として続いてきた一定のスタイルを受け継いで行われている。それは，次のようにまとめることができる。

(1) 西側に教卓，南側に窓，北側に窓と廊下がある四間×五間（約7m×9m）の長方形の教室。
(2) 同年齢の子どもを同一の学習集団とする学年制。
(3) 1学級は40人程度あるいはそれ以上の大規模集団で構成され，1人の担任教師がつく学級担任制。
(4) 授業の形態は，教師が児童または生徒全員に話しかける一斉授業中心。

　もちろん，第二次世界大戦前と戦後では，学校建築，学級サイズ，授業形態に変化があったことは事実であるが，基本のところはそれほど変わっていないのである。このような伝統的教室は，それなりに合理的にできていて，とくに教育の効率性という点では優れたものと評価してよいだろう。しかし，このような伝統的授業形態では，子どもの個性を育てるという点で十分でないことも指摘されるようになってきた。このような伝統的授業形態から脱却するために，次に示すようなさまざまな方法が検討されている。

❶ **オープン・スクール**　　教室の壁がない，必ずしも矩形（長方形）の教室にこだわらないなど，自由度の高い建築空間を用意し，児童・生徒の個別的要求に対応できるようなカリキュラムを用意する学校形態である。

❷ 無学年制　　年齢の異なる学習者を1つの集団とする学級編成方式。僻地の学校などで見られる複式学級もその1つと考えることができるが，さまざまな年齢の子どもを1つの集団にすることに積極的意義を見出すものである。幼児教育における「縦割保育」はきょうだいの少ない現代の子どもたちに，擬似きょうだい体験をさせるという点で有効な方法である（子安ほか，2000）。

❸ ティーム・ティーチング　　1人の担任教師が1つの学級をみる形式でなく，何人かの教師が協力しあい，複数の学級の子どもたちを集団的に指導する体制。

❹ 適性処遇交互作用（ATI: aptitude-treatment interaction）　　アメリカのL. J. クロンバックが提唱した概念で，学習者の適性に応じた授業形態を用意する（第7章2の◆個性を尊重した授業参照）。図1-1の例は，大学の物理学概論の授業で性格が内向的な受講者にはフィルム・ライブラリーを利用した映画形式が適し，外向的な受講者には質問して答えさせることも含むアメリカ流の講義形式が適していることを示している。

❺ コンピュータ教育　　コンピュータの高度な情報処理能力を利用し，コンピュータの端末機器の操作を通じて個別指導や学習者の自学自習の徹底をはかるもの（第8章2参照）。

◆ アカウンタビリティ

アカウンタビリティ（accountability）は，「説明責任」と訳されることもあるが，ここでは学校または教師が自ら行っている教育活動について，保護者から求められたときにきちんと「説明できること」をいう。学校は，いわば親からの委託を受けて，子どもをそれぞれの家庭から切り離し，教育を行うために一定の時間預かるものである。その間，親は子どもの生活や教育の内容についていちいち口をはさむことができない。その代わりに，学校がしていることが善意に基づく行為であり，教育を行ううえで必要かつ適切であることを親たちに説明できなければならないのである。

学校教育をサービス産業の1つとみなすならば，親や子どもは消費者（コンシューマー）ということになる。アカウンタビリティには，消費者保護という意味合いがある。学校教育においても，欠陥商品（欠陥教育）や不当表示は許されない。たとえば，学校が教育上必要として設定しているさまざまな校内規

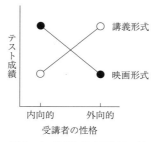

図1-1 適性処遇交互作用の例

則についても,ただ「学校の方針だから」といってすませる時代ではなくなりつつある。

　もちろん,すべての消費者が合理的行動をするわけではない。訴訟社会といわれるアメリカでは,早くから製造物責任ということがきびしくいわれてきた。たとえば,実際にあった事件として,雨にぬれた犬を乾かすために電子レンジにかけて死なせてしまった消費者の訴えが裁判で認められ,そうした使用法の危険性を警告しなかったメーカーの責任が問われたという(長谷川,1988)。企業にくらべて弱い立場にある消費者を保護するといっても,ここまでいくと度が過ぎると思う人も多いに違いない(ちなみに,わが国でも後を追うように1995年から製造物責任法が制定された)。しかし,犬を電子レンジにかけた責任をメーカーに求めることに類する,不当な要求を学校に対して行う親がいないとは限らない。そのようなとき,何が不当な要求で何が妥当な要求であるかを判断する基準と見識が学校や教師に求められる時代になっているのである。

　教育は,教師と児童・生徒や保護者との信頼関係があってこそうまくいくものである。その意味において,教育心理学でも,このような教育のアカウンタビリティに関する意識調査を行うことも今後の重要な課題といえよう。

◆ 学校5日制の導入

　1980年代以後のわが国の教育の動向において最も重要な変化の1つは,学校(週)5日制の導入である。

　少し過去を振り返ると,1986年ごろの各種の調査(当時の総理府が行った「学校教育と週休二日制に関する世論調査」など)の結果は,6日制のままでよいとい

う意見が多数派であったし，1986年の臨時教育審議会第二次答申でも学校5日制は「先導的な試み」や「検討」の対象事項の1つにすぎず，文部省（当時）は導入に比較的消極的な姿勢であった。

ところが，日本人が「はたらきバチ」と言われ，週の労働時間が諸外国と比べて長過ぎるという労働慣行改善の問題が持ち上がり，文部省に対して労働省や通産省から学校の土曜休業の検討に関する強い働きかけがあったとされ（省名はいずれも当時），事態は大きく動いた。

文部省（当時）は，調査研究会議を設け，調査研究協力校において試行を行ったうえで，1992（平成4）年度の2学期から毎月第2土曜を休業日とする学校5日制を導入した。2002（平成14）年度からは，完全週5日制に移行した。それに合わせて，文部科学省は学習指導要領の改訂を行い，「ゆとりの中で特色のある教育を展開」することを各学校に求めた。

このような学校5日制導入の経緯に関する疑問点をまとめると，次のようになる（詳しくは子安，2001参照）。

(1) 同じ額の税金を払っているのに，登校日数（授業時数）減少という教育サービスの切下げに対して，納税者の観点から学校5日制導入に対する批判が表明されなかったが，教師の労働条件の改善のためだけなら，学校に対する教員の配当増によって，教師は5日制勤務，幼児・児童・生徒は6日制維持という選択肢もあったはずである。

(2) 学校5日制を擁護する有力な意見として「国際標準の学校5日制」という議論が行われた。しかし，それぞれの国にはその制度が導入された歴史的事情と文化的背景がある。たとえば，フランスは公教育が発足した1881年からずっと学校5日制をとっているが，それは当初宗教教育を行うために週の中間（最初は水曜日）に学校を休みとしたことに由来する。教育はもともと宗教の役割であったのが，国民国家の成立とともに，国がその役割を肩代わりし，双肩に担うようになった。いわゆる教育の世俗化（secularization）──教育を宗教から切り離して国に移管すること──の代償的措置として，学校5日制が設定されたのである。

(3) 国際的に見て学校5日制の国が多いという論点に関しては，前述のように（15ページ参照）リンの『日本の教育達成』の中で，日本の登校日数の

多さがむしろ積極的に評価されていたことを忘れてはならない。当時，年間登校日数は多いが，1日当たりの授業時間数は諸外国に比べて特別多いとは言えなかったのである。これは，同じ量の学習であれば，一気に大量にやるより，それを分散して学習するほうが一般的に有効だという教育心理学の理論に合致した学習方法であったと言える。

(4) 登校日数（授業時数）の減少は，学力の低下に結びつくことが懸念されるが，文部科学省は「新しい学力観」「ゆとり教育」「家庭と地域の教育力の強化」で乗り切れると説明してきた。しかし，ゆとり教育は「基礎学力軽視」であり，すでに学力低下は起こっているとする「学力低下論」が1990年代末に澎湃と起こってきた（コラム1を参照）。新学習指導要領の教育内容「3割削減」でも学力は低下しないという文部科学省の主張は，国民の間で広く受け入れられたとは言いがたい。

現実には，学校5日制は，国の制度として定まった感がある。しかし，設置者が私立の場合には，学校5日制を導入していない学校もある。教育の多様性をうたうのであれば，そのことは十分尊重されるべきであり，諸外国でもそうなっている。学力低下に関しては，国が責任をもって実態を調査し，問題があれば真剣な対応を行い，国民の不安を取り除くべきである。

◆ 学習指導要領の改訂

学習指導要領は，文部科学省が告示する教育課程の規準であり，1947（昭和22）年に作成されて以来何度も改訂が重ねられ，最近ではおよそ10年おきに改訂が行われている。直近の過去3回の改訂の要点を以下にまとめておこう。なお，学習指導要領改訂には告示年と実施年があるが，ここでは実施年をあげることにする。告示年も実施年も，必ずしも小・中・高同時ではないので，そのうちの最も早い年号となる。

1992（平成4）年実施の改訂では，①小学校1，2年の社会科と理科の廃止と，それに代わる生活科の新設，②中学校の選択教科の増加と選択幅の拡大，技術・家庭科の「情報基礎」領域の新設，③高等学校の社会科を地理歴史科（地歴科）と公民科とに改編し，世界史を必修としたほか，家庭科を男女ともに必修にしたこと，などが要点としてあげられる。

2002（平成14）年実施の改訂では，完全学校週5日制となるのを受けて，

「ゆとりの中で生きる力の育成」をめざしたのが特徴であり，授業時間の削減に伴い，各学校の創意工夫により，自ら学び，自ら考える力を育成して基礎・基本の定着を図ることを大きなねらいとした。文部科学省があげる学習指導要領改訂のポイントは以下の4点にまとめられた。

(1) 豊かな人間性や社会性，国際社会に生きる日本人としての自覚を育成すること：ボランティア活動の重視。中学校および高等学校外国語科の必修化。
(2) 自ら学び，自ら考える力の育成すること：「総合的な学習の時間」設置。高等学校で教科「情報」を必修化。
(3) ゆとりのある教育活動を展開する中で，基礎・基本の確実な定着を図り，個性を生かす教育を充実すること：年間授業時数は週当たり2単位時間削減。教育内容を厳選。中・高等学校における選択学習の幅を一層拡大。
(4) 各学校が創意工夫を生かし特色ある教育，特色ある学校づくりを進めること：「総合的な学習の時間」の創設。授業の1単位時間や授業時数の運用の弾力化。高等学校における学校設定教科・科目の導入。

改訂の眼目の1つが「総合的な学習の時間」(総合学習) の新設であったが，その趣旨に対する批判も生じた。学校5日制に対応する授業時間の削減では，既設教科の授業内容は約9％減で済むはずのところが，総合学習と選択教科の導入により，実際には「3割減」になった。中央教育審議会の会長として新学習指導要領の導入に関与した有馬朗人・元文部大臣自身は，「理科と数学の時間は減らしすぎた。総合学習と選択教科の時間を理数教育に振り向けるべきだ」と主張した (『論座』2001年9月号)。

2011 (平成23) 年実施の改訂は，「ゆとり教育が学力低下を生み出した」という世上の批判を意識した改訂内容となったが，「ゆとり」でも「詰め込み」なく，次代を担う子どもたちがこれからの社会において必要となる「生きる力」を身に付けることを教育目標にうたっている。しかし，この改訂により，1980 (昭和55) 年の改訂以来減り続けてきた教科の授業時間はようやく増加に転じた。総合学習の総授業時間は大幅に削減され，主要5教科 (国語，算数・数学，理科，社会，外国語) と保健体育の総授業時間が1割ほど増加した。この改訂により，「授業時間数を減らしても学力は低下しない」という説明は実質

的に破綻したと言えよう。また，小学5・6年生に教科ではないが「外国語活動」の時間が創設され，小学校における早期英語教育導入の是非が議論されるようになった。

3 教育心理学の学び方

◆ 教育心理学の研究方法

　一般に，学問研究では方法論がとても重要である。研究の方法論というものは実際にやってみないと理解しにくい面が多いが，ここでは教育心理学の方法論の中から重要なもの4種について，その要点を説明しよう。

　(1) 観察法　　たいていの学問の出発点は，現象の観察にある。教育心理学では，教育に関わるさまざまな現象の観察報告を蓄積していくことが大切である。その代表例は，教室の授業場面での教師と児童または生徒とのやりとりを観察して報告する授業観察である。授業観察研究の例として，佐伯ほか (1989) の『すぐれた授業とはなにか』がある。

　また，教師が自分の行った授業について自己観察の結果を報告したものを，授業実践報告または授業実践記録という。その一例として，富山県の小学校教諭であった戸塚滝登が，コンピュータ教育を媒介として，子どもの探究心を引き出す教育実践を試みた『クンクン市のえりちゃんとロゴ君』戸塚 (1989) をあげておきたい。

　(2) 実験法　　実験とは，人為的な条件の変化を加えて行う観察のことをいう。実験においては，条件変化を加えた群（実験群という）と条件変化を加えないままの群（統制群または対照群という）の差を比較したり，複数の条件変化を用意し，その群間の違いを比較することが行われる。たとえば，前出の図1-1の適性処遇交互作用の研究では，物理学を講義で教える条件と映画で教える条件が成績に及ぼす効果についての比較が行われている。

　ところで，「教育に実験は許されない」ということばと，「実験教育」ということばがある。前者は，児童・生徒をモルモット扱いするような，取り返しのつかない無謀な行為を教師がしないように戒めるものであり，後者は，前例のない斬新な教育の試みを形容することばである。この両方の用法とも，教育心

理学でいう「実験」の意味とは異なっていることに注意したい。

　(3) 調査法　　調査法は，教育現象について数量的・統計的なデータを集めて分析することをいう。その第1は，教育行政を進めるうえで必要な資料（教育統計とよばれる）を得るために教育に関する事実的なデータを集めることである。たとえば，全国の学校数・在学者数・教員数などについて調べる文部科学省の「学校基本調査」はその一例である。第2には，全国学力調査や読み書き能力調査のように，教育の現状や問題点を明らかにするために実施される教育調査がある。第3には，教育の諸問題に関する意見や態度について質問紙法を用いて調べる意識調査がある。第4には，児童・生徒やその親や教師のパーソナリティ特性（第3章 *1* 参照）を調べる心理学的調査がある。

　調査研究においては，質問項目や尺度について相関係数（第10章 *3* 参照）を計算し，因子分析などを行う，相関分析法が用いられることが多い。

　(4) 心理検査法　　心理検査（心理テスト）とは，個人のパーソナリティ特性を知るために，標準化されたテストないしは尺度を用いるものである。ここで「標準化」とは，次の3条件を満たすものをいう。

(1) 実施・採点・得点化の手続きが明確に定められていること。さらに，実施の手引が整っていることが望ましい。

(2) ある集団にすでに実施したデータがあり，年齢や性別の違いなどによって得点がどう変化するかが明らかになっていること。

(3) 信頼性（たとえば，何度測っても同じ結果が出ること）と妥当性（検査の意図するものが間違いなく測られていること）の両方が高いこと。

　心理検査には，個人の最大限の能力の発揮を前提とするもの（知能検査，学力検査など）と，個人の典型的反応を調べるもの（性格検査，適性検査など）の2種類がある。

◆ 教育心理学の研究領域

　教育心理学には多くの研究領域がある。研究領域の分類は大変むずかしい問題であり，唯一の正しい分類というものはありえない。以下に示すのは，あくまでも分類の一例と理解していただきたい。

> 発　達：乳児心理，幼児心理，児童心理，青年心理，生涯発達など
> 教授―学習：学習理論，授業理論，教科学習，教育工学，動機づけ理論など
> 測定・評価：教育評価，テスト理論，教育統計学など
> 社会心理：学級集団，家族関係，教師の心理，対人認知など
> 人　格：性格理論，自己意識，道徳性，認知スタイルなど
> 障　害：障害児心理，特別支援教育，リハビリテーションなど
> 臨　床：教育相談，非行，矯正など
> 産　業：職業適性，職業訓練，企業内教育など
> 文　化：児童文化，若者文化，比較文化，マスメディア，放送教育など

　これから教育心理学を専攻しようとする者は，多くの領域について広く浅く知ることも大事だが，特定の領域について深く知ることが大切である。そのことがまた他の領域の理解の助けにもなるのである。

◆ **教育心理学の文献**

　教育心理学を学ぶための文献には，大別すると次の4種類がある。

　(1) 入門書・概説書・教科書　教育心理学の各研究領域について，初学者にも理解できるようにやさしくていねいに解説したものをいう（本書もこのカテゴリーに含まれる）。この種の本は，教育心理学の全体像を知るために最初に読んでおくと有益であり，学習が進んだ後も，細かな専門領域に埋没してしまわないために時折読み返す価値がある。また，大学の講義を進めるうえで，あると便利である。しかし，これだけで教育心理学のことが何でもわかるというわけにはいかない。

　(2) 専門書　教育心理学の特定の専門領域について，概説書などよりも詳しい記述が行われているものをいう。文献の引用関係が明確で文献リストが完備し，元の研究にさかのぼって調べられるようになっていることが専門書の備えるべき必要条件である。また，巻末に人名索引と事項索引が付いていることが望ましい。

　研究のためには，外国で出版された専門書が重要になる。日本語訳が刊行されているものは限られているので，原書を読む必要性も出てくる。その多くは英語だが，研究領域によってはドイツ語・フランス語・ロシア語などの専門書を読まねばならないこともある。

【コラム1 ●カフェテリア教育 vs. 全人教育】

13ページで述べた『危機に立つ国家』は，「アメリカには，カフェテリア・スタイルのカリキュラムが見られ，そこではオードブルやデザートがたやすくメイン・コースの食事と混同されてしまう」と述べ，いわゆる「カフェテリア教育」への批判を行っている。

自分が好きなものを好きなだけ取って，その分のお金を支払って食べるというセルフサーヴィス形式のレストランと同じように，勉強も自分が学びたいことを学びたいだけ学ぶのを理想とする考え方に基づく教育をカフェテリア教育とよぶ。一部の論者は，従来の教育が「配給教育」「お膳立てカリキュラム」「定食コース」であり，「児童生徒中心」「多様な選択」「個性尊重」などのキーワードを用いながら，それをカフェテリア教育——あるいは，その入試版としての「アラカルト方式入試」——に変えることを主張してきた。

「食べたいものを好きなだけ食べる」教育というのは，見方によっては1つの理想の姿かもしれないが，その結果どういうことが起こってくるかと言うと，食べやすいものは好まれるけれども，食べにくいものは嫌われるということである。そして，生徒にとって「食べにくいもの」は何かを端的に言うならば，数学，理科，外国語のような教科である。

近年わが国でも，高校生や大学生の「理数離れ」の危機ということが指摘されるようになった（産経新聞社会部，1995）。とくに，1999年に刊行された岡部恒治・戸瀬信之・西村和雄（編）『分数ができない大学生』は，名門大学の経済学部の学生でも小学校の基礎的な算数問題の正解率が低いという，大学生の学力の実態を如実に示して話題となった。そして，学校週5日制の完全実施に伴う，2002（平成14）年度から施行（高等学校は2003〈平成15〉年度施行）の新学習指導要領が授業内容の「3割削減」と喧伝されたため，学力低下論争はいっそう活発化した（市川，2002）。

カフェテリア教育に対する批判として，今では古めかしいことばのように扱われかねない「全人教育」の考え方をもう一度評価し直す時期に来ている。学校は，基礎学力の涵養を通じて，子どもたちのさまざまな可能性を伸ばす場でなければならない。

ただし，全人教育は，すべての子どもたちに画一的に同一の結果を求めるものではない。すなわち，目標としての全人教育と，結果としてあらわれる児童生徒の個性とは，切り離して考えなければならない。全人教育とは，教育の過程（学習速度など）ならびに教育の結果（成績評価など）において，画一的な観点や方法を排し，1人ひとりの子どもの個性を尊重する教育でなければならない。

(3) 学術雑誌　　教育心理学の実験や調査などの結果を学術論文の形式にのっとって報告しているものをいう。これを読むには，実験計画法や推測統計学の基礎知識が前提とされる。学術雑誌には，大別すると2つのタイプがある。

第1は，「学会誌」とよばれるもので，原則として学会員が投稿した論文が編集委員会の審査をへて掲載されるものである。日本教育心理学会の『教育心理学研究』が最も直接に関係する学術雑誌であるが，日本心理学会の『心理学研究』，日本発達心理学会の『発達心理学研究』にも関連する論文が掲載されることがある。外国の学術雑誌としては，アメリカ心理学会発行の *Journal of Educational Psychology*，イギリス心理学会発行の *British Journal of Educational Psychology* をはじめとして，関連する多くの学会誌がある。

第2は，各大学や研究所が発行する『大学紀要』『研究報告』などに掲載されるいわゆる「紀要論文」である。紀要論文は，学会誌のように審査をへて掲載されるものでないものが多い。また，各巻に教育心理学の論文だけがまとまって掲載されているわけではないので，検索に手間を要する。

日本児童研究所が毎年発行している『児童心理学の進歩』（金子書房刊）は，毎号いくつかの研究領域について過去何年間かの研究動向をまとめた論文が掲載されるので重宝である。

(4) 辞典・事典　　教育心理学の用語について知るためには各種の辞典・事典がある。金子書房の『新・教育心理学事典』がスタンダードなものとして評価されているほか，有斐閣の『心理学辞典』（CD-ROM 版もある），平凡社の『最新 心理学事典』，丸善出版の『発達心理学事典』，明石書店の『世界の学校心理学事典』，金子書房の『現代教育評価事典』，中央法規出版の『現代子ども大百科』などが参考になる。また，第一法規出版の『新教育学大事典』（全8巻）にも関連する項目が多く含まれている。

〔参考文献〕
◇　藤田英典『教育改革——共生時代の学校づくり』岩波新書，1997
◇　市川伸一『学力低下論争』ちくま新書，2002
◇　今村令子『教育は「国家」を救えるか——質・均等・選択の自由』東信堂，1987
◇　伊藤正則『五日制の学校——21世紀の子どもたちのために』三一書房，1990
◇　子安増生・仲真紀子（編）『こころが育つ環境をつくる——発達心理学からの提

言』新曜社，2014
◇　倉石精一・苧阪良二・梅本堯夫（編）『教育心理学〔改訂版〕』新曜社，1978
◇　岡部恒治・戸瀬信之・西村和雄（編）『分数ができない大学生——21世紀の日本が危ない』東洋経済新報社，1999
◇　大森不二雄『「ゆとり教育」亡国論——学力向上の教育改革を！』PHP研究所，2000
◇　寺脇研『動き始めた教育改革——教育が変われば日本が変わる!!』主婦の友社，1997
◇　和田秀樹『学力崩壊——「ゆとり教育」が子どもをダメにする』PHP研究所，1999

第 2 章 発達過程の理解

　教育の文字通りの意味は「教え育てること」であるが，教える側の立場と育つ側の立場に分けたときの後者において，発達ということがらは大変重要な意味を持つ。教えを受けて育っていくためには，その前提となる発達的諸条件が整っていなければならない。たとえば，歩行ができない赤ちゃんに自転車の運転は教えられないし，話しことばを獲得していない子どもに書きことばを教えることは無益である。教育は，子どもの発達過程の理解抜きには成り立たないのである。

　本章では，発達の基礎的な意味から説き起こし，発達段階についての理解を深め，代表的な発達の理論であるピアジェの発生的認識論を概説した後，最近の認知発達理論から情報処理的発達観と「心の理論」研究について解説する。

1　発達の基礎概念

◆ 発達の定義

　発達ということばは，「台風の発達」「文明の発達」というときには，あるシステムが時間とともに大きくなったり，複雑になったりすることをあらわす。他方，このことばを人間に適用する場合には，「受精から死に至るまでの時間系列にそった心身の系統的な変化」という意味になる。

　人間は，卵と精子が合体した100ミクロンほどの大きさの受精卵として生命

をさずけられ，およそ280日間母親の胎内で大きくなり，身長がおよそ50 cm前後，体重約3 kgの赤ちゃんとしてこの世に生まれてくる。そして，成長期には身長と体重が共に増加するが，身長が出生時の3倍余りになったところで身体の成長が停止し，大人になる。そして，子どもをつくることが可能な生殖期が数十年続いた後，やがて心身の衰退期が訪れ，最後には死を迎えることになる。心理学でいう発達は，このような人間の一生にわたる心身のシステマティックな変化の過程をとらえるためのことばである。

「発達する」に対応する英語の動詞"develop"は，「巻物をとじる」という意味の"envelop"の反対語であり，「巻物をひろげる」ということが語源となっている。人間の身体や行動の発達は，ある範囲において遺伝的にプログラムされたものである。たとえば，歩くことは1歳ころから可能になり，早い遅いの個人差はあるものの，特別な障害を持っていない限り誰でも歩けるようになるが，空を飛ぶことは人間という種に可能な行動の限界を越えていて，何歳になってもいくら練習をしてもできるものではない。すなわち，歩行は遺伝的にプログラムされているが，飛行はプログラムされていないのである。発達は，遺伝的にプログラムされた人間の素質が「巻物をひろげる」ように展開していく過程とみることができる。

もちろん，発達には遺伝だけでなく，環境の影響も大きく作用する。悪い環境は，正常な発達を妨害したり，遅らせたりする。逆に，良い環境は，正常な発達の支えとなり，それを促進する効果を持つ。人間にとっては，教育もまた重要な環境の一部である。その意味において，発達の過程について知ることは教育活動を行ううえで重要な課題なのである。

◆ 発達と関連することば

次に，発達ということばと字や意味が似ているいくつかのことばについて，概念の整理を行っておこう。

(1) **発生・発育** 発生は生物学の用語であり，生命が地球上で誕生し，単細胞から多細胞へ，さらには複雑な身体組織・器官の生物へと進化してきた過程をさす「系統発生」と，受精卵が細胞の増殖と分化を繰り返し一個の個体になるまでの過程をさす「個体発生」の2つの意味があるが，ここで問題になるのはもちろん後者である。発生は受精から誕生までの生物学的変化をいい，発

達は誕生以後の心理学的変化をさすものとして使い分けされることもあるが，実は英語では発生も発達も共に"development"なのである（なお，「発生」には"genesis"の語もあてられる）。これまで，生物学では「発生」が，心理学では「発達」が慣用的に使われてきたということであろう。

発育は，発達と同じ意味に用いられることもあるが，発達にくらべると使われる範囲が限定され，また幾分古めかしい印象を与えることばである。身体発達の研究分野では，身体の形態面での変化を発育といい，機能面での変化を発達とよぶ考え方もある。また，「発育」の英語は，成長と同じく"growth"が対応するものと思われる。

(2) **生長・成長・成熟**　　生長と成長は，英語の"growth"に対応することばである。生長と成長をあえて区別するとすれば，生長は植物についていい，成長は動物についていうことばということになる。しかし，両者を同じ意味で用いる立場もあるし，植物・動物とも「成長」で統一するのが一般的であろう。成長は発達と同じ意味で用いられることも多いが，発達が質的な変化をさすのに対し，成長は身長・体重などの量的増大をさすことが多い。

成熟は，英語の"maturity"に対応し，個体が成長して生殖機能が完成することをいう。この意味では，成熟は発達に含まれる1つの過程であるとみなすことができる。他方，成熟は発達の遺伝的に規定された側面をさし，経験に規定された側面である「学習」と対立する概念であるとする考え方もある。しかし，ある発達が遺伝的に規定されたものか，経験に規定されたものであるかを区別することは実際には困難であり，理論上の区別と考えた方がよい。

(3) **加齢・老化**　　加齢は，英語の"aging"の訳であり，広義には年齢にともなう心身の変化のことをいう。この意味では，加齢と発達はまったく同じものをさしている。しかし，加齢は狭義には成熟後の心身の衰退過程をいう。そこで，"aging"は老化とも訳される。広義には，発達も加齢も共に生涯にわたる心身の変化をさすものであるが，狭義の用法では，発達は主に成熟までの変化をいい，加齢（老化）は成熟以後の変化をいうのである。

◆ **発達曲線**

発達が時間軸にそった心身の変化であるとするならば，横軸に時間，縦軸に何らかの発達の指標をとったグラフによって発達的変化を表現することができ

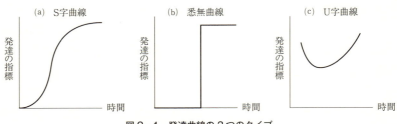

図2−1 発達曲線の3つのタイプ

る。このようなグラフを発達曲線とよぶ（縦軸にとられる指標が量的変化をあらわすものの場合がほとんどなので「成長曲線」とよばれることも多い）。発達曲線には，いくつかのタイプがある。図2−1は，その中でも典型的な3つのタイプをあらわしたものである。

図2−1の(a)は，はじめはゆっくりで途中から発達の速度が大きくなり，最後はあるところで安定するという経過をあらわしている。これは全体の形からS字（シグモイド）曲線とよばれ，単細胞動物の増殖や多細胞動物の身長の増加などの生物学的現象でよく観察されるほか，キーボード操作のような運動学習の練習曲線などにも見られるものである。

図2−1の(b)は，悉無（none-to-all）曲線とよばれ，ある事柄に関して0（ゼロ）の状態から1（完全）の状態へと変化するようすをあらわしている。たとえば，赤ちゃんがはじめて立つとき，立ち上がろうとしては失敗して尻もちをつくことを何度も繰り返した後，あるとき突然すっくと立つことができるようになる。そして，その後はたいして努力をせずに立ち上がることができるようになる。幼児がはじめて補助輪なしで自転車に乗れるようになることも，同様の経過をたどることが多い。

図2−1の(c)は，U字曲線またはU字成長（U-shaped growth）とよばれるものである。発達というものは，つねに前進するものでなく，「一歩後退，二歩前進」や「成長の前の停滞」といった状況が生じることもある。たとえば，Aの方式でうまくいっていたことを，よりすぐれたBの方式に切りかえる場合，Bの方式に慣れるまでは一時的に成績が下がる。このような経過もU字曲線としてあらわされるのである。

◆ 発達加速現象

　発達的変化のようすは，地域や時代を越えて普遍的なものであるとは必ずしもいえない。そのことは，異なる地域，異なる時代で調べられた発達曲線を重ね合わせたときにできるズレを調べることによって一目瞭然となる。

　わが国では，1900（明治33）年から学校保健統計調査が毎年実施され，身長・体重・座高・胸囲などの統計が完備している。それによると，最高身長などの値が年々高くなり，体格の向上が見られるだけでなく，最高身長に達する年齢も年々早まっている。また，別の調査の結果から，女子の初潮（月経の開始）の時期が年を追って低年齢化する傾向が見られる。このような成長加速や成熟前傾の現象をあわせて発達加速現象とよぶ。このような現象が生ずる原因として，国民の生活水準の向上，とくに栄養条件の改善と，都市化による生活スタイルの変化などがあげられている。

　また，発達加速現象は，身体面での発達だけでなく，精神面での発達についても観察されている。たとえば，同一の知能検査を用いて，年代による平均知能の推移を調べる知能の時代差の研究が行われている。中には「紐むすび」（棒に紐を蝶結びする幼児用の問題）などのように，現在のほうが能力が低下していることを示す検査項目もあるが，全体としては発達加速傾向が見られるといってよい。

2　発達段階

◆ 発達段階を区分する理由と留意点

　発達的変化をとらえる方法として，発達曲線と並んでよく用いられるものに発達段階の区分がある。発達段階の区分の仕方については，いろいろな考え方があるが，そのうちの一部を表2-1に示す。この表の説明に入る前に，発達段階の区分ということが何ゆえ行われるかについて考えてみよう。

　発達的変化は，ミクロ（微視的）に見れば変化の小さな連続的過程に見えるが，マクロ（巨視的）に見れば変化の大きな不連続的過程に見える。たとえば，ある子どもと毎日接していれば，昨日と今日，今日と明日ではほとんど変化がないように思えるかもしれないが，その子どもに半年ぶり，1年ぶりに会うと急

に大きくなったように感ずることだろう。また，小学校に行き，6年生のクラスを見てから4年生のクラスに行くと4年生が小さく思えるが，先に2年生のクラスを見てから4年生のクラスに行くと4年生が大きく感じられるに違いない。このように，発達段階を区分する理由の第1は，マクロな視点から子どもの特徴の変化をとらえることにある。

第2に，発達の過程を理論的に説明する場合に，発達段階の順序性を重視する立場がある。家を建てるときには，まず基礎を固め，その上に土台を築き，柱や壁をつくり，最後に屋根をのせる。発達もある意味ではこれと同じであり，1つひとつの段階がきちんと固められないと次の段階に進めないし，段階を飛びこして進むわけにはいかない。また，前の段階のうちに次の段階に進む下準備が行われなければならない。このような段階の順序性に加えて，発達段階論では段階間の移行の契機を考えることが重視されている。

第3に，発達段階を区分することによってその個人に対する取り扱い方を変えようとする実用的な立場がある。たとえば，施設や乗物などのサービス機関の利用料金は，たいてい「大人」と「小人」が区別されている。乗物では体重の重さが燃料費に影響するわけだが，多くの場合むしろ「小人」の支払い能力を考慮にいれたサービスであり，大まかな料金体系が設定されている。しかし，行政的サービスにおいては，個人の発達的特徴に対応したきめ細かな施策を行うために発達段階が区分されているのである（表2-1の文部科学省，厚生労働省，法務省の欄を参照）。

次に，発達段階を考えるときの留意点について指摘しておきたい。発達段階の区分は，ふつう多くの子どもを観察し，その共通の特徴や平均的特徴に基づいて，何歳には何が可能かということをまとめる方法で行われる。しかし，発達には早い遅いの個人差が大きいし，発達の順序性についてもミクロに見れば必ずしも一定ではない。発達段階の区分は，年齢ごとの子どもの特徴を大雑把にとらえるうえでは大変有効であるが，発達段階を絶対視し，現実の子どもが見えなくなるのであれば，それは本末転倒であるといわざるをえない。

◆ 発達段階の行政的区分

表2-1の右側の3列は，行政的観点から発達段階を区分したものである。

(1) 文部科学省の発達段階区分　　文部科学省は，学校行政を行う立場から，

表2-1 発達段階の区分

年齢	発達心理学	ピアジェ理論	文部科学省	厚生労働省	法務省
0；0	新生児期(～生後4週間)	感覚―運動期 (0～2歳)		乳児 (1歳未満)	少年 (満20歳に満たない者)
0；1					
0；6	乳児期(～1歳半まで)				
1；0				幼児 (満1歳から小学校就学の始期)	
1；6	幼児期(～就学まで)	前操作期 (2～7歳)	幼児 (幼稚園)		
2；0					
3；0					
4；0					
5；0					
6；0	児童期(～小学校終了まで)	具体的操作期 (7, 8～11歳)	児童 (小学校)	少年 (小学校就学の始期から満18歳まで)	
7；0					
8；0					
9；0					
10；0					
11；0		形式的操作期 (11, 12～15歳)			
12；0					
13；0	青年期(～就職や結婚など) (前期を思春期という)		生徒 〔中学校 高等学校〕		
14；0					
15；0					
16；0					
17；0					
18；0					
19；0			学生 〔高等専門学校 短期大学 大学 大学院〕	〔18歳までを児童とよぶ〕	
20；0 ↓	成人期 (中年期)				成人 (満20歳以上の者)
30；0 ↓					
40；0 ↓					
50；0 ↓					
60；0 ↓	老年期				
70；0 ↓					

(注) 年齢のセミコロンは，何歳何カ月をあらわす。たとえば，1；6は「1歳6カ月」と読む。

学校教育法および学校教育法施行規則に基づき，学校の種別により幼児・児童・生徒・学生とよび分けている。

　幼稚園児のことを「園児」とよぶのは通称であり，学校教育法第77条に「幼稚園は，幼児を保育し，適当な環境を与えて，その心身の発達を助長することを目的とする」とあるように，法律的には「幼児」とよばれている。また，同80条には幼稚園に入園できるのは，満3歳からの幼児と定められている。見方を変えると，2歳以前の子どもは学校教育の対象ではないので，そのよび方はとくに定められていないことになる。

　文部科学省用語では，小学生を児童，中学・高校生を生徒とよぶ。そこで，小学校では児童会であるが，中学・高校では生徒会になる。しかし，世間一般では，小学生のことを生徒，中学・高校生のことを学生という言い方でも通用する。

　専門学校，短期大学，大学，大学院で学ぶものは，法律的にはすべて学生とよばれる。大学院の学生のことを「院生」とよぶのは実は通称なのであるが，少なくとも大学の中ではことばとして市民権を得ているといえよう。

　(2) 厚生労働省の発達段階区分　　厚生労働省は，国民の健康と福祉に関する行政を担当する官庁であり，その重要な仕事の1つに児童福祉がある。児童福祉法は，児童が心身ともに健やかに生まれ，育てられることをめざす法律であるが，この法律でいう「児童」とは満18歳に満たない者をいい，さらに満1歳に満たない者を「乳児」，満1歳から小学校就学の始期に達するまでの者を「幼児」，小学校就学の始期から満18歳に達するまでの者を「少年」とよんで区別している（第4条）。

　児童福祉法でいう児童は，学校教育法などでいう児童とは該当年齢がかなり異なっている。各都道府県にある児童相談所は，児童福祉法を根拠にして設置されているので，そこでいう児童は18歳未満の者すべてをさしている。

　また，保育所は，児童福祉法第39条に「保育所は，日日保護者の委託を受けて，保育に欠けるその乳児又は幼児を保育することを目的とする施設とする」とあるように，幼稚園と違って教育機関ではなく，児童福祉施設の1つである。同じような保育内容であっても，幼稚園は文部科学省が管轄する教育機関であり，保育所は厚生労働省が管轄する児童福祉施設であることは不統一で

あるし，何かと不便である。そのために，昔から「幼保一元化」の必要性が叫ばれてきた。ようやく 2006 年になって，「就学前の子どもに関する教育，保育等の総合的な提供の推進に関する法律」が制定され，幼保一体化施設として認定こども園制度が開始された。

　児童福祉法でいう乳児・幼児・児童の定義は，後に見るように発達心理学でいう乳児・幼児・児童の概念とも異なるものである。また，同法の少年の概念は，次項で述べる少年法が定める少年の定義とも一致しない。なお，日常用語では「少年」は男の子についていい，女の子には「少女」ということがふつうであるが，児童福祉法や少年法では男女共に「少年」とよぶことに注意したい。

　(3) 法務省の発達段階区分　　少年法は，子どもを法律のうえでどのように扱うかを定めたものであるが，その第 2 条において満 20 歳に満たない者を「少年」，満 20 歳以上の者を「成人」と定義している。このことは，刑法に触れる犯罪を犯した場合，少年と成人の刑事手続きが異なること，飲酒と喫煙の可能な年齢がこの区分に対応していることも含めて，ほとんどの人が知っている常識的知識である。

　しかし，同じ少年といっても，14 歳未満と 14 歳以上では刑事上の責任能力が異なるものとして扱われることは，一般にはあまり知られていない。同じように刑罰法令に触れる行為を行った場合でも，14 歳未満の少年では責任能力が問われず「触法行為」という扱いを受けるが，14 歳以上では責任能力が問われ「犯罪行為」とみなされるのである。少年院は，家庭裁判所から保護処分を受けて送致された者を収容し，矯正教育を行う施設であるが，このようにして収容されるのは 14 歳以上の少年に限られる。

　また，結婚（法律では「婚姻」という）の可能な年齢は，少年―成人の年齢区分とは対応せず，女子が満 16 歳以上，男子が満 18 歳以上となっている（民法第 731 条）。ただし，結婚する者が未成年者の場合には，父母の同意が必要である（民法第 737 条）。

◆ **発達心理学における発達段階の区分**
　次に，表 2-1 の左の列に示した，発達心理学における発達段階の区分について説明する。これは，発達心理学でさまざまにいわれている発達段階区分の最大公約数的なものをまとめたものである。表では新生児期からはじまってい

るが，はじめにその前の胎生期から説明する。

(1) 胎生期　胎生期（prenatal period）とは，母親の胎内で成長している期間をいう。最近では，出生前心理学（prenatal psychology）とよばれる研究分野が現れるようになった（Verny & Kelly, 1981）。医学のほうでは，妊娠後期から出産直後にかけての時期を周産期（perinatal period）という。なお，"prenatal" と "perinatal" は大変よく似たことばだが，英語の "pre-" は「前」，"peri-" は「周りの」を意味する接頭語であり，"natal" は「出生の」という意味の形容詞である。

胎生期はさらに，受精後 8 週目までの胎芽（embryo）期と，それ以後出生までの胎児（fetus）期に分けられる。妊娠中の母親は，酒・タバコ・薬物の服用には慎重でないといけないが，胎芽期にはそれらの奇形への影響がとくに著しいとされる。胎芽期には身体器官の原基が形成されるが，胎児期になると目・耳・鼻・口・手・足などの器官が次々にできあがっていく。胎外生活が可能になるのは 24 週以後であるが，24〜37 週までに生まれた場合を早産とよぶ。妊娠後期（28〜40 週）には，胎児が指しゃぶりをしているようすが超音波診断によって観察されている（宮本，1990 参照）。

昔から「胎教」ということばがあるように，教育は胎生期からはじまるといってよい。胎教というと，よい音楽を聴かせることと同一視されやすい。妊娠後期の胎児は，子宮内の羊水を介して伝わる外界の音を聴いているとされるので，よい音楽を聴かせることは無駄ではない。しかし，それ以上に大切なことは，母親の受けるストレスが胎児にも伝わるという点であり，母親が心おだやかな生活を送り，時にやさしく胎児に話しかけてやることである。

(2) 新生児期　出生後 4 週間までの時期の赤ちゃんを新生児（newborn, neonate）とよぶ。赤ちゃんが母親の胎内にいる間は，温度変化の少ない暖かい羊水の中で，主に臍帯（へその緒）を通じて栄養を補給していたが，生まれてからは自分で息をし，体温を調節し，お乳を飲み，排泄をしなければならない。このような呼吸・体温調節・栄養摂取・代謝といった植物的機能を調整することが，新生児期の赤ちゃんの大きな課題である。

新生児期には，特定の刺激に対し体の一部が即応する反射が重要となる。たとえば，ほほを指でさわると頭をそちらに動かし，口に入ったものをリズミカ

ルに吸う吸啜(きゅうてつ)反射，手のひらに触れたものを握ろうとする把握反射，足のうらを刺激すると指を扇状に広げるバビンスキー反射，抱き上げられた体が急にずり落ちそうになると両腕を広げる抱きつき反射などが見られる。

（3）乳児期　およそ生後1歳半までを乳児（infant）という。昔にくらべると現在は離乳の時期が早まっているために，乳児期の早い段階で「乳飲み子」ではなくなる。むしろ「赤ちゃん」ということばがぴったりあてはまるのがこの乳児期である。

　離乳食は，5～6カ月ころから与えはじめるのがふつうである。この離乳ということが，乳児にとって最初の大きな発達課題といってよい。離乳食は，お乳と違って，好きなものも嫌いなものも出てくる。そこで，嫌いなものでも食べさせようとする親とそれを拒む赤ちゃんとの葛藤が生ずる。泣けばあやしてもらえた時代は終わり，訓練としつけの時代がはじまるのである。

　乳歯は生後6～8カ月ころから生えはじめるが，歯が一応生えそろうのは2～3歳までかかる。したがって，最初のうちは噛むというよりも，舌で食べ物を押しつぶすのである。乳幼児の口の中をのぞいて上あごを内側から見ると，びっくりするほどほれこんでいて，舌で押しつぶすのに適した形状をしていることがわかる。発達は，1つのシステムが完成した段階でやおら次に進むのではなく，未完成なまま次の段階に入り，システムをつくりあげながら進むものなのである。

　離乳に次いで重要な発達課題は，移動である。新生児のわきの下に手をやって中空でささえ，足を床につくようにしてやると，反射的に足を上下させる運動が生ずる（歩行反射）。しかし，実際に歩けるようになるのは，1年ばかり後のことである。赤ちゃんは，最初上を向いて寝ているだけであったのが，寝がえり，はらばい，はいはい，つかまり立ちを経て，自分の足で立つようになる。移動は，空間の認識を豊かにするだけでなく，知性全体の発達に大きな影響を及ぼす。

　さらに，乳児期は言語によるコミュニケーションの前段階として重要である。赤ちゃんは，おなかがすいたとき，おむつがぬれたとき，ねむいとき，暑いときなど，不快感をおぼえると泣き声をあげて母親に訴える。これは，要求語のはたらきをしている。しかし，ある時期から，不快なときではなく機嫌のよい

ときにのどをならすクーイング（cooing）――「クークー」というハトの鳴き声に似ていることから英語ではこうよばれる――や，唇の開閉により「バブバブ」などリズミカルな音を出す喃語（babbling）が現れるようになる。クーイングや喃語は，直接的要求よりも一歩進んだものであり，自分の気持ちを伝えようとする感情のコミュニケーションの一種であると解釈されている。しかし，この時期の発声は，ことばのような分節性（articulation）をもっていない。すなわち，発声内容を独立した意味をもつ個々の部分に分けることができないのである。

(4) 幼児期　　1歳半から小学校入学までの子どもを幼児（young child）という。幼児は，学校にあがる前の子どもという意味から，未就学児または就学前児（preschooler）とよばれることがある。

　幼児期には，歩く，走る，跳ぶ，ケンケンをする，自転車に乗るなど，移動能力がどんどん拡大し，このことが幼児の世界を広げていく。また，2歳ころからことばが活発に出るようになる。最初，幼児のことばは1つの文が1語だけでできているので「一語文」とよばれる。たとえば，「犬がいる」のも「犬がこわい」のも「（ぬいぐるみの）犬を買ってほしい」のもすべて「ワンワン」である。やがてそれが「ワンワンいる」「ワンワンこわい」「ワンワン買って」のように2語からなる文になり，さらに3語以上の文になって分節性ができてくると，子どもの言語表現力が急に高まってくる。

　このように，幼児期は話しことばの基礎が形成される時期である。外国語の学習の場合，大人が10年間学習しても6歳児の言語レベルに達することがなかなか容易ではない。それを子どもは5年ほどの間に達成するのであるから，たいした学習能力であるといえよう。

　幼児は，結構むずかしいことばを使うわりには舌たらずであり，そのアンバランスさが可愛らしい印象を大人に与える。たとえば，「ラ」や「ツ」の音をかなり遅くまで正しく発音できない子どもがいる。「ライオン」が「ダイオン」，「ツメ」が「チュメ」になるのである。しかし，たいていは自然になおるので，子どもに誤りをあまり意識させすぎないほうがよい。

　ところで，幼児の教育で大事なポイントの1つに「うそ」がある。幼児期は，うそをつきはじめる時期である。幼児のあどけない表情とうそは，大人の心の

中でうまく結びつかない。それで，親や教師は幼児のうそにショックを受ける。幼児がうそをつくのは，第1に，大人と同じく幼児にも自分をよく見せたい，悪く見られたくないという気持ちがあるからであろう。そうだとしたら，うそを自我の発達の1つの側面として評価してやらなければならない。第2に，幼児はことばの意味や用法を十分理解せずにどんどん使う傾向がある。子ども自身はちゃんと言っているつもりでも，大人にはうそと受けとられることがある。第3に，幼児はうその意味や重大性を知っていない。うそをつかれてショックを受ける大人を見て，実は幼児自身がショックを受けていることがある。以上のような幼児のうその特徴を理解したうえで，1度目のうそにはやさしくさとし，同じうそは2度目以降はきびしく叱ることが大切であろう。

(5) 児童期　小学校に通う子どもを児童（child）という。幼児期が話しことばの基礎のできる時期とすれば，児童期は書きことばの基礎が形成される時期である。幼児期には，書いた文字が裏返ってしまう鏡映書字がときどき現れるが，これは文字指導を受けるとともに小学校2年生ころまでにほぼ消失する。

　基礎的な読み書き能力のことをリテラシー（識字）という。日本のリテラシー教育の水準は，世界でもずば抜けて高いと評価されてきた。小学校では，ひらかな，カタカナに加えて，漢字の読み書きの指導が行われるが，小学校の6年間に約1000字ほどの漢字を学ぶことによって，子どもの理解と表現の力は格段に進歩する（コラム2参照）。

　児童期のもう1つの課題は，計算能力の基礎を形成することにある。読み書きの基礎をリテラシーというのに対して，計算の基礎的能力のことをニュメラシー（numeracy）ということがある。一般に，算数は最も「落ちこぼれ」を生じさせやすい教科といわれている。自然数の四則計算（加減乗除）まではたいていの児童がついていけるが，小数・分数の計算が入ってくると理解の困難な児童が増えはじめる。およそ9歳ころに，算数をはじめとするさまざまな教科の勉強に遅れが出ることを「9歳の壁」ということばでよぶことがある。たとえば，比例の概念が含まれる速度や濃度の問題は，児童が理解しにくい分野の典型例である。

　他方，児童期には，作文・音楽・美術・舞踊など，さまざまな面で表現力が豊かになる。たとえば，絵は9～10歳ころから遠近法的表現があらわれ，写実

【コラム2 ●小学校で教わる漢字】

小学校で教わる漢字は，明治期から戦中にかけては約2000字から2700字と大変多かった。昔の人はよく漢字を知っているといわれるが，それもそのはずである。戦後，1948年に当用漢字1850字が定められたとき，当用漢字表別表として881字が小学校教育用に定められた。これを教育漢字とよんだ。その後，1968年の学習指導要領の改訂において115字が追加され，必修漢字は996字になった。これは，新教育漢字または学習漢字とよばれている。1992年の学習指導要領の改訂にともない，1006字が教えられることになった。この数は2002年および2011年の改訂でも引きつがれている。

小学校で教わる漢字を用いるだけでも，かなり高度の文章表現が可能である。たとえば，

「古典的認識論では，認識主体としての主観と認識客体としての客観との対置構造において認識がとらえられたが，主観に重きを置く観念論と客観を重視する実在論の二つの相対立する思想があった。」

という哲学的一文は，6年生までに習う漢字だけで書かれたものである。すなわち，「二」「立」は1年，「古」「体」「思」は2年，「主」「客」「対」「重」「実」「相」「想」は3年，「典」「的」「観」「置」「念」は4年，「識」「構」「造」「在」は5年，「認」「論」「視」は6年に配当された漢字である。小学校で教わる漢字はわずか1000字程度であるが，漢字の造語能力の高さが豊かな表現を可能にしているのである。別の例として，次の熟語はやはり6年生までに習う漢字だけでできているが，それぞれ何と読み，どういう意味であろうか（読みの答えのみ下に記す）。

①建立　②久遠　③行宮
④回向　⑤緑青　⑥祝言
⑦土産　⑧相殺　⑨出納
⑩雑兵

これは特殊な例（私立中学の入試では出題範囲になる）であるが，小学校教育の漢字といっても結構むずかしい内容が含まれているのである。

> 答：①こんりゅう　②くおん　③あんぐう　④えこう　⑤ろくしょう　⑥しゅうげん　⑦みやげ　⑧そうさい　⑨すいとう　⑩ぞうひょう

性が強くなっていく。遠近法は，美術史では15世紀のイタリア・ルネッサンス期にブルネレスキやダ・ヴィンチらの芸術家が出て完成させたものといわれる。児童期後期は，個人の発達のルネッサンス期といえるかもしれない。

また児童期の後期には，女子では初潮や胸のふくらみ，男子では体型や体毛の変化が起こりはじめる。いわゆる第二次性徴があらわれはじめる時期である（性徴とは性差を区別する特徴であり，生殖腺そのものの違いを第一次性徴，それ以外

の身体的差異を第二次性徴，心理・行動的な面の違いを第三次性徴という）。しかし，この時期は女子の方が成長が早くて身長が大きいこともあり，男子の女子に対する関心は，反発や無視という形であらわれやすい。

幼児期がうそをつきはじめる時期とすれば，児童期は「秘密」を持ちはじめる時期である。うそは自分をよく見せようとする行為であるが，秘密は自分のある面を隠そうとする行為である。親にも先生にも知られない自分を持つことは，大人の呪縛（じゅばく）からのがれることであり，自立の1つの側面である。子どもは，大人に自分の秘密が知られてしまったとき，秘密の内容がどうこうというより，自分の秘密の領域に侵入されたことを嫌がる。組織の秘密保持と同じで，セキュリティの危機が生ずるのである。したがって，大人は子どもの秘密に気づいても，看過できないものでない限りできるだけそっとしておくほうがよい。

(6) 青年期　発達心理学では，青年期は中学生からはじまる。青年（adolescent）の前期は，第二次性徴が明確になり性的成熟に向かう時期であり，思春期（puberty）ともよばれている。日本語の「思春期」ということばはロマンティックな雰囲気をもっているが，英語の"puberty"は，陰毛（pubes, pubic hair）と同じ語源であり，かなり即物的な表現である。

青年期の教育において重要なことは，この時期に適性の分化がはっきりしてくることにある。たとえば，中学から高校の時期にいわゆる文科系と理科系という進路の区別が生じてくる。すなわち，やや単純化して言えば，国語・英語のような言語教科が得意で，人間や社会に対する関心が高く，ジェネラリスト（何でも屋）志向が強く，社交的な性格の「文科系」，数学・理科のような理数的教科が得意で，自然や物への関心が高く，スペシャリスト（専門家）志向が強く，あまり社交的でない「理科系」，そして，音楽・美術・体育などの芸術・表現分野に関心を持ち，知識よりも特定の技能を磨くことに熱心な「芸術系」の3つに分かれてくるのである。大学の学部別の分類によれば，2014（平成26）年度の入学者数の54.6％が文科系（人文・社会・教育系），33.2％が理科系（理・工・農・薬・医・歯系），芸術系その他が12.2％となっている（文部科学省，平成26年度「学校基本調査」）。ただし，国立大学では理科系の学生の割合が高く，公立・私立大学では文科系の学生の割合が高い。

問題は，自己の適性をなかなか発見することができない青年が少なくないと

いう点にある。青年期には，「自分はいったい何者なのか」「自分は何をしたらよいのか」「自分には何ができるのか」「自分はこのままでよいのか」といった問題に悩み苦しむ。このことを同一性の危機 (identity crisis) という。

同一性の危機の問題は，青年期の終期と関係する。青年期の次の段階は成人期であるが，20歳で法律的に成人になったからといって，そのまま青年期が終わるわけではない。むしろ，青年期に特有の同一性の危機が克服されたとき，青年期は終わるのである。しかし，その時期がいつごろかを特定することは，大変むずかしい。「人生の二大選択」といわれる職業の選択（就職）と配偶者の選択（結婚）が決着するまでの時期という定義もあるが，就職をしない人，結婚をしない人，就職も結婚もしない人など，ライフ・スタイルが多様化しているので，この定義では不十分である。いわゆる先進工業諸国では青年期の終わりが遅くなる「青年期延長」の傾向が見られるが（笠原，1977），わが国でも高学歴化により就職の時期が遅くなり，晩婚化・非婚化の傾向も強くなっている（大事な決定を先に伸ばすことを「モラトリアム」という）。しかし，ごく大雑把にいうならば，青年期の終わりは20代の後半ということになるだろう。

(7) 成人期　青年期の次は成人期である。「成年期」といういい方もあるが，青年期と発音が同じでまぎらわしいためか，あまり使われない。また，この時期は，青年期と老人期という変化の大きな時期のはざまに置かれた比較的特徴の少ない時期という意味で「中年期」とよばれることもある。中年は，英語でも "middle age" である。

成人 (adult) は，法律的には満20歳以上のすべての人をさすが，心理学では社会の第一線で活躍し子どもを育てる時期にあたる人をいう。年齢でいうと，20歳代から60歳代までの人が成人のカテゴリーに含められる。

成人期には，子どもの教育の問題に直面するが，自身は教育というものからは最も離れた位置にあることが一般的である。もちろん，仕事の中から学ぶことや，子育ての中から学ぶことは多いが，組織的・経常的に学習する機会はきわめて少ない。

1965年にユネスコ（国連教育科学文化機関）の継続教育部長であったポール・ラングランが生涯教育の理念を提唱し，その中心に成人教育をすえた。わが国においても，生涯学習のための社会環境の整備が教育の重要な課題の1つとな

っている。文部省（当時）は，1988年に省内の機構改革を行い，社会教育局を拡充・改組して生涯学習局を発足させた。そして，1990年には「生涯学習の振興のための施策の推進体制の整備に関する法律」が制定され，国や地方自治体レベルでの生涯学習の振興が図られている。

　技術革新と社会生活の変化がはげしい今日，学校で学んだ知識の「有効使用期間」がどんどん短くなり，内容の詰め替えが必要となってくる。そこで，一度学校を卒業した成人が再び学校に戻って学ぶリカレント教育（recurrent education）が重視されるようになってきた。社会人特別選抜入試を実施する大学が増えているほか，フルタイムの社会人学生だけでなく，働きながら学ぶパートタイムの社会人学生を受け入れる制度や，大学院の昼夜開講制度などの拡充が進んでいる。

　(8) 老年期　　発達段階の最後は，老年期（senescence, old age）である。老年期を何歳からとするかについても，一義的には決めがたい。しかし，ごく一般的にいうならば，60歳前後からを初老（elderly），65歳以上を老人（aged）とよぶものと考えてよい。たとえば，精神的・身体的・経済的理由から居宅で生活することが困難な老人を収容する養護老人ホームの対象年齢は，65歳以上となっている。

　人間は，老化と死を避けることができない。最近の遺伝学の研究では，発生だけでなく老化と死も遺伝的にプログラムされたものである，という考え方が有力になってきている。「遺伝子はヒトを老化させたがっている」というのである（土居，1991）。すなわち，遺伝子は自己の複製を増殖するためにあらゆる行動をとるように見えるという意味で「利己的」であり（Dawkins, 1976の「利己的遺伝子説」），老化と死は，子孫をつくり終えた個体を排除することによって残された子孫の生存条件をよくしようとする遺伝子の生存戦略による「たくらみ」の1つである，とする仮説が主張されている。

　しかし，仮にこの仮説が正しいとしても，人間は個体として死を迎える最後の瞬間まで，充実して生きたい，よりよく生きたいと望むものであろう。もし，老化した個体がこのような望みを持つことが遺伝的にプログラムされていないとしたら，それを形成し維持するのは，教育の最後のそして最大の仕事ではないだろうか。

3 ピアジェの発生的認識論

この節では,スイスのジャン・ピアジェ(1896-1980)の発生的認識論についてその要点に触れる。発生的認識論とは,人間の認識の起源を系統発生(科学史)および個体発生(認知発達)の両面から考察しようとする壮大な学問体系である(Piaget, 1970 ; Piaget & Inhelder, 1966)。ここでは,そのうちの個体発生の部分についてその概略を紹介する。

◆ ピアジェ理論の基本的概念

ピアジェの発達理論では,シェマ,同化,調節,操作などの用語が重要な基本概念として用いられている。

シェマ(schema)は,もともと神経学の用語であるが,ものごとを認識するための枠組みというような意味に理解することができる。

同化と調節は共に,元来は生物学の用語である。同化(assimilation)は,生物が外界から取り入れた物質の化学的成分を複雑にし,自身に必要な物質に変えることをいい,体内で物質をより簡単な物質に分解してその時に発生するエネルギーを利用する異化(dissimilation)と対になった概念である。また,調節(accommodation)は,環境の変化に対応して生体の機能を変化させることである。たとえば,気温の変化に応じて汗をかいたり,鳥肌が立ったりする体温調節がその一例である。ピアジェの理論では,あるシェマに基づいて外界から情報を取り入れる(理解する)ことを同化,既存のシェマでは対応しきれないとき,シェマそのものを変えていくことを調節とよぶ。

操作(operation)は,一般には「機械などを手順よく動かすこと」を意味することばであるが,ピアジェの理論では,「行為が内化されたもの」をいう。たとえば,幼児の足し算の理解は,最初物の個数を指さして数えることからはじまるが,やがて物そのものでなく指を折って数えたり,物を目で追いながら計算し,最後には頭の中だけで足し算ができるようになる。すなわち,暗算は足し算という行為が内化されたものと考えることができる。表2-1(35ページ)に示したように,ピアジェは認識の発達を4つの時期(感覚-運動期,前操作期,具体的操作期,形式的操作期)に分けたが,この分類では可能な操作の水

準ということが段階を分ける大きな特徴と位置づけられている。以下には、各時期の特徴について簡単にその要点をまとめることとする。

◆ 感覚 - 運動期

誕生からおよそ2歳ころまでの時期を感覚 - 運動期（sensori-motor period）という。「感覚 - 運動」というのは、新生児反射がその典型例であるが、刺激と反応の間に表象や言語がほとんど介在せずに結びついた状態をさしている。ただし、刺激と反応の関係は、刺激→反応という一方通行ではなく、刺激⇄反応という双方向性を持ったものとして理解されなければならない。たとえば、赤ちゃんがガラガラを振ると音がするが、その結果、音が振る動作を促し、振る動作が音を作り出すという連続した関係が生ずる。ピアジェは、これを循環反応（circular reaction）とよんだ。

目の前にないものを頭の中に再現したものを表象（representation）というが、表象の成立は「物の永続性」の理解によって推測することができる。赤ちゃんは、はじめのうち見ていたものが急に隠されても、それをさがしだそうとせず、キョトンとしている。しかし、発達が進むとともに、隠された物をほしがって泣いたり、手を使ってさがそうとする。そして、およそ1歳ころには、隠された物をうまくさがしだすようになる。赤ちゃんの移動能力は豊かな探索行動を可能にし、その探索行動が子どもの知的世界を広げていくのである。

◆ 前操作期

2歳ころから7歳ころまでを前操作期（preoperational period）という。一般に、子どもは2歳前後からことばが出はじめ、記号的機能の介在を示唆する行動が出現してくる。記号的機能とは、あるもので別の何かをあらわす心的機能のことをいう。このとき、あらわすもの（能記）とあらわされるもの（所記）に類縁性がある場合を象徴（シンボル）、類縁性がない場合を記号（サイン）という（これは、スイスの言語学者ド・ソシュールによる区別である）。

幼児期には、ままごとのような「ごっこ遊び」がよく行われる。これは、たとえば葉を皿に、砂をごはんに、枝を箸に見立てるなど、遊びの中に象徴機能が用いられたものである。他方、言語には能記と所記の類縁性が存在しない。たとえば、「イヌ」ということばは、発音も文字も実際の犬とは少しも似ていない。記号においては、ことばとそれが指し示すものとの関係は、類縁性によ

ってではなく，ただ規約によって結びついているだけである。その意味で，記号は象徴よりも抽象性が高い表現となっている。しかし，いずれにしても前操作期の間に記号的機能が獲得され，表象機能が明確になっていく。そして，それに応じて延滞模倣や描画などの活動が活発になる。

延滞模倣は，たとえばテレビの登場人物がしていた仕種(しぐさ)を後で1人のときにやってみるというように，模倣が時間をおいて再現されることをいう。そのことが子どもの行動のレパートリーを広げていくのである。

描画は，はじめ1歳前後から「なぐりがき」としてはじまる。それは，まだ何かを表現したものというよりは，書く道具を持った手を動かすと紙に跡が残るという関係を作りだすことそのものを楽しんでいるかのようである。やがてそれが，自分の知っているものをいくつかの限られたパターンを用いて描くようになる。前操作期の子どもが描く絵の特徴として，

(1) 視点が1つでなく，いくつかの視点から見たものが並べ書きされていること（たとえば，人物は真横から描いているのに，その人が押している台車は上から見た絵である），

(2) 水平－垂直軸が定まらないこと（たとえば，山の稜線に描かれた家や木は稜線に対して垂直であり，紙の下端に対して垂直に描かれない），

(3) 遠くのものと近くのものとが区別されず，遠近法的構図でないこと（たとえば，人間より下の位置に自動車が小さく描かれる），

などがあげられる。

◆ 具体的操作期

7，8歳ころから11歳ころまでを具体的操作期（concrete operational period）という。この時期にはさまざまな論理操作が可能になるが，まだ材料の具体性にしばられ，同じ形式の問題でも内容によってできたりできなかったりする。

物質がその見かけなどの非本質的特徴において変化しても，数・重さ・面積・物質量・液体量などの本質的特徴は変化しないことを保存性という。液体量の保存性課題を例にとって説明しよう。図2–2の左側に示すように，同じ大きさ，同じ形のコップaとbに計量カップを用いて同じだけ水を入れ，子どもに等量であることを確認させる。次に，aのコップはそのままにしておいて，bのコップの水を別の形をした容器b′に移しかえ，「水が増えたか，減っ

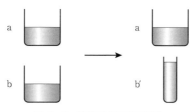
図 2-2　液体量の保存性課題

たか，それとも同じか」と尋ね，その判断の理由もあわせて聞く。「同じ」と判断したら液体量の保存性があることになるが，その判断の根拠には，少なくとも次の3つのタイプがある。

第1は，行為の可逆性に基づく判断であり，「元に戻せば同じとわかる」などと答えるものである。これは，戻すという動作をともなうので，課題を動作的に理解していることになる。

第2は，底面積と高さの2つの次元の相補性に基づく判断であり，「水位が高くなった代わりに，容器の幅が細くなったから同じ」というように答えるものである。これは，課題を知覚的に理解していることになる。

第3は，同一性に基づく判断であり，「移しかえるとき，水を増やしも減らしもしなかったから同じ」といった答えを行うものである。これは，課題を論理的に理解していることになる。もし，b′から再びbの容器に戻すことができない条件の場合には，動作によって証明することができない。また，b′の容器が不透明な場合には，知覚に頼って判断することができない。したがって，あらゆる条件で通用するのは，この「論理」に基づく判断ということになる。

具体的操作期には，たとえば違う長さの鉛筆を長い順に並べるなど，物をある次元にそって順番に並べる系列化（seriation）や，生き物には動物と植物があるというように集合間の階層関係を理解する集合の包含（class inclusion）や，「A＞Bであり，かつ，B＞Cであるならば，A＞Cである」という関係がわかる推移律（transitivity）といった論理操作ができるようになっていく。

◆ 形式的操作期

11, 12歳から14, 15歳にかけての時期を形式的操作期（formal operational period）という。形式的操作期の思考は，論証の形式と内容を分け，事実につ

いてだけでなく、純然たる可能性の問題についても論ずることや、仮説検証的な推理を行うことを可能にする。ピアジェは、とくに次の3つのタイプの操作的シェマを重視した。

❶ **命題の組合せ**　たとえば、「野球のストライクとは、投手の投げたボールがストライク・ゾーンを通過し、かつ打者がバットを振らなかった場合、または、ストライク・ゾーンの通過の有無にかかわらず、投球に対して打者が振ったバットが空振りに終わる場合、または、同様にしてバットに当たったボールがファウル・ゾーンに入った場合のいずれかをいう」という一文は、「かつ」や「または」で結ばれた複雑な命題から成る。この例はピアジェのあげたものではないが、このような複雑な命題の組合せを理解し、また自身で構成することを命題の組合せ操作という。

❷ **関連要因の発見**　ある現象に対して作用しているように見える要因の中から、真に関連する要因を実験的に発見することをいう。たとえば、振り子の振動数（1分間に何回振れるか）を決定している要因を、重りの重さ、ひもの長さ、重りを投下する位置、重りを投下するときの力の4つの中から正しく推論して発見する課題がその代表例である（正解は、ひもの長さ）。

❸ **比例概念**　たとえば、天秤の左右に重りをのせて、つりあうか、どちらかに傾くかは、重りの重さとその支点からの距離のモーメントを計算することによって予測することができる。いま、支点の左にある重りの位置と重さを d_L と w_L、支点の右にある重りの位置と重さを d_R と w_R とすると、

$$d_L : d_R = w_R : w_L, \text{ または、} d_L w_L = d_R w_R$$

という関係が成立するとき天秤はつりあう。このような関係を比例概念という。

最初ピアジェは、11〜15歳にかけて形式的操作の思考が完成すると考えたが、他の研究者によるその後の多くの追試研究では、このことは確認されなかった。むしろ、大学生になっても形式的操作の思考ができない者が結構多いのである。また、ピアジェらが形式的操作の思考を測定するために用いた課題のほとんどが理科・数学的な問題であるということに対してもいろいろ批判が出された。

このような批判に対して、1972年にピアジェは、具体的操作から形式的操作へという操作的思考の発達の順序性は動かないが、その到達の時期に大きな

個人差があること，また，発達段階の概念と適性分化の概念を調和させて考える必要があることを認める立場を表明した（Piaget, 1972）。

教育は人間の論理的思考能力の発達をどの程度促進しうるのか，そして，個人の中で理科系的論理性と文科系的論理性といったタイプの違った論理的思考能力がどのように分化して発達していくのか，という2つの問いは，ピアジェが残した大きな問題提起と考えることができる。

4 最近の認知発達理論

ピアジェ以後の認知発達研究の動向のうち，新ピアジェ派の研究と「心の理論」研究という2つの重要な流れを概観して本章の締めくくりとする。

◆ 新ピアジェ派──情報処理的発達観

「新ピアジェ派（neo-Piagetian）」といっても，ある特定の研究者集団の名称ではないし，1つの理論的な統一見解があるというわけではない。1970年代以後，ピアジェの認知発達理論に基礎を置くと同時に，ピアジェの研究法の問題点を改良し，子どもの情報処理過程を緻密に分析しようとするロビー・ケイス，ロバート・スィーグラー，フアン・パスカル=レオーネらのアメリカやカナダの心理学者たちが「新ピアジェ派」とよばれている。

その中でも，アメリカの心理学者スィーグラーのルール評価アプローチ（rule-assessment approach）による研究がよく知られている。ピアジェは，子どもに課題を与え，子どもと実験者との言語的応答をもとにその発達過程を分析した。このような言語的応答を重視する方法は，話しことばが発達途上にある幼児期や児童期初期の子どもの認知能力を過小に評価していると批判された。これに対して，スィーグラーは，次のような2つの前提を立てた。

(1) 子どもの問題解決は，一見デタラメに答えているように見えても，何らかのルールに従っている。そのルールは，年齢とともに洗練されたものになっていく。

(2) 子どもが用いるルールを明らかにするためには，使っているルールに応じて正答と誤答のパターンが明確に分かれるような問題を用意する必要がある（言語応答のみに頼らない）。

この前提のもとに，スィーグラーはピアジェが形式的操作期の思考を調べるために用いた「天秤(てんびん)」課題の内容を再検討し，ルール評価アプローチによる分析を行った。スィーグラーは，天秤のどちらの側が下がるか（またはつりあうか）を判断する課題で子どもが用いるルールとして，次の4つを仮定した。
　　ルールⅠ：重りの数だけを考慮する。
　　ルールⅡ：重りの数だけを考慮するが，同数でない時は支点からの距離も
　　　　　　 考慮する。
　　ルールⅢ：重りの数と支点からの距離の両方を考慮するが，両要因とも異
　　　　　　 なる場合は葛藤状態に陥り，一貫した解決法を持たない。
　　ルールⅣ：両側の（重りの数）×（支点からの距離）の結果を比較して判断
　　　　　　 する。
　スィーグラーは，6種類の問題を子どもたちに与え，その正答率のパターンから，5〜6歳児はルールⅠに，9〜10歳児はルールⅡに，13〜14歳児はルールⅢに近似的に対応するが，ルールⅣは16〜17歳児でも十分にあてはまらないことを示した（Siegler, 1976）。その後スィーグラーは，この方法を「光源からの距離と影の大きさ」「確率」「液量の比較」等，多くのピアジェ課題に応用した。
　一般に，新ピアジェ派の研究者たちは，ワーキング・メモリー（作動記憶）など課題遂行に必要な情報処理の容量の観点から，ルール評価アプローチのような課題分析や，課題遂行に際して子どもがとる方略にともなう認知的負荷（たとえば，物の個数を数えるとき，「物に指を当てて数える」や「指を折って数える」方略は，「目視で数える」方略よりも認知的負荷が低い）の分析を重視している。
　新ピアジェ派の研究は，情報処理論に基づき，よりミクロな問題解決過程の分析を行う点に特徴を認めることができるが，たとえば乳児の認知発達に関するデータはほとんど提出していないなど，研究テーマや研究対象はピアジェほど幅広いとは必ずしも言えない。

◆「心の理論」研究
　ピアジェ理論と関連するもう1つの重要な研究動向として，イギリスと北米を中心に発展してきた「心の理論」の研究がある。
　アメリカの動物心理学者デイヴィッド・プレマックらは，チンパンジーなど

霊長類の動物が,「あざむき」行動のように,他の仲間の心の状態 (mental state) を推測しているかのような行動をとることに注目し,これを「心の理論 (theory of mind)」とよぶことを提唱した (Premack & Woodruff, 1978)。プレマックらによれば,他者の目的・意図・知識・信念・思考・疑念・推測・ふり・好みなどの内容が理解できるのであれば,その動物または人間は「心の理論」を持つとされる。

このプレマックらの提案を受けて,オーストリア出身の心理学者ジョゼフ・パーナーらは,誤った信念 (false belief) 課題を用いて幼児の「心の理論」の発達を調べた (Wimmer & Perner, 1983)。これは,次のような課題である。

> マクシは,お母さんの買い物袋をあける手伝いをしています。マクシは,後で戻ってきて食べられるように,どこにチョコレートを置いたかをちゃんとおぼえています。その後,マクシは遊び場に出かけました。マクシのいない間に,お母さんはチョコレートが少し必要になりました。お母さんは「緑」の戸棚からチョコレートを取り出し,ケーキを作るために少し使いました。それから,お母さんはそれを「緑」に戻さず,「青」の戸棚にしまいました。お母さんは卵を買うために出ていき,マクシはお腹をすかせて遊び場から戻ってきました。
> 〔質問〕 マクシは,チョコレートをどこにさがすでしょうか?

この課題を実施した結果,3〜4歳児はそのほとんどが正しく答えられない(「青」の戸棚を選ぶ)が,4〜7歳にかけて正解率が上昇するというデータが得られた。パーナーらは,このような一連の研究の結果から,「心の理論」の出現の時期がおよそ4歳ごろからであるとしている。

「心の理論」の定義とそれが出現する時期については,現在も研究が進められている。このような「心の理論」研究は,子どもを「能動的に知識を探索する存在」と考える点ではピアジェの考え方を受けついでいるが,幼児が決して「自己中心的」存在ではなく,他者の心の状態を推測することが可能な,コミュニケーション能力を備えた「社会的」存在であることを示すことによって,ピアジェの理論の限界を乗り越えるものであると言えよう。

〔参考文献〕
◇ 子安増生『子どもが心を理解するとき』金子書房，1997
◇ 子安増生『心の理論──心を読む心の科学』岩波書店，2000
◇ 子安増生（編著），『新訂 発達心理学特論』放送大学教育振興会，2011
◇ 無藤隆・子安増生（編）『発達心理学 Ⅰ』東京大学出版会，2011
◇ 無藤隆・子安増生（編）『発達心理学 Ⅱ』東京大学出版会，2013
◇ ピアジェ，J.・イネルデ，B.（波多野完治・須賀哲夫・周郷博訳）『新しい児童心理学』白水社クセジュ文庫，1969

第3章　適応と障害の理解

　本章では，学校教育への適応の問題および障害を持つ子どもたちの教育の諸問題について概説する。教育心理学の重要な課題に，学校における不適応への対処の問題がある。公教育の開始と共に，学校教育を受けるのが一時的あるいは長期的に困難な子どもたちにどのように対処したらよいかという大きな問題が立ちはだかった。たとえば，重度の視覚障害や聴覚障害をかかえる子どもたちを通常の学級で受け入れることの困難さは，公教育の開始と共に，すぐに明らかとなった。わが国では明治維新直後に学制が発布されたが，早くもその5年後の1878（明治11）年には，京都に「盲啞院」が創設され，近代的な盲・聾教育が開始された。障害を持つ子どもたちの教育は，「特殊教育」「障害児教育」を経て，現在では「特別支援教育」とよばれるようになっている。2007年4月の学校教育法の改正に伴い，盲学校・聾学校・養護学校は「特別支援学校」に一括する方針が示され，小・中学校の特殊学級は「特別支援学級」とよばれるようになった。子どもたち1人ひとりの教育的ニーズを把握し，その持てる力を高め，生活や学習上の困難を改善・克服するために適切な指導や必要な支援を行うという視点が明確になっている。さかのぼって，2004年12月には「発達障害者支援法」が成立している。この法律では，自閉症，アスペルガー症候群その他の広汎性発達障害，学習障害，注意欠陥・多動性障害などを発達障害と規定し，その早期発見と早期発達支援，義務教育段階での支援だけでなく，大学・高等専門学校での適切な教育上の配慮，就労支援，地域

での生活支援，発達障害者の家族への支援などの必要性がうたわれている。

1　適応と教育

◆ 適応とは何か

　適応（adjustment）とは，一般に生物が周囲の環境やその変化に対して適合的な行動をとることをいう。何が真に環境に対する適合的行動であるかを判断することは，実際には容易ではない。そのことは，個体の生存と種の保存という事実から，結果論的に推察するしかないともいえる。しかし，一応上述のように適応を定義したうえで，人間の適応に関する議論を進めることにする。

　人間が適応すべき環境の第1は，自然環境である（物理的適応の問題）。イギリスの動物学者デズモンド・モリスは，人間が霊長類の一種であるにもかかわらず，他の霊長類と異なり体を保護する毛がほとんどなく，そのことが独自の適応様式と文化を生み出したことを「裸のサル（naked ape）」ということばで表現した（Morris, 1967）。人間は，裸のサルであるがゆえに，気候の変化，日光の直射，外敵の攻撃などに対して無防備であり，そのために住居や衣服や道具を製作し使用する能力を発達させたといえよう。

　適応すべき第2の環境は，社会環境である（社会的適応の問題）。人間は，無防備な裸のサルであるので，仲間と共同して自然環境のはげしい変化や外敵のきびしい攻撃に対処していかなければならない。そのために，人間は社会集団を形成し，群居する生活習慣を身につけた。人間は独りでは生きていけないがゆえに，社会環境もまた適応すべき重要な環境となっているのである。

　適応すべき第3の環境は，実は自分自身の心である（心理的適応の問題）。人間は，社会生活を通じてコミュニケーションの能力を発達させ，自己と他者の区別を明確にするようになった。その結果，いつも「自分とは何か」を考えずにはいられない動物となった。そして，自然環境や社会環境と同等に，あるいはそれ以上に，心理環境が人間の行動を制約するのである。行動の基準が内在化された道徳性や外在化された法律だけでなく，たとえば「自信」「誇り」「こだわり」「思い込み」「意気沮喪」といったものが，その個人の行動を大きく左右する場合が少なくない。この節では，このような心理的適応の問題と，その

ことの教育に対する関係について考えてみよう。

◆ **適応とパーソナリティ**

　個人を外から見ると、さまざまな行動の奥底にその人なりの一貫して流れるものを感じ取ることができる。また、個人の内側から見ると、過去の自分と現在の自分と未来の自分は、互いに密接につながっている。外から見た「その人らしさ」や、内から見た「自分らしさ」が存在するということは、個人を1つの統一体として見ることが可能であることを示唆する。心理学では、このような外的にも内的にも一貫した統一体としての個人をあらわすために、パーソナリティ（人格）ということばを用いる。

　18世紀後半の西洋哲学の中で、人間の心のはたらきを知性と感情と意志（知・情・意）の3つに分ける考え方があらわれた。心理学は19世紀後半に哲学から分離独立したが、この知・情・意の3分法を哲学から譲り受けた。すなわち、知性は思考・知能・認知などの研究テーマで、感情は気質・性格・情動などの研究テーマで、意志は行動統制・欲求・動機づけなどの研究テーマで、それぞれ実証的な研究が行われてきたのである。

　ここで、心のはたらきを音楽の演奏にたとえてみよう。心のはたらきの中には、西洋音楽のオーケストラにおいて打楽器・弦楽器・金管楽器・木管楽器の各パートを統率する1人の指揮者がいるように、知性と感情と意志を総括し方向づけるはたらきをする何かがあるのだろうか。それとも、西洋音楽の室内楽や日本の伝統音楽の箏・三弦・尺八の合奏が特定の指揮者なしに阿吽の呼吸ではじめられ演奏が進められるように、知性と感情と意志が独立に機能しつつも全体として1つのまとまりを持ったものとしてはたらくのだろうか。

　認知の研究においては、認知的な諸機能は相互に独立にはたらくのであり、それを統合するような執行機能を仮定しなくてよいという考え方が提唱されている。認知心理学では、このことはモジュール性（modularity）ということばであらわされる（Gardner, 1983）。しかし、パーソナリティの理論では、知性と感情と意志をまとめるはたらきとして、自我（ego）または自己（self）を仮定する考え方が主流といえよう。

　自我と自己を区別するならば、自我は「見る自分」あるいは「主体としての自分」であり、自己は「見られる自分」あるいは「客体としての自分」である

ということになるだろう。しかし，ここではそのような細かな区別には立ち入らず，ただパーソナリティの中心に「自己」があるという考え方に一応立脚しながら論を進めることにする。すなわち，人間の行動においては，自己が考え，自己が感じ，自己が決定したことを実行するのであり，自己こそが適応の主体であると想定するのである（自己同一性またはアイデンティティ）。

◆ 自己概念と適応

そこで，人間の行動や適応過程を考えるうえで「自分とはこれこれのものである」と規定する自己概念（self-concept）が大変重要となる。自己概念の理論では，自己の存在を肯定的にとらえる自尊感情（self-esteem）や，自分にはこれこれのことができると考える自己効力（self-efficacy）感が心理的適応にとって大切とされる。逆に，自分は人より劣っていると思って悩む劣等感（インフェリオリティ・コンプレックス）や，劣等感の単なる裏返しとも見られる優越感（スペリオリティ・コンプレックス）や，失敗経験の反復により生ずる学習性無力感などは，人間の行動を誤った方向に導く危険性が大きい。しかしながら，度重なる成功経験によって「自分は偉いんだ」「自分にできないことはない」と思い込む増上慢(ぞうじょうまん)の態度は，次なる失敗をよびこむ危険性をはらんでいる。

また，社会的適応の観点からは，自分の姿を人に正しく理解してもらおうとする態度が重要である。そのためには，必要に応じて自分を人にさらけ出さなければならない。このことを S. M. ジャラードは自己開示（self-disclosure）とよんだ。心理的不適応を起こしやすい人の中には，他の人に自己開示が十分できないために真の友人が得られず，心理的に孤立した生活を送っているというタイプの者が少なくない。

以上のように，自己概念はパーソナリティの中心に位置し，人間の心理的適応を大きく左右する重要な要因であると考えられる。

◆ 学校教育と適応

学校教育の目標を一般化していえば，個人が潜在的に持っている適応能力をさまざまな訓練によって伸ばすことにある。ここでいう適応能力は，環境やその変化に対応する受動的な能力だけをいうのではなく，必要に応じて自ら新しい環境を作りだし，環境を作り変える能動的な能力をも含むものである。

ここで，学校教育を教師から児童・生徒への情報の伝達過程ととらえ，それ

を通信理論の観点から分析してみよう。なお，ここでいう情報は，教科学習に関する知識だけでなく，教師の人間性なども含めた伝達されるすべてのものをさすものとする。教師から発せられた情報は，児童・生徒にどのように伝わるであろうか。通信理論では，伝達される正しい情報を信号（signal, Sと略す），誤った情報をノイズ（noise, Nと略す）といい，信号とノイズの比を「SN比」とよぶ。ラジオ・テレビ・電信電話のような通信形態においては，ノイズの影響が少なくSN比が高いほうがよい。CD・DVDやビデオ機器などの場合もオリジナルな情報ができるだけ忠実に再現されることが望ましい。しかし，教育においては，SN比が高いほうがよいとは限らないのである。

その理由の第1は，教師がつねに100％正しい情報を提供しうる情報源であるならば，情報のすべてがそのまま伝達されるのがよいかもしれないが，実際にはそういうことはありえないからである。教師が誤った情報を与えた場合，児童・生徒がそれを自ら訂正して受け入れるほうが望ましいことはいうまでもない。また，教師は通常古い世代に属し，新しい情報や文化を取り入れるのが遅いということも考慮すべき要因である。

第2に，情報が100％そのまま伝達されたとしても，それだけでは知識の現状維持か縮小再生産に終わってしまい，発展の余地がない。生物は，世代間で遺伝子情報の伝達を行うことによって種の保存と繁栄が可能であるが，遺伝子情報が100％そのまま複製されるだけであれば，進化という現象は永遠に起こらなかったはずである。言い換えると，遺伝子の突然変異が生じ，より適応的な形質を生み出すことに成功したとき，生物は進化することができるのである。これと同様に，教師が思いつかなかったことを児童・生徒が考えるということがあってはじめて，世の中の進歩が可能になるのである。

第3に，情報を受け取る側に個人差というものがまったくないのであれば，情報を100％伝達する教育が成立するが，実際にさまざまな個人差がある以上そのことは不可能であるし，もしそのことが行われているとしたら，それは個性の抑圧のうえに成り立っていると考えられるのである。

学校教育というものは，もともと既存の価値体系への適応に向かわせる圧力をともなうものであるが，あまりにもコンフォーミズム（体制順応主義）への圧力が強すぎる教育は，長い目で見ると結局は失敗に終わるのである。したが

って，学校教育の成果は，教師から児童・生徒に与えられる情報の SN 比のみで論じられるべきでなく，児童・生徒のよりよき自己実現（self-realization）という観点からも論じられなければならないといえよう。

◆ 学校不適応

学校という環境の中で子どもたちが自己実現に失敗するとき，学校不適応が生ずる。学校不適応は，次に示すようなさまざまな形態で現れる。

(1) **学業不振・学習障害**　学校不適応の第1の形態は，学業成績の低下ないしは低迷として現れるものである。学校での勉学にとってマイナスとなる心身の障害があるわけではないのに学業成績が低迷することを学業不振という。学業不振の原因には，①身体の不調（近視や長期の病気など），②学習意欲の低下，③基礎学力の欠如，④教師への不信感，⑤親の過剰期待の重圧，⑥両親の不和，⑦家庭の経済的事情，など多くの要因が考えられる。特定の原因がはっきりしているときには，学校側や両親がその原因を取り除く努力をすることによって，学業成績がかなり改善される場合もあるが，いくつかの原因が複雑に絡まっている場合には，なかなか解決が困難である。

なお，学業成績の低迷の原因が，明確には証明できないが，脳の機能的障害にあると思われる子どもを総称して学習障害児（learning disabilities: LD）ということがある（本章 *3* 参照）。

(2) **怠学・不登校**　学校不適応の第2の形態は，学校に登校しなくなることである。児童・生徒が「勉強が嫌い」「学校に行っても面白くない」などの理由で意図的に学校に来なくなったり，遅刻や早退を重ねることを怠学という。高等学校段階では，怠学の積み重ねがそのまま中途退学につながるケースも少なくない。怠学の原因としては，上記の学業不振の原因に加えて，志望とは異なる進路への不本意就学や，学校文化以外の価値観（たとえば非行グループの価値観）への同化などがあげられる。

他方，本人に学校に行かなければならないという気持ちはありながら，長期にわたって登校ができない状態を不登校という。不登校においては，登校時間が近づくと頭痛がする，熱が出る，心臓がどきどきするなどの身体症状をともなう場合が少なからずあることが怠学と異なる点であるとされる。

(3) **校内暴力・非行**　学校不適応の第3の形態は，心理的不適応が校内暴

力や非行などさまざまな反社会的行動に結びつくものである。

校内暴力は，生徒が教師をなぐるなどの暴行をはたらいたり，校舎のガラスを割るなどの器物をこわす行為を行うことをいう。英語では，校内暴力のことを"school vandalism"という。5世紀にローマに侵入し略奪と破壊を行ったヴァンダル族（ゲルマン族の一種）の名称がこんなところに生き残っているのである。校内暴力は，生徒の側の問題に加えて，教師の間のティーム・ワークが悪い場合に生じやすいとされる。

また，子どもが両親や祖父母などの家族に暴力を振るう家庭内暴力は，基本的には家族関係における不適応の問題であるが，その背後の要因の1つに学校不適応がある場合が少なくない。

非行は，窃盗・横領・傷害・恐喝・暴行などの犯罪または刑罰法令に触れる行為を行うことである。少年法では，罪を犯した場合，14歳以上20歳未満を「犯罪少年（罪を犯した少年）」，14歳未満を「触法少年（刑罰法令に触れる行為をした少年）」という。そうなると，問題は学校の手から離れ，少年法に則った保護手続に従うことになる。また，非行とよぶにはあたらないが，警察の補導の対象となるものに飲酒，喫煙，けんかなどの「不良行為」がある。

◆ 教育相談

学校不適応を起こした児童・生徒やその親や教師に対して，訓練を受けた専門家が一定の助言・援助活動を行うことを教育相談という。教育相談は，地方公共団体が設置している児童相談所や，大学・民間団体が開設する教育相談室などにおいて行われている。また，教育相談の内容としては，

(1) 心理判定員が行う各種の心理検査（知能検査，性格検査，適性検査など）に基づく心理判定，
(2) カウンセラーが面接室で本人やその親に対して行う面接相談（カウンセリング），
(3) セラピストがプレイ・ルームや治療室で行う心理療法（遊戯療法，箱庭療法，グループ療法など），

などがある。

教育相談の専門の施設だけでなく，各学校でも教育相談，生徒指導，進路指導などを担当する主任の教師が置かれている。しかし，一般に学校の教師はこ

のような教育相談を担当するのに適しているとは必ずしもいえない。その理由の第1は，教師は学級全体に対して責任を負い，1人の子どもだけを見ることは時間・労力の点で制約があるからである。第2に，教師には，子どもに無理に頑張らせる（良かれ悪しかれ）アグレッシヴな性格の持ち主が多く，学校不適応を起こしやすいグズグズした子どもの性格を理解しにくいからである。そして，第3に，教師自身が子どもの不適応の直接の原因になっており，子どもの側からすれば教師に相談どころではないというケースも間々あるからである。そうでなくとも適応への圧力をかける立場にある教師が，同時に適応への圧力を緩和するはたらきをすることは至難の業である。そのためにこそ，教育相談の専門家が存在するのである。したがって教師は，学校不適応の意味について十分理解し，仮に自分が担当する学級に不適応を起こした児童・生徒が出たとしても，そのこと自体を決して恥と思わずに最善の努力を尽くし，それでも思わしい結果が得られなければ，保護者と話し合ったうえで速やかに教育相談の専門家に子どもを委ねる方策をとらなければならない。

文部科学省は，各都道府県等からの要請を踏まえて全国の学校にスクールカウンセラーを計画的に配置するための必要経費を補助するスクールカウンセラー事業を2001（平成13）年度から行っている。

2　特別支援教育

◆ 国際障害分類から国際生活機能分類へ

世界保健機関（World Health Organization: WHO）は，人間の健康についての研究や政策を世界規模で統括する国際連合の専門機関であるが，1980年に国際障害分類（International Classification of Impairments, Disabilities and Handicaps: ICIDH）を提案した。その中で障害は，機能形態障害（impairment），能力障害（disability），社会的不利（handicap）の3つに分類された。たとえば，目の角膜と水晶体の屈折異常は機能形態障害であり，近視という能力障害を引き起こし，パイロットなどになるには適していないという社会的不利をもたらすものである。しかし，多くの人は，眼鏡やコンタクトレンズで視力を矯正することによって，社会生活にとくに大きな問題が生じることはない。障害が障害として問

題になるのは、「機能形態障害→能力障害→社会的不利」の連鎖を断ち切れない社会的条件のほうにあるといえる。

その後、国際障害分類は環境（たとえばバリアフリーになっているかどうか）が障害に与える影響に関する考察が十分でないという批判を受けて、世界保健機関は 2001 年に国際障害分類の改訂版として国際生活機能分類（International Classification of Functioning, Disability and Health: ICF）を提唱した。ICF の構成要素は次のようになっている。

第1部：生活機能と障害
　（a）心身機能（身体系の生理的機能）と身体構造（器官・肢体とその構成部分など）
　（b）活動（個人による行為の遂行）と参加（生活・人生場面への関わり）

第2部：背景因子
　（c）環境因子（生活するための物的、社会的環境）
　（d）個人因子（性別、人種、年齢、体力、ライフスタイル、習慣、生育歴、教育歴、職業、歴、性格など）。

◆ 特別支援教育の開始

世界保健機関が国際生活機能分類を提唱した 2001 年ごろから、文部科学省は旧来の特殊教育ということばに代えて特別支援教育（special support education, special needs education）を使い始めた。2006 年に学校教育法等の一部を改正する法律案が可決・成立し、特別支援教育は 2007 年 4 月から正式に実施されることとなった。学校教育法の改正に伴い、旧来の盲学校・聾学校・養護学校（特殊教育諸学校）は一括して「特別支援学校」とする方針が示され（名称変更は順次進められている）、特殊学級は「特別支援学級」になった。文部科学省は、特別支援教育の趣旨を以下のように述べている（同省ウェブサイトより）。

　「特別支援教育」とは、障害のある幼児児童生徒の自立や社会参加に向けた主体的な取組を支援するという視点に立ち、幼児児童生徒一人一人の教育的ニーズを把握し、その持てる力を高め、生活や学習上の困難を改善又は克服するため、適切な指導及び必要な支援を行うものです。平成 19 年 4 月から、「特別支援教育」が学校教育法に位置づけられ、すべての学校

表3-1 視覚障害者，聴覚障害者，知的障害者，肢体不自由者又は病弱者の障害の程度

区分	障害の程度
視覚障害者	両眼の視力がおおむね0.3未満のもの又は視力以外の視機能障害が高度のもののうち，拡大鏡等の使用によっても通常の文字，図形等の視覚による認識が不可能又は著しく困難な程度のもの
聴覚障害者	両耳の聴力レベルがおおむね60デシベル以上のもののうち，補聴器等の使用によっても通常の話声を解することが不可能又は著しく困難な程度のもの
知的障害者	一 知的発達の遅滞があり，他人との意思疎通が困難で日常生活を営むのに頻繁に援助を必要とする程度のもの 二 知的発達の遅滞の程度が前号に掲げる程度に達しないもののうち，社会生活への適応が著しく困難なもの
肢体不自由者	一 肢体不自由の状態が補装具の使用によっても歩行，筆記等日常生活における基本的な動作が不可能又は困難な程度のもの 二 肢体不自由の状態が前号に掲げる程度に達しないもののうち，常時の医学的観察指導を必要とする程度のもの
病弱者	一 慢性の呼吸器疾患，腎臓疾患及び神経疾患，悪性新生物その他の疾患の状態が継続して医療又は生活規制を必要とする程度のもの 二 身体虚弱の状態が継続して生活規制を必要とする程度のもの

備考 一 視力の測定は，万国式試視力表によるものとし，屈折異常があるものについては，矯正視力によって測定する。
二 聴力の測定は，日本工業規格によるオージオメータによる。

表3-2 特別支援学校の障害種別学校数・在学者数・教員数

(文部科学省，平成26年度「学校基本調査」より作成)

	学校数	在学者数	教員数
視覚障害	65	2,299	3,009
聴覚障害	88	5,218	4,272
知的障害	513	83,834	47,973
肢体不自由	130	3,732	14,970
病弱・身体虚弱	63	2,406	3,268
その他	237	38,130	＊
計	1,096	135,619	73,492

（注） その他とは，複数の障害種別の組み合わせである。教員は，教諭，助教諭，講師の合計を示している。

において，障害のある幼児児童生徒の支援をさらに充実していくこととなりました。

もちろん，特別支援学校に一本化されたからといっても，障害の種別がなく

なるわけではない。学校教育法第72条には,「視覚障害者,聴覚障害者,知的障害者,肢体不自由者又は病弱者」という区分が示されている。表3-1は,その区分それぞれについての障害の程度を定義したものである。また,表3-2は,特別支援学校の障害種別学校数・在学者数・教員数(平成26年度)を示すものである。

3 個別の障害の理解

次に,個別の障害について理解し,指導するうえでの要点を述べる。

◆ 障害の分類

(1) 視覚障害 人間の五感(視・聴・嗅・味・触)のうち,視覚の持つ情報量は圧倒的に多い。その視覚を奪われた視覚障害児は,日常生活のうえで不便であるだけでなく,さまざまな認識の形成のうえで大きなハンディキャップを背負っている。

視覚障害児の教育のうえでとくに重要なものは,読み書きの問題である。残存視力が利用可能な弱視児では拡大文字や拡大レンズを利用して文字(視覚障害教育では「墨字」とよばれる)を読ませることもできるが,視力をほとんどまたはすべて失った場合には点字の教育が必要である。

点字は,自身が視覚障害者であるフランスのL.ブライユ(Louis Braille; 1809-52)が1829年に考案したもので,1つの音を縦3×横2の6点の凸部の有無であらわした表音文字である。点字は,書くときには点字板,点字タイプライター,点字プリンターなどで打って紙にくぼみをつくり,読むときには凸部を人さし指でさぐって読むものである。たとえば,「教育心理学」は次のように書きあらわされる(「●」は凸部をあらわす)。

点字教育の問題点は,点字図書の数が少ないうえに1冊の本が大変かさばることにある。そこで,カセットテープやCDなどに音声を録音した録音図書が

併用される。

(2) 聴覚障害　聴覚に障害があると，物音や人の言っていることが聞き取れないだけでなく，自分が話す音声のフィードバックが得られないので，ことばの発達が遅れがちになりやすい。そこで，聴覚障害児の教育においては，ことばの訓練が重要な役割を果たしている。

その中心は口話法（オーラル・メソッド）である。これには，補聴器の助けを借りたりしながら残存聴力の活用を図る聴能訓練，発声・発語の訓練を行う構音訓練，話し手の表情や口の動きや身振りから人が言っている意味を理解する読話訓練などがある。また，幼児期などでは，リズム感覚を養う訓練も行われている。

上述の口話法に加えて，手話や指文字を併用する教育も広く行われている。手話は，手と腕の動きで「こんにちは」「わたし」「よい」などの概念をあらわす表意記号の一種である。これは，点字のような表音記号ではないので，概念の数だけ手の形と動きを覚えなければならない。他方，指文字は日本語の50音を指の形と動きで表現した表音記号の一種である。指文字は，手話と共に用いられ，手話にない単語や助詞をあらわすのに用いられる。

(3) 知的障害　知的障害と一口にいっても，その原因も発達の遅れのようすもさまざまである。原因による分類では，染色体異常や先天性代謝異常のような遺伝的原因によるものと，妊娠中の母親の中毒症や感染症の影響による胎生期の異常が原因とされるものをあわせて「内因性」または「先天性」といい，出産時の障害（仮死分娩など）と乳幼児期の感染症（脳炎など）や脳外傷などが原因とされるものをあわせて「外因性」または「後天性」という。

知的発達の遅れは，知能検査による診断を参考とし，言語・身体運動・生活習慣・社会性など行動面での発達についての観察を加えて総合的に判定され，重度・中度・軽度の3カテゴリーに分類されている。

重度は，知能指数にして25ないし20以下に相当し，言語の発達が著しく遅れ，ことばによるコミュニケーションが困難であり，食事・排泄・衣服の着脱など日常生活に関して全面的な介護を必要とするものとされる。

中度は，知能指数にして20〜50程度に相当し，母親や慣れた人を区別し，他人の助けにより身辺の事柄を処理することができるが，環境の変化に適応す

る能力が乏しいとされる。

軽度は，知能指数にして50～75程度に相当し，日常生活に差しつかえない程度に自分で身辺の事柄を処理することができるが，抽象的な思考は困難であるとされる。

知的障害児の教育は，障害の程度に応じて教育目標も教育方法もまったく異なってくる。重度の場合には，医療と教育の両面からの発達援助がとくに必要である。中度の場合には，ことばによるコミュニケーションと身辺の自立が重要な教育目標である。軽度の場合には，独立して社会生活や職業生活を営むために必要な事柄の訓練が重視される。

(4) 肢体不自由　肢体不自由とは，四肢（両手両足）および体幹（胴体と頸部）の一部または全部の運動機能に障害がみられる場合をいう。肢体不自由の原因としては，脳性麻痺（cerebral palsy：CP）などの神経系疾患，関節リウマチなどの関節疾患，骨髄炎や脊椎カリエスなどの骨疾患，進行性筋ジストロフィーなどの筋疾患などの病気や，事故等による外傷性疾患などがあげられる。肢体不自由教育の対象者には，脳性麻痺の占める割合が最も高く，全体の約6割とされる。

肢体不自由教育においては，障害の種類や程度に応じて，運動機能，感覚機能，言語機能などの訓練が行われる。その中心となる運動機能訓練では，日常生活に必要な動作の習得や改善のため，起立・歩行・移動や関節可動域の拡大など障害部位の機能回復，筋力強化や利き手変換など健全な部位を活用する機能代償，義肢などの装具や車椅子などの補助的用具の機能の活用などに関する訓練が行われる。

(5) 病弱・身体虚弱　表3-1では，病弱者は以下のように規定されている。

　一　慢性の呼吸器疾患，腎臓疾患及び神経疾患，悪性新生物その他の疾患の状態が継続して医療又は生活規制を必要とする程度のもの

　二　身体虚弱の状態が継続して生活規制を必要とする程度のもの

病弱が「慢性疾患等のため継続して医療や生活規制を必要とする状態」を意味するのに対し，身体虚弱は「病気にかかりやすいため継続して生活規制を必要とする状態」をいうものとされる。

病弱・身体虚弱教育においては，①健康状態の理解の指導，②健康回復に

【コラム3-1　●映画に描かれた障害者】

　障害者の生き方は，映画でもさまざまな形で取り上げられている。ここでは，アメリカで製作され，アカデミー賞を受賞した映画の中から，障害者を主人公にした名作を4本紹介しよう。

　『奇跡の人』（1962年）は，目も見えず耳も聞こえず，最初はことばも話せなかった重複障害者ヘレン・ケラーの自伝をもとにした舞台劇を映画化したものである。天才子役といわれた当時14歳のパティー・デュークがヘレンの役を熱演し，助演女優賞を受賞した。また，家庭教師としてヘレンを教えたアン・サリバン先生に扮したアン・バンクロフトが主演女優賞を得た。サリバン先生は，自身が弱視で黒い眼鏡をかけていることに強いコンプレックスを持ち，そのことがヘレンの教育に対する激しい情熱となったようすが描かれている。

　『まごころを君に』（1968年）は，クリフ・ロバートソン（主演男優賞）が演じたチャーリーという名の知的障害の青年が，医学の力で高い能力を得たことにより生ずる悲劇をサイエンス・フィクション風に描いた作品である。原作はダニエル・キース『アルジャーノンに花束を』であり，日本でも2002年にテレビドラマ化された。英語のタイトルは"CHARLY"とRが鏡文字になっていた。

　『愛は静けさの中に』（1986年）は，マーリー・マトリン（主演女優賞）が演ずる心をとざした聾唖の女生徒サラと，彼女が通う聾学校に赴任してきた陰のある教師（ウィリアム・ハート）の愛の物語である。主演のマーリー・マトリンは，実生活でも聾唖者であり，障害者初のアカデミー主演女優賞受賞が話題となった。英語の原題は「小さな神の子ら」という意味だが，邦題は耳の聞こえないサラの立場と，映画の静寂な雰囲気をよくあらわしている。

　『レインマン』（1988年）は，自閉症のために幼くして家族から離されて施設に入れられた兄（ダスティン・ホフマン，主演男優賞）と，その兄の存在を父親の死によって生じた遺産相続問題で初めて知った弟（トム・クルーズ）との心の交流を描いた作品である。ダスティン・ホフマン演ずる自閉症者は，記憶力が抜群でまわりの人間を驚かせるが，常同傾向が強く，毎日規則正しく決められた生活をしないとパニック状態になってしまう。『レインマン』は，主演男優賞のほか，作品賞と監督賞（バリー・レビンソン監督）もあわせて受賞した。

必要な生活指導，③病気に関する心理的諸問題の解決の指導，などが重要視されている。

　(6) 情緒障害　　情緒障害（emotional disturbance）は，人間関係の不適応による心因性の行動異常と一応定義されるが，大変実態のつかみにくい概念であ

る。具体的な行動異常の内容も，①言語（緘黙，吃音，奇声など），②身体（自律神経失調，めまい，嘔吐，下痢，便秘など），③生活（過食，拒食，偏食；頻尿，遺尿，遺糞；不眠，夜驚など），④社会性（孤立，反抗，虚言など），⑤習癖（爪かみ，チック，自慰，自傷など）など，きわめて多岐にわたっている。

　そのため，情緒障害児の指導も一義的には定まらない。言語訓練，カウンセリング，遊戯療法，行動療法など，障害の内容と程度に応じて必要な方法がとられなければならないのである。

　なお，自閉症（autism）は，かつては情緒障害の中に含められた時期もあったが，現在では脳の器質的・機能的障害が原因であると考えられるようになり，情緒障害の定義からは外れている（後出の「(9) 発達障害」参照）。

(7) 言語障害　　話しことばを用いたコミュニケーションに障害があることを言語障害という。これには大別して次の3種類がある。

　❶ **感覚性言語障害**　　耳から入った言語音が大脳の感覚性言語中枢で感受されるまでの経路で生ずる言語障害。難聴や感覚性失語症などがこの分類にあてはまるものである。

　❷ **運動性言語障害**　　運動性言語中枢から発声器官に至るまでの経路で生ずる言語障害。口蓋裂・口唇裂による構音障害や運動性失語症などがこれにあてはまる。

　❸ **言語発達遅滞**　　知的障害，脳性麻痺，情緒障害，自閉症などが原因となって言語の正常な発達が遅れたもの。吃音もこれに含まれる。

　言語障害児に対しては，言語障害特別支援学級が用意されているが，児童・生徒の多くは，言語指導の時間のみ特別支援学級に通い，教科指導は普通学級で受ける通級指導教室制を利用している。

　1997年に言語聴覚士法が制定され，言語障害を言語訓練などによって支援する専門職として言語聴覚士という国家資格がスタートした。言語聴覚士資格をめざす学生のために言語聴覚学科や言語聴覚学専攻を置く大学も増えている

(8) 重度重複障害　　障害の種類が2つ以上にわたる場合を重複障害というが，文部科学省では，教育上とくにむずかしい問題をかかえた重度重複障害児として，

　①　盲・聾・知的障害・肢体不自由・病弱の各障害を2つ以上持っている者，

② ほとんど言語を持たず，日常生活において常時介護を必要とする重度の知的障害の者，
③ 破壊的行動，多動傾向，異常な習慣，自傷行為，自閉症，その他の問題行動が著しく，常時介護を必要とする者，

の3者を規定している。

1979年の養護学校義務制の実施以来，それまでほとんど置き去りにされてきた重度重複障害の教育が障害児教育の取り組むべき重要課題の1つとして浮かび上がってきたが，その有効な教育方法の確立が急務となっている。しかし，特別支援教育の導入を決めた学校教育法改正でも重複障害については言及がなく，今後の課題となったままである。

(9) 発達障害　2004年に成立した発達障害者支援法第2条では，「自閉症，アスペルガー症候群その他の広汎性発達障害，学習障害，注意欠陥・多動性障害その他これに類する脳機能の障害であってその症状が通常低年齢において発現するものとして政令で定めるもの」を発達障害と規定し，発達障害を有するために日常生活または社会生活に制限を受ける者を「発達障害者」，そのうち18歳未満のものを「発達障害児」と定義し，その早期発見と早期発達支援，義務教育段階での支援だけでなく，大学・高等専門学校での適切な教育上の配慮，就労支援，地域での生活支援，発達障害者の家族への支援などの必要性がうたわれている。発達障害は，本人の性格の問題ではなく，脳の機能障害が疑われるものの脳画像診断では障害の部位や原因は特定できない。

自閉症（autism）は，①他人との社会的関係の形成の困難さ，②ことばの発達の遅れ，③興味や関心が狭く特定のものにこだわること，を特徴とする行動の障害であり，そのうち知的発達の遅れを伴わないものを高機能自閉症（high functioning autism），知的発達の遅れを伴わず言葉の発達の遅れを伴わないものをアスペルガー症候群（Asperger Syndrome）とよび，広汎性発達障害（pervasive developmental disorders: PDD）に分類される。

注意欠陥・多動性障害（attention-deficit hyperactivity disorder: ADHD）は，文字通り注意の持続や集中の障害と，過度に落ち着きがない多動性を基本特徴とする。教室で「キョロキョロ，ウロウロ」，先生の言うことがじっと聞けず，席を立ったり教室の内外を動き回ったりするので，本人の学習だけでなく，周

囲の子どもの学習の妨げとなりやすい。ADHDの治療として「リタリン」などの薬物療法がしばしば行われてきたが，薬物療法の盛んなアメリカでは，「リタリン漬け（ritalin overdose）」がむしろ問題となっている。

（10）学習障害　　学習障害（learning disabilities: LD）は，アメリカの心理学者 S. A. カーク（S. A. Kirk; 1904-96）が用いた概念であり，全般的な知的発達に遅れはないにもかかわらず，読字，書字，算数などの学習面で障害を示すことをいう。とくに，視覚・聴覚・運動機能の障害などがないのに，文章を読むときに文字や行の読み飛ばしや読み誤りが生じやすく，そのために学習活動に著しい困難がある場合は，読書障害または難読症（reading disability; dyslexia）という。

なお，LDをはじめADHDや自閉症など発達障害のある人々に対する正しい理解と科学的な支援を求める学術団体として，1992年に日本LD学会が設立されている。

ところで，以上のような障害種別は，アメリカ精神医学会（APA）が定めた「精神疾患の診断・統計マニュアル（Diagnostic and Statistical Manual of Mental Disorders: DSM）〔第4版〕」（DSM-IV-TR）に依拠するものであるが，2013年に第5版（DSM-5）への改訂が行われた（コラム3-2参照）。DSM-5では，「自閉症，アスペルガー症候群その他の広汎性発達障害」の中の細かな区別はなくなり，自閉症スペクトラム障害（autism spectrum disorder: ASD）に一本化されている。また，発達障害は，「神経発達障害群（neurodevelopmental disorders）」として一括された。従来の注意欠陥・多動性障害は，「注意欠如・多動性障害」に変更されている。詳しくは，日本精神神経学会精神科病名検討連絡会（2014）の「DSM-5病名・用語翻訳ガイドライン」を参照のこと。

◆ 障害児教育の課題

文部科学省は，2011年現在，「義務教育段階において特別支援学校および小学校・中学校の特別支援学級の在籍者ならびに通級指導を受けている児童・生徒の割合」を約2.7％，「通常の学級に在籍する発達障害の可能性のある特別な教育的支援を必要とする児童・生徒の割合」を約6.5％と推定している。この数字は，以前想定されていた割合よりもかなり見積りが大きくなっているが，特別支援教育がマイノリティ（少数者）のための教育であり，また，個別の障

【コラム 3-2　●アセスメント】

近年,「査定」とか「評価」という意味でアセスメント（assessment）ということばがよく使われるようになっている。わが国でこのことばを最初に見かけるようになったのは，1970年代ごろから「環境アセスメント」ということばが使われるようになったときであろう。これは，開発がもたらす環境への影響を予測・評価することを意味している。また，「人材アセスメント」といえば，組織における人事評価に含まれるプロセスのことになる。

心理的不適応の状態を面接や検査を通じてを把握することをアセスメントといい，医療領域ではそのまま「アセスメント」，心理領域では「査定」や「評価」，福祉領域では「判定」，司法領域では「鑑別」や「鑑定」という用語が比較的よく使われるようである。

精神疾患・障害の医学的診断基準は，アメリカ精神医学会（APA）が定める「精神疾患の診断・統計マニュアル（Diagnostic and Statistical Manual of Mental Disorders: DSM）」に依拠している。DSMは，2013年に第4版（DSM-IV-TR）から第5版（DSM-5）に改訂が行われた。

この診断基準に基づいて実際の診断と治療や教育の介入を行う際には，面接や心理検査（心理テスト）など，さまざまなアセスメントの結果に基づく資料が不可欠となる。

面接は，本人やその家族から直接聞き取りを行い，主訴，病歴，生育歴などを把握して，疾患や障害の全体像を理解しておく作業となる。

心理検査は，検査の使用材料，実施手続き，結果の表示法などが明確に定められ，基準集団からのデータに基づき信頼性と妥当性の高さが確認されているという意味で「標準化」されているものをいう。

知能検査には多種類あるが，ウェクスラー式知能検査は，適用対象年齢別（3～7歳用のWPPSI，5～16歳用のWISC-IV，16～89歳用のWAIS-III）の構成をとり，言語性IQ，動作性IQ，全検査IQという3種類の知能指数を算出できるなど，診断性の高さで定評がある。なお，WISC-IVでは，結果の表示法が全検査IQと4つの指標得点（言語理解，知覚推理，ワーキングメモリー，処理速度）に変更された。

性格検査では，モーズレイ性格検査（MPI）やミネソタ多面人格目録（MMPI）が長年用いられてきたが，最近は主要5因子性格検査（BigFive）の評価が定着してきている。

認知症のアセスメントについては，ミニメンタルステート検査（Mini Mental State Examination: MMSE）や長谷川式認知症スケールが用いられている。

害の内容や程度に応じて特別な教育方法を必要とするものであることに変わりはない。しかし，教育が発達を支え促進するものであること，および，教育活動の根底に子どもに対する人間愛がなければならないことの2つの点では，健

常児（定型発達児）の教育と障害児（非定型発達児）の教育とは何ら異なるところはないのである。正常な発達過程において移動とコミュニケーションの能力の発達が重要であるように（第2章 *2* の◆発達心理学における発達段階の区分参照），移動とコミュニケーションは障害児の教育においても大変重要な問題である。

　(1) 移　動　　障害児の教育や介護を行う立場からは，動き回る子どもは手がかかって大変であるが，むしろ移動することが困難であったり不可能な子どものほうが発達上の問題が大きい。人間は，移動の経験によって自己と環境の関係を認識し，移動した先の新しい環境に接することによって認識がさらに豊かになるのである。したがって，障害児が移動の自由をどの程度確保できるかが，その教育上の大きな課題の1つである。

　たとえば，視覚障害児の訓練に使われるソニック・ガイド（sonic guide）という装置がある。これは，赤ちゃんの頭にのせ，周囲の物に向けて発した音波の反射音を受信してその物の距離，大きさ，表面の特徴を音の高低，音量，音質の変化で知らせる装置である。先天盲の赤ちゃんが生後6カ月くらいからソニック・ガイドを使って音の手がかりで移動の訓練を受けると，その後の移動能力が向上するだけでなく，知的発達も進むことが示されている（Bower, 1989）。

　また，人間が移動しやすいように道路・交通機関・建物・公園などの都市環境を整備することは，障害者や老人のためだけではなく，社会全体にとって大切なことである。

　(2) コミュニケーション　　言語障害は端的な例であるが，それに限らず発達障害のうちのかなり多くのものがコミュニケーションの障害の問題を含んでいる。したがって，障害児の教育では，コミュニケーションの能力を促進するための基礎的な訓練とともに，さまざまなコミュニケーションの機会を障害児のために用意することが大切である。近年主張されている「統合教育」の重要性は，この点からもうなずける。

　ここで統合教育（integrated education）とは，障害児を健常児から切り離して教育することを分離教育（segregated education）とよぶのに対し，障害児と健常児をできるだけ同一の場で教育しようとする考え方をいう。同じ障害を持った子どもたちだけを集めて教育することは，効率性という点からは利点も多い

が，健常児と障害児がお互いに知り合うことなく学校生活をおくることは，人間愛の形成という点で双方にとって望ましいとはいえない。

障害児のコミュニケーションの問題に関して，もう1つ重要な課題がある。それは，何かを表現しようとする意思がありながら障害のゆえに阻まれている子どもたちに，コンピュータなどの電子技術を応用してコミュニケーションの道具を用意してやることである。たとえば，視覚障害教育において，文字という視覚情報を読み取り，何本ものピンを動かして触覚情報に変換するオプタコン（Optical to Tactile Converter の略）という装置がある。また，上肢の障害のために字を書くことが困難な肢体不自由児の教育などでは，日本語ワードプロセッサーの利用できる機器が不可欠である。

問題は，電子機器の多くが多数派の健常者の利用のみを想定して設計・製作されているため，少数派の障害者のニーズに応える形になっていないという点にある。そのままでは障害者が利用できない電子機器に特別な周辺機器を付け加えることによって生ずる利用可能性を電子機器アクセシビリティ（electronic equipment accessibility）という。アメリカ合衆国では，1986年にリハビリテーション法第508条として電子機器アクセシビリティに関する条項が加えられ，連邦政府が電子機器を調達する際に守るべき指針が示されたという（高松・太田，1990）。

「障害者にやさしい」機械は「人間にやさしい」機械でもある。日本が「ICT大国」として生きようとするのであれば，この問題に真剣に取り組むべきであるし，またそうすることによって必ず大きな成果が得られるはずである。

〔参考文献〕
◇ 荒木穂積・白石正久（編）『発達診断と障害児教育』青木書店，1989
◇ 子安増生（編）『よくわかる認知発達とその支援』ミネルヴァ書房，2005
◇ 日本精神神経学会（日本語版用語監修）／高橋三郎・大野裕（監訳）／染矢俊幸・神庭重信・尾崎紀夫・三村將・村井俊哉（訳）『DSM-5 精神疾患の診断・統計マニュアル』医学書院，2014
◇ 柘植雅義『特別支援教育――多様なニーズへの挑戦』中公新書，2013

第 4 章 学習の基礎の理解

　本章と続く第5章では，学習（learning）の問題を取り上げる。「教育」の定義として「他者の学習を促進する活動」というものが可能であることからも容易に推測されるように，学習は教育と非常に密接な関わりがある。本来であれば，教育心理学は人間の学習についての心理学的理論に則って構築されるのが当然ともいえよう。しかし現実には，教育心理学の基礎となりうるような包括的，かつ体系的な単一の学習理論は，残念ながら存在しない。これは，1つにはわれわれの学習が非常に複雑で，多岐にわたっているためであろう。しかし一方では，心理学の歴史的な経緯から，この複雑さ，多様性を過度に単純化し過ぎる傾向が，研究者の間に強かったことも原因となっているように思われる。

　本章では，比較的早い時期から基礎の心理学において学習に関する理論として研究されてきた，行動主義的な学習理論と記憶の理論について論じる。これらの理論は，決して十分なものとはいえないが，人間の複雑な学習について考える出発点として基礎を与えてくれるであろう。次の第5章では，本章で取り上げた考え方を発展させ，また不十分な点を補いながら，その後の学習研究の展開について紹介する。

1 行動主義的な学習理論

◆ 学習とは何か

　学習とは何であろうか。学校で生徒がさまざまな教科を勉強する状況は，学習の生起する典型的な状況といえよう。しかしわれわれは，この状況の中の何を学習とよべるのであろうか。新しい知識を得ることであろうか，あるいは，今までできなかったことができるようになることであろうか，あるいはこのような状況における学習者の活動全体を学習とよぶべきなのであろうか。学習を学校の中の出来事だけに限ることはできない。動物が訓練を受け芸を覚えることや，新しい社会環境に入った人がそこでうまく振る舞えるようになることも，学習ということばであらわすことができるであろう。これらは，学習が非常に多岐にわたり，複雑であることを物語っている。

　20世紀の初めのアメリカの心理学者たちは，意識，感情，記憶といった目に見えない心的な概念を排除し，直接観察可能なものだけを研究の対象とすることによって「科学」としての心理学が可能になると考えた。彼らは人間の多様で複雑な学習も単純な要素に還元でき，単純な学習についての研究を積み上げれば，複雑な学習についてもわかると考えた。このような考え方に立ち，行動主義的な学習理論がつくられたのである。このような立場に立つと，学習を「新しい知識を得ること」と定義することはできない。行動主義心理学者たちは，学習を「経験による比較的永続的な行動の変化」と定義し，研究を進めた。

　20世紀の前半にアメリカで発展した行動主義 (behaviorism)，新行動主義 (neo-behaviorism) とよばれる心理学においては，直接観察が可能で人間の複雑な学習を構成する要素として行動に着目した。個体（人間，あるいは動物）がある状況でとる行動は，その状況の中の刺激と行動との関係によって決定されると考え，刺激と行動との関係を厳密に明らかにしようとしたのである。

◆ 2つの行動の分類

　J. B. ワトソンが提唱した行動主義を発展させた新行動主義の考え方は，研究者によって大きく異なっているが，ここでは B. F. スキナーの理論に基づいて行動主義的な学習の考え方について解説する。スキナーは，刺激との関連から

行動をレスポンデント行動(respondent behavior)とオペラント行動(operant behavior)の2種類に分類した。レスポンデント行動とは，熱いやかん（刺激）に触れたときに，思わず手を引っ込める行動のように，刺激が引き起こす行動をさす。一方，オペラント行動は，特定の刺激のもとで個体が自発する行動をさす。たとえば，青信号という刺激のもとで道路を横断するといった行動がこれにあたる。スキナーは，これらの行動の学習が，それぞれレスポンデント条件づけ(respondent conditioning, あるいは古典的条件づけ：classical conditioning)，オペラント条件づけ(operant conditioning, あるいは道具的条件づけ：instrumental conditioning)とよばれる手続きによってなされると述べている。

◆ **レスポンデント条件づけ**

ある刺激はある特定のレスポンデント行動を誘発する。たとえば，犬は口の中に肉片を入れてやれば唾液を分泌するし，前足に電気ショックをかければ前足を引っ込める。これらの刺激と反応の関係は，学習の結果獲得されたものではなく，生得的に備わっているものである。口の中の肉片や前足に与えられた電気ショックのように学習を経なくとも特定の行動を誘発する刺激を，その行動に対する無条件刺激(unconditioned stimulus)とよび，誘発される反応を無条件反応(unconditioned response)とよぶ。

しかし，刺激と行動の関係は不変ではない。それまでレスポンデント行動を引き起こさなかった刺激（中性刺激：neutral stimulus）を無条件刺激と対提示するという手続きを繰り返すと，やがて，はじめは中性であった刺激が，無条件刺激と同じ行動を引き起こすようになる。たとえば，有名な I. P. パヴロフの実験では，犬に肉片を与えるときにいつもベルの音を聞かせた結果，犬はベルの音を聞いただけで唾液を分泌するようになった。スキナーはこのような手続きをレスポンデント条件づけとよび，ベルの音のような刺激を条件刺激(conditioned stimulus)，それによって引き起こされる反応を条件反応(conditioned response)とよんだ。すなわちスキナーによると，レスポンデント行動における学習とは，新たな刺激がすでに個体が持っていた行動を引き起こすようになることで，このときの中性刺激と無条件刺激の対提示の手続きをレスポンデント条件づけとよぶのである。

逆に，一度条件づけが成立したあと無条件刺激を提示しないで条件刺激だけ

を単独で提示し続けると,しだいに条件反応の強度は弱まり,やがて条件刺激は反応を誘発しなくなる。このような手続きをレスポンデント消去(respondent extinction)というが,この場合も経験により行動が変化しているのであるから一種の学習と考えるべきである。

一般に,条件反応は無条件反応にくらべ強度的には小さい(たとえば,唾液の分泌量は少ない)ことが指摘されているが,質的には同じ反応といえる。すなわち,レスポンデント条件づけにおいては個体にとって新しい行動が獲得されるわけではない。また,レスポンデント行動の多くは自律神経系の不随意反応である。このようなことから,レスポンデント条件づけを夜尿症の治療に用いた例(Mowrer & Mowrer, 1938)などはあるものの,レスポンデント条件づけと学校教育などにおける学習との関係は,あまり強くないといえよう。

◆ オペラント条件づけ

スキナーによる行動の分類に従えば,われわれの身の回りの学習,とくに学校などにおける教育と関連する学習の大部分はオペラント行動の学習といえよう。オペラント行動の学習は,オペラント条件づけとよばれる手続きによってなされる。レスポンデント条件づけと異なり,オペラント条件づけでは行動の後に生起する出来事(刺激)が重要な役割を果たす。行動が自発された後にある刺激が提示された場合に,将来その行動が自発される頻度が増加することがある。このような事態を強化(reinforcement),提示された刺激を強化子(reinforcer)とよぶ。子どもが帰宅後口をゆすぎ手を洗ったときに,ほめたりおやつを与えたりすると,その次からも子どもが手を洗い口をゆすぐようになったとする。このとき,ほめことばやおやつは子どもの行動の強化子であるという。

この例のように刺激の提示によりその直前の行動の自発頻度が上昇する場合に,その刺激を正の強化子といい,この事態を正の強化という。これに対し,刺激を除去する(たとえば,小言を言われなくなる)ことによって行動の自発頻度が上昇する場合,その刺激(小言)を負の強化子といい,この条件づけの手続きを負の強化という。

逆に,行動の自発頻度を減少させる手続きを弱化(または罰〈punishment〉)とよび,正の強化子の除去による自発頻度の減少を負の弱化,負の強化子の提示による減少を正の弱化とよぶ。以上の関係を表4-1に示す。このようにオ

表4-1　オペラント条件づけの手続き

		行動自発の後に刺激を	
		提示	除去
刺激	正の強化子（または好子）	正の強化	負の弱化
	負の強化子（または嫌子，罰子）	正の弱化	負の強化

ペラント条件づけでは，たまたま自発した行動の将来出現する可能性が，強化子により変化するのである。

　オペラント行動には，強化子のほかに重要な役割を果たす刺激が存在する。犬にお手を教える場合を考えてみよう。お手をしたなら餌を与える，という手続きを用いる場合，「餌」という刺激は強化子である。訓練がうまくいったなら，犬は，人間の手が適当な位置に差し出され「お手」と声をかけられたときに前足を上げる行動を自発するようになる。この場合「人間の手と声」という刺激は，お手をするという行動を自発する機会を示しているといえる。このような刺激を弁別刺激（discriminative stimulus）とよぶ。すなわちオペラント条件づけとは，ある刺激（弁別刺激）のもとで個体が行動を自発したときに別の刺激（強化子）が提示される（あるいは取り除かれる）ことによって，将来のその行動の自発頻度が変化することである，といえる。このようにオペラント条件づけを考える場合，弁別刺激，行動，強化子の間の関係が重要になるが，この関係を三項随伴性（three-term contingency）という。

　犬は，いつも餌をやっている飼い主以外の人に対してもお手をするかもしれない。手の大きさや声の高さなど，訓練時の弁別刺激と異なった弁別刺激のもとでも同じ行動を自発するということになる。このように訓練時とは異なった弁別刺激のもとでも行動が出現する場合，刺激般化（stimulus generalization）が生じたという。一般に，訓練時の弁別刺激と類似した刺激のもとでは行動の出現率は高く，類似度が下がるにつれて出現率も下がることが明らかにされている。

　誰に対してでもお手をする犬に，男性にお手をしたときには強化し，女性にお手をしたときには強化しない（消去する）という訓練を続けると，やがて男性に対してはお手をするが女性にはしなくなるであろう。この場合，この犬は男性と女性を弁別（discrimination）したという。般化と弁別は行動に柔軟性を

与え，適応的な学習を可能にするうえで重要な役割を果たすと考えられる。

◆ 強化スケジュール

　犬がお手をした場合，毎回餌が与えられる場合もあるし，一定の割合でのみ与えられることもあるだろう。このように行動に対してどのように強化がともなうかの関係を，強化スケジュール（schedule of reinforcement）という。強化スケジュールにはさまざまな種類があり，それぞれ行動の頻度がどのようになるかなどについて詳細な研究が行われている。ここではごく大まかに分けて，3つの種類の強化スケジュールを説明する。

　行動が自発されたとき必ず強化がともなう場合を連続強化（continuous reinforcement）スケジュールとよぶ。逆に，自発された行動に対しまったく強化がともなわない場合を消去（extinction）スケジュールという。これら2つの間に，あるときは自発された行動に強化がともない，別のときにはともなわないスケジュールがある。このようなスケジュールを一般に間欠（部分）強化（intermittent reinforcement）スケジュールとよび，どのような場合に行動が強化されるかによって，反応がある回数生じたときに強化されるもの，前回の強化からある時間が経過した後の反応が強化されるもの，それらを組み合わせたものなど，さまざまな種類に分類されている。

　ある行動に対して連続強化スケジュールに従って正の強化子が与えられると，行動の自発頻度は上昇する。また，間欠強化スケジュールもほとんどの場合，行動の自発頻度を上昇させる。一般に間欠強化スケジュールに従った場合，連続強化スケジュールより高い自発頻度が得られる。連続，あるいは間欠強化スケジュールにより，行動の自発頻度が上昇したあと消去スケジュールに移行すると，自発頻度は徐々に下降し，やがてもとのレベルに戻る。このときの自発頻度の下降しにくさを消去抵抗（resistance to extinction）という。一般に連続強化スケジュールから消去に移行した場合より，間欠強化スケジュールから移行した場合のほうが消去抵抗は高いこと，すなわち，行動の自発頻度はなかなか減少しないことが知られている。

◆ 反応形成

　オペラント条件づけにおいては，自発された行動のあとに強化がともなうことによって，その行動の自発頻度が変化する。しかし，このことは新しい行動

がオペラント条件づけによって獲得されないことを意味するわけではない。たとえば，ハトを用いたオペラント条件づけの実験では，裏側から照明された半透明のアクリル製円盤（キーとよばれる）をつつく行動をハトに獲得させることが多い。このような行動は，野生のハトや通常に飼育されているハトにはほとんど見られない。

この行動を生じさせる手続きは以下のようである。まず第1段階では，ハトがキーのほうを向いたときに強化子を与える。これはキーのほうを見る行動を増加させる。この行動が頻繁に見られるようになったら，ハトがキーのほうに一歩前進したときにのみ強化子を与えるようにする。続いて強化の基準を，ハトがよりキーに近づいたときのみ強化するように段階的に変化させる。ハトがキーに近寄るようになり，さらに強化の基準を段階的に変化させていくと，頭をキーに近づけたりくちばしをキーに触れたりする行動が出現するようになる。そこでさらに強化の基準を目的の行動（キーつつき）に近づけていくと，ついにはキーをつつくという新しい行動が獲得されるのである。

このように，何らかの方法で新しい行動を獲得させることを反応形成（shaping）といい，上記の例のように強化の基準を徐々に目的の行動に近づけていく方法を逐次的接近法（method of successive approximation）とよぶ。反応形成には逐次的接近法のほかにいくつかの方法がある。人間の場合には，言語で行動を指示する教示法や他人が見本を示すモデリング法などがあり，そのメカニズムが行動主義的な枠組みから研究されている。

◆ プログラム学習

第7章2でも紹介されているように，オペラント条件づけの研究成果は，プログラム学習などの形で学校教育に大きなインパクトを与えてきた。プログラム学習に応用された学習の原理は，動物などを用いた基礎的な実験から得られたデータに基づくものである。たとえば，プログラム学習では，スモール・ステップの原理に従って学習者ができるだけ誤った反応をしないように教材を準備することが強調されている。この背後にあるオペラント条件づけの研究からの知見は，以下のようである。

誤った反応に対しては，それが誤りであることをフィードバックする必要があるが，誤りのフィードバックは学習者にとって負の強化子としてはたらく。

【コラム 4-1 ●オペラント条件づけの応用】

　オペラント条件づけの研究の成果がプログラム学習という形で教育に応用されていることは本文でも紹介したが，オペラント条件づけの手続き自体はより直接的な形でさまざまに応用されている。たとえば，言語的障害を持つ自閉症スペクトラム障害児の言語訓練にオペラント条件づけの手続きが用いられている（三好ほか，1989）。

　ことばを持たない自閉症児は，意図的に息や口形を制御することができず，発声もほとんどしない場合が多い。したがって，まずこれらを訓練する必要がある。このためには逐次的接近法やモデリング法などの行動形成の手法が用いられるが，自閉症児の場合，模倣行動自体が少ないので，まず大きな動作の模倣をするよう訓練して，しだいに口唇運動の模倣をするように訓練を進める。偶然発声した場合にジュースなどを与え強化する，訓練者の発声の後に子どもが発声したら強化子を与える，といった手続きを続け，しだいに訓練者の発した見本に似ている発声だけを強化するようにする。発声できる音韻数が増えてきたら，実物や絵を見せながらその名前の音声見本を与えて模倣させ，しだいに見本をあいまいにし，なくしていくと，実物や絵を見てその名前を発声するようになる。

　ものの名前が言えるようになったなら，同様の手続きでより長い単語，句，短文，文章の訓練を行う。このようにして単語や文を発声する行動が獲得されたら，質問に答えさせる訓練，要求を他者に伝えさせる訓練などを通して，適切な状況で適切な言語反応がなされるように訓練する。

　このように訓練者によって与えられた強化によって言語が獲得されても，実生活の中で強化されなければ維持されず消失してしまうであろう。三好らは，現実の生活の中でそれによって利益が得られるような言語行動を訓練することの重要性を強調している。

　このほかオペラント条件づけの手続きは，教室内での生徒の適切な態度の形成，肥満防止，痩身（やせ）のための摂食行動のコントロール，禁煙などにも応用されている。

　負の強化子による行動の統制には，さまざまな好ましくない側面があることが実験結果から明らかになっている（Azrin & Holz, 1966）。たとえば，罰の効果はその手続きが中止されると長期にわたって持続しない，攻撃的な行動や情動的な反応が出現しやすい，などである。したがって学習中に誤りのフィードバックが数多く現れると，学習が阻害されるため，できるだけ学習者が誤りを犯さずに学習が進むよう教材をプログラムする必要があると考えられるのである。

2　学習の基礎としての記憶

　学習を行動の変化と見ても，新しい知識の獲得と見ても，学習が成立するためには，何らかの経験をした後にその影響が時間を越えて残っていて，次の機会に効果を持たなくてはならない。このように考えると，この影響を何らかの「場所」に存在する「もの」ととらえ，後の機会にこの「もの」が何らかの形で利用されると考える見方があることは自然であろう。このような「場所」や「もの」は古くから「記憶」とよばれ，心理学の対象として研究されてきた。とくに「場所」と「もの」を区別するときには，前者を記憶貯蔵庫（memory storage），後者を記憶情報（memory information）とよぶ場合もある。

　心理学における記憶研究は，1960年代以前は，ごく少数の例外を除き，無意味綴りとよばれる意味のない文字列や単語の記憶が中心であった。これは刺激材料が扱いやすく課題遂行の正誤なども客観的に判断でき，科学的な研究が行いやすいなどの理由によるところが大きい。ここでは，最初に単語などの記憶の研究から明らかになった事柄について述べ，次いでそれ以降の，それ以外の材料の記憶について論じる。

◆ 短期記憶と長期記憶

　記憶は，しばしば長期記憶（long-term memory：LTM）と短期記憶（short-term memory：STM）の2種類に分けて論じられる。短期記憶とは，電話番号を調べてから入力し終わるまでのように，ごく短い時間のみ情報を維持するような記憶である。市外通話などで番号が少し長くなると途中でもう一度番号を見なければならなくなる，などの経験からもわかるように，短期記憶は保存しておける情報の量（記憶容量：memory capacity）に制限がある。短期記憶の容量を調べるには，いくつかの項目を示した直後にそれらの項目を繰り返してもらい，正確に繰り返せる限度の項目数を調べる方法がある。このようにして調べた限度を直後記憶範囲（immediate memory span）とよび，一般に成人においては，内容が数字，文字，単語などのいずれであるかにかかわらず，7±2項目程度といわれている。

　短期記憶内の情報の持続時間は，その時間に何をしているかによって異なっ

てくる。直後記憶範囲内であれば，その情報を何度も頭の中で唱え続けることが可能である。このような作業をリハーサル（rehearsal）とよぶが，リハーサルをしている限り情報は短期記憶内に存在し続ける。しかし，リハーサルをしているときに他人から話しかけられるなどすると忘れてしまうことからもわかるように，ほかの作業などをすることによってリハーサルが妨げられると，数秒から十数秒程度で情報は忘却されてしまう。一方，われわれは自宅の電話や自分の携帯電話の番号をメモなどを見ずにいつでも思い出すことができる。このような長期記憶は，数時間から数年以上にわたって保持され，何十年間も忘れない情報も珍しくない。また，容量も膨大なものである。

◆ 記憶の2貯蔵庫モデル

長期記憶と短期記憶の区別は，われわれの記憶には長い期間持続するものとごく短い期間しか持続しないものがある，ということのみを意味しているのではない。われわれの記憶には，長期記憶貯蔵庫（long-term storage: LTS）と短期記憶貯蔵庫（short-term storage: STS）という2つの記憶貯蔵庫，あるいは2つの記憶システムが存在するということが主張されているのである。このような主張を裏付けるものとして，実験室的な研究と臨床的な研究から証拠があげられている。

実験室的研究からの証拠として最もよく知られているのは，自由再生（free recall）課題における系列位置効果（serial position effect）であろう。自由再生課題とは，十数個から数十個程度の項目（単語など）を実験参加者に提示し記憶してもらい，続いて順序は無視して単語を思い出して言って（再生して）もらう，という形の実験課題である。このときに何番目に提示された項目がどのくらいの率で再生されたかをグラフであらわすと，一般に図4-1に示したように，最初と最後の数項目の再生率が高くなる。これを系列位置効果とよび，最初の部分の再生率が高くなることを初頭効果（primacy effect），最後の部分の再生率が高くなることを新近効果（recency effect）という。このうち新近効果が生じる理由は，最後の数項目以外はすでに短期記憶から消失し長期記憶から再生されるのに対し，最後の数項目は短期記憶からも再生されるためと考えられている。

自由再生課題において，全体としての再生率に影響を与えるようないくつか

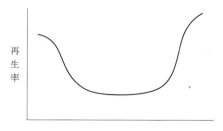

横軸には単語が何番目に提示されたか,縦軸には単語が再生された率が示されている。

図4-1 自由再生実験における系列位置曲線

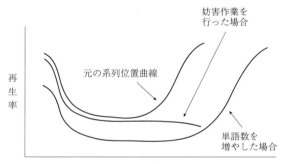

単語を提示した後に妨害作業を行わせると新近効果が消失するが,そのほかの部分に変化はない。単語数を増やすと新近項目の再生率は変わらず,その他の部分の再生率のみ減少する。

図4-2 実験条件による系列位置曲線の変化

の実験条件は,新近項目とそのほかの項目とで再生率に異なった効果を持つ。たとえば,刺激項目の提示と自由再生の間に暗算などの妨害作業を行わせると,新近効果は消失し最後の数項目の再生率は中間の部分よりやや低くなる。一方,初頭項目と中間部の項目の再生率は妨害作業なしの場合と変わらない。逆に,記憶する項目の数を増やすと全体の再生率は低くなるが,新近項目の再生率は項目数にかかわらずほぼ一定である(図4-2)。このような実験結果は,記憶の2貯蔵庫モデルを支持するものと考えられている。

脳の傷害などによって記憶に障害を持つ患者の臨床的な研究からも,2貯蔵

庫モデルを支持する証拠が得られている。たとえばある患者は，ずっと以前のことや数秒前のことは思い出せるのにもかかわらず，数分前の出来事を思い出すことができなかったという。このような症状は，2つの記憶貯蔵庫を考え，情報を短期記憶から長期記憶へ転送する機能が損なわれていた，と考えることによってよく説明される。

◆ 短期記憶から長期記憶への情報の転送

　記憶の2貯蔵庫モデルにおいて，新しい事実，あるいは単語などを学習するというのは，情報が短期記憶から長期記憶へと転送されることに相当する。情報はどのようなときに転送されるのだろうか。

　電話番号や外国語の単語を覚えようとする場合など，覚えたいものを口に出して，あるいは頭の中で何度も繰り返すことがある。このようなやり方はしばしば成功するように感じられるので，長期記憶への情報の転送は情報が短期記憶内でリハーサルされることによって生じ，リハーサルされる回数が多い，あるいは時間が長いほど転送される確率は高い，と考えられていたことがある。事実，自由再生課題において実験参加者に口頭でリハーサルを行ってもらい各項目が何回リハーサルされたかを調べると，各系列位置におけるリハーサルの回数と再生率に強い関係があることが示される。最も再生率の高い最初の項目が最も多くリハーサルされ，徐々に回数が減り，再生率がほぼ等しい中間の部分ではリハーサル回数もほぼ等しい。このような結果は，リハーサルが情報の転送を引き起こすことを示唆するように思われる。

　しかし，F. I. M. クレイクら（Craik & Watkins, 1973）は巧妙な実験によって，実験参加者が単語を短期記憶内でリハーサルする時間を変化させた。このとき重要なことは，実験参加者は後にこれらの単語の再生を求められることを知らず，単語を覚えようという意図を持っていなかったことである。実験の結果，実験参加者が単語を再生できる率はその単語をリハーサルしていた時間と無関係であることが明らかになった。クレイクらはこの結果から，リハーサルには情報を短期記憶内に留めておくだけのもの（維持リハーサル：maintenance rehearsal）と情報を長期記憶へ転送するもの（精緻化リハーサル：elaborative rehearsal）の2種類があり，維持リハーサルはいくら長時間なされても情報の転送を引き起こさないと主張した。それでは精緻化リハーサルとはどのような活

動なのだろうか。

　古くから，記憶を強固なものにするためには，記憶すべき情報をよく知っている事柄に関連づけたり，記憶すべき情報同士を関連づけることが有効であることが知られている。このような関連づけを行うことが精緻化リハーサルに相当する。たとえば，有名な記憶術の方法に定位法（場所法：method of loci）とよばれるものがある。これはいくつもの項目を記憶するときに，それらをよく知っている場所と関連づける方法である。この方法を使うためには，通勤路や通学路の途中にあるいくつかの場所のように，いつも一定の順序で思い出せる場所を用意しておく必要がある。たとえば，買い物リスト（ノート，封筒，パン……）を記憶しなければならない場合，玄関の靴箱の上に置いてあるノートや家を出て最初の角の看板にぶら下がっている封筒を思い浮かべるなど，それぞれの品物を1つずつ目標物のところに配置していく。思い出すときには，通勤路を順にたどり目標物を探し，そこに置かれたものを思い出すのである。この方法は，少し練習すればほとんどの人に有効にはたらくといわれている。

　記憶すべき情報の間の関連づけの例としては，単語のリストを覚える際に，その単語を使って物語をつくる方法や，複数の単語のイメージをつくる方法が有効である。たとえば，いくつかの単語対を提示され，対の最初の語を手がかりとして与えられもう一方の語を再生する，という対連合学習において「ピアノ－葉巻」という対を記憶する場合を考えてみよう。この場合，ピアノの鍵盤の部分を口に見立てピアノが葉巻をふかしているイメージを思い描くことによって，記憶成績は向上する。実際にこれらの方法の有効性は，心理学実験によって確かめられている（Bower, 1972）。

◾ 文，文章などの記憶

　認知心理学における言語材料の記憶についての研究は，かつては単語の記憶が中心であったが，1970年代以降，文の記憶，文章の記憶が盛んに研究されるようになった。ここではまず，文の記憶についてみてみよう。

　文の記憶を考えるときまず問題になるのは，われわれが文を覚えるときに実際に記憶しているのは，その文があらわしている内容なのか，あるいは，文法構造や使われている単語などを含んだ逐語的な文なのか，ということである。詩を覚えるときなど，われわれはたしかに文を逐語的に記憶することができる。

【コラム4-2 ●認知心理学における記憶研究の展開】

1970年代以降，認知心理学が心理学の領域として確立して以来，記憶研究は，新しい視点が導入され，本文で紹介した研究とは異なる，広範囲にわたるものとなっている。ここではそれらの研究の流れの中からいくつかを紹介する。

まず第1に，作動記憶（working memory）研究の流れがあげられる。これは一時的な記憶がどのように使われるのかに焦点を当てた研究で，たとえば，A.バドリーらは，文を理解する際に情報を一時的に蓄えるしくみを研究し，一時的な記憶が短期記憶貯蔵庫という単一の入れ物に貯蔵されているのではなく，ごくわずかな記憶容量を持ち，認知的な課題の遂行を担う中央実行系と情報の貯蔵だけを担ういくつかの記憶システムから成り立つと主張した。バドリーは，作動記憶のメカニズムについてのモデルを発展させ，提案しつづけている。また，M.ダーネマンとP.A.カーペンターは，文章を音読しながらその中の指定した単語を覚えて報告するというリーディングスパン・テストを開発した。本文で述べた直後記憶範囲の個人差は文章読解能力の個人差と関連がないが，このテストで測られる作動記憶の大きさは文章読解能力と相関を持つことが知られている。

作動記憶のモデルはさまざまなものが提案されているが，単なる記憶貯蔵庫ではなく，他の認知課題の遂行に必要な情報の一時的な保持を担う複合的なしくみであると考えられている。作動記憶は多くの日常的な活動に関わっており，新たな知識の獲得や問題解決など学校での学習で必要とされる能力とも関連が強い。作動記憶研究は現在の記憶研究の中で最もホットな領域の1つであると同時に，教育研究においても重要視されつづけているといえよう。

次に，日常記憶研究の流れがある。これには多様な研究が含まれるが，いずれも，日常使われている記憶は，本文で紹介した実験で見られるように，単語や文章などの材料を覚える意図を持って記銘し，促されて想起するものに限られるわけではない，という考えに基づいている。

たとえばわれわれは，何かをしようとする予定や意図などを記憶しているが，この記憶（展望記憶）はとくに想起しようと意図せずに，適切なタイミングで自発的に想起される必要がある。展望記憶の想起に成功するか否かは，生活の忙しさや個々人が物忘れをしないために身につけたスキルなどの要因に依存しているが，これらの要因は以前の記憶研究ではほとんど問題にされることはなかったもので，展望記憶に独特な要素も多く含んでいる。

自伝的記憶と呼ばれる，自分自身の人生の中で体験したさまざまな出来事に関する記憶についての研究も，多くの研究者によって進められている。自伝的記憶は自己のアイデンティティを形成し維持していくうえで重要な役割を果たすと考えられ，トラウマの記憶による心的障害との関連なども含め，

> 研究者の強い関心を呼んでいる。認知心理学における基礎研究と臨床心理学などの応用的な研究の橋渡しとなる研究領域としても注目されている。
> これらの研究の流れについては，とても限られた紙面で十分な紹介はできないので，興味を持った読者は，太田・厳島（2011），太田・多鹿（2000），井上・佐藤（2002）などを参照していただきたい。

しかし，たとえば歴史の試験に備えて教科書に書かれていることを覚える場合などには，われわれは内容だけを覚え，文の形までは覚えないであろう。1つの短い単文を記憶する場合にも，われわれはふつう文の内容だけを記憶していることが，実験的にも確認されている。

たとえば，「犬は少年を嚙んだ」のような主語，目的語，動詞からなる短い文をいくつも覚えてもらい，後にまったく同じ文，意味は同じだが形の異なった文（先の例に対して「少年は犬に嚙まれた」），あるいは意味的に異なった文（たとえば「少年は犬を嚙んだ」）を提示して，覚えた文と意味が同じかどうかを判断してもらう。文を覚えた直後に意味判断テストを行った場合には，形の異なった文の判断には同じ文の判断より時間がかかるが，覚えてから数分後に意味判断テストを行うとこれらの間の差は消失してしまう（Anderson, 1974）。これは，文を覚えて数分のうちに文の逐語的な記憶が失われ，内容の記憶によってのみ意味判断が行われるためと考えられる。また，2カ国語使用者などでは，ある事実を誰か人から聞いたことは覚えているが，何語で聞いたかは覚えていないということもあり，これも文の内容が形態と切り離されて記憶されることを示すものといえる。

それでは文の内容は記憶の中にどのような形であらわされているのだろうか。多くの研究者は，いくつかの関係で結びつけられた概念の連合によって文が記憶中に表象されていると考えている（詳しくは第5章1を参照されたい）。このような表象は命題表象（propositional representation）とよばれ，能動態，受動態の区別や，どの言語であらわされているかなどには依存しないと考えられている。その意味で文よりも抽象度の高いものといえる。命題のほかに，文の記憶が視覚的イメージ（visual imagery）などによってあらわされることもあると考える研究者もいる。

複数の文が一貫性を持って集まったものが文章であるが，それぞれの文の記

憶表象を寄せ集めたものが文章の記憶になるわけではない。文章を理解し，記憶する際には，個々の文を記憶する以上のことが行われている。その1つは，文と文の間の関連を付けることである。たとえば，「彼はパーティの飲み物を買ってきた。ビールは生ぬるかった」という文を記憶する場合を考えてみよう。ふつう，われわれは，この2つの文をばらばらに記憶するのではなく，2番目の文の「ビール」を「彼」が買ってきた飲み物（あるいはその一部）として理解し，記憶するであろう。2つの文に共通の単語が含まれていなくても，われわれはパーティや飲み物についての知識を利用し，これら2つの文から統合的な記憶表象を作り出すのである。

　われわれは文章を記憶する際に，文と文の関連づけのほかに，文章の大意をつかみ取るという作業もしている。長い文章を記憶する場合に，暗唱するといった特殊な場合を除いて，われわれは文章全体の重要な部分だけを要約的に選び出し，記憶している。このような要約作業は，読んだ（あるいは，聞いた）ばかりの情報を一次的に短期記憶に保存し，その情報を用いて行われると考えられている。

　次の例文を見てみよう。
　　外から石焼き芋の売り声が聞こえてきた。
　　彼女は財布を探し，急いで外に出た。

　これら2つの文の間に，明確な関連はない。しかし，ほとんどの人はこれを読むと，この女性は焼き芋が食べたくなり，焼き芋を買うためにお金を持って外に出かけたと考えるであろう。ここで読み手が行っているのは，知識に基づく推論である。われわれは，多くの女性にとって焼き芋が魅力的な食べ物であり，焼き芋を手に入れるためにはお金が必要であり，焼き芋屋は移動しながら商売しているので買うためには急ぐ必要がある，ということを知っている。われわれはこのような知識を用いて推論を行い，先の2文を理解するのである。

　このような推論に用いられるひとまとまりの一般的知識はスキーマ（schema, あるいはシェマ）とよばれ，とくに繰り返し起こるような定型的な出来事に関する知識はスクリプト（script）とよばれる。これらの知識は，文章を理解し，記憶する際に，また，思い出す際に重要な役割を果たすと考えられている。たとえば，先の2文を長い一続きの文章の一部として読んだ場合，「彼女は焼き

芋を買いに行った」とか「彼女は焼き芋を食べた」という文が文章中に含まれていなくてもそれらを読んだように記憶されてしまうことがある。

　われわれは初め，学習の結果をその効果が行動として表にあらわれる時点まで維持しておくものとして記憶を考えた。しかし，記憶に関する基礎的な研究は，情報を保持するという記憶のはたらきだけではなく，情報を取り入れる（符号化：encoding）はたらきや，情報を適切な形で取り入れ適切に関連づけるための知識との関わりの重要性を浮かび上がらせた。次章では，このような観点をさらに発展させた認知心理学的な観点から学習について概観する。

〔参考文献〕
◇　井上毅・佐藤浩一（編）『日常認知の心理学』北大路書房，2002
◇　メイザー，J.E.（磯博行・坂上貴之・川合伸幸訳）『メイザーの学習と行動〔日本語版第3版〕』二瓶社，2008
◇　太田信夫・厳島行雄（編）『現代の認知心理学2　記憶と日常』北大路書房，2011
◇　太田信夫・多鹿秀継（編）『記憶研究の最前線』北大路書房，2000
◇　杉山尚子・島宗理・佐藤方哉・マロット，R.W.・マロット，M.E.『行動分析学入門』産業図書，1998

第5章 認知心理学の観点から見た学習

　第4章では，古くから心理学において学習に関する基礎的な研究として行われてきた，学習理論，記憶理論について解説した。本章では，主として認知心理学（cognitive psychology）的な観点からの学習研究について見ていこう。認知とは，見たり，聞いたり，覚えたり，考えたり，といった精神作用のことをいう。認知心理学においては，これらの精神作用について情報処理的な視点から理論化を試みる。すなわち，見たり，聞いたりしたもの，あるいは思考の材料や結果を情報としてとらえ，認知過程を情報に対する操作ととらえて心理学の理論を作ろうというのである。第4章で紹介した記憶に関する研究も，このような考え方の枠組みでなされたものである。このようなアプローチでは，行動主義の心理学が研究の対象から除外した直接観察できないものも，情報としてとらえられるならば研究の対象となりうる。

　以前の心理学においては，学習，記憶といった領域は教授法などに関する心理学的研究とは一線を画していた。教授心理学（instructional psychology）とよばれる研究分野が，基礎的な研究分野と相互に影響を与え合いながらも，独立した分野として存在していたのである。しかし，20世紀の終盤になってこの状況は大きく変化した。教授心理学と複雑な認知に関する基礎的な研究との間の境界が薄れ，ついにはほとんどなくなったのである。

　このような変化の背後にある原因の1つは，問題を解いたり，推論した

り，学習したりするといった複雑な認知過程を解明するためには，その複雑な認知過程を直接研究対象にすべきである，という考え方が受け入れられたことであろう。行動主義的な学習理論においては，動物のより単純な学習を研究することによって，人間の複雑な学習をも解明できる，という信念に基づいていた。しかし，ネズミやハトの学習の研究から得られた知見が学校での教科内容の教授法に大きな示唆を与えるとは考えにくい。やはり教科内容の学習のような複雑な過程を直接研究の対象としなければならない，ということになったのである。

人間の複雑な認知過程を研究するための道具立てが急速に発展したことも，この変化の大きな原因となった。とくにコンピュータ科学の発展は，複雑な知識の構造や，知識を利用する認知システムのはたらきをコンピュータ・プログラムの形で表現することを可能にした。また，J. ピアジェの認知発達の理論における観点や，ソビエト心理学の社会・文化的な影響を重視する考え方も，学習研究に大きな影響を与えている。また最近では，脳波や脳画像など，脳の活動を調べる研究方法の急速な進歩も学習研究に新しい展開をもたらしている。

本章では，このような動きの中から出てきた学習研究の考え方と，その研究成果について解説する。

1　知識獲得としての学習

外部から観察可能なもの以外を心理学研究の対象から除外した行動主義の学習研究においては，学習を行動の変化と定義した。しかし，直接観察不可能なものも心理学の研究対象とするならば，たとえば，「個人の持つ知識が変化すること」といった定義も可能になるであろう。ここではまず，このような学習の定義をいったん受け入れ，それによって何が明らかになるかを検討してみよう。

◆ 2種類の知識

学習を個人の持つ知識の変化と定義すると，次に知識とは何かを明確にする必要がでてくる。心理学における「知識」という用語は，一般に，たとえば

「知識の詰め込み」とか「知識偏重の教育」などというときの「知識」とは異なるものをさしている。

知識を宣言的知識（declarative knowledge）と手続的知識（procedural knowledge）とよばれる2種類に分類することは広く受け入れられている。宣言的知識とは，事実についての知識であり，手続的知識とは，やり方についての知識である。われわれは，「日本の首都は東京である」とか「地球はほぼ球の形をしている」といったことを知っている。この場合，これらの事実を知っていると考えてよいであろう。このような知識を宣言的知識とよぶ。一方，われわれが「自転車の乗り方」を知っているという場合には，ふつう自転車の乗り方についての事実を知っているというわけではない。われわれは実際に自転車に乗るときに意識せずに直接利用できる知識を持っている，と考えてよいであろう。このような知識は，日常的には知識とはよばない場合が多いが，心理学では手続的知識とよんでいる。

◆ 宣言的知識の形態

J. R. アンダーソン（Anderson, 1980）によれば，これら2種類の知識は以下のような形態をとる。宣言的知識は，主として命題のネットワーク（propositional network）という形で記憶内に蓄えられる。命題とは，真か偽かが決められる最小の単位で，いくつかの概念が何らかの関係で結びついたものとしてあらわされる。たとえば，「きのうマスオがサザエにあげたのは赤いバラである」という知識は，図5-1のようにあらわされる。この知識は，「きのうマスオがサザエにXをあげた」「Xはバラである」「Xは赤い」という3つの命題（図5-2）が結合した形であらわされている。いくつかの概念が矢印で結びつけられていて，各矢印に主体，関係，「である」などのラベルが付けられている。これらのラベル名が概念間の結合関係をあらわしている。

図5-1の命題は，先の文のほかに「きのうマスオがサザエにあげたバラは赤い」や「きのうサザエがマスオにもらったのは赤いバラである」といった文にもあてはまる。また日本語以外の外国語であらわされる知識も，共通の命題であらわされる。このような意味で，命題であらわされる宣言的知識は，言語的な表現よりも抽象的なものと考えられている。通常，命題的な知識は，想起することによって意識に上らせ，ことばで表現することが可能である。すなわ

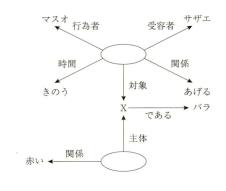
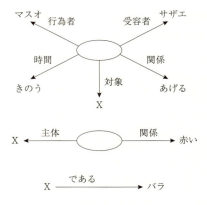

「きのうマスオがサザエにあげたのは赤いバラである」という宣言的知識。

図5-1 命題的ネットワーク

図5-1のネットワークには上の3つの命題が含まれる。

図5-2 個々の命題のネットワーク表象

ち,知識の内容を言語化することができるということだが,このことは後に述べるように手続的知識には見られない性質と考えられる。宣言的知識は命題的な表現のほかに,視覚的なイメージや言語などの形でも記憶されていると考えられる。

◆ 手続的知識の形態

一方,手続的な知識は,プロダクション(production,あるいはプロダクション・ルール)とよばれる「IF(もし)……THEN(ならば)……」という,形のルールの集合としてあらわされる。次の例は車(マニュアル・ミッション)を発進させるための知識の一部をあらわしている。

```
IF      目標は車を発進させる
        エンジンがかかっている
        ギアはニュートラルである
THEN    クラッチを踏む
        次にシフト・レバーをローの位置に動かす
        次にクラッチを徐々に離す
```

プロダクションのIFのあとには,そのプロダクションが適用されるための

【コラム5-1 ●ブランドは学習されたもの?】

　マーケティングの領域では,昨今ブランドに対する関心が高い。ブランドとは,ファッション関連などに限らず,日常用品から車などまで広範囲のもののブランドをさしているが,企業の資産の1つであるとみなされている。では,このブランドという資産はどこに存在するのであろうか。ブランドは消費者の頭の中に,学習の結果として存在するものとする,顧客ベースのブランド・エクイティ論の考え方が注目を浴びている。

　アメリカのマーケティング研究者のK. L. ケラー（Keller, 1998）によると,消費者の持つブランドに関する知識は,ブランド・ノードを中心とする命題ネットワークによってモデル化される。ブランド・ノードには,そのブランドに関するさまざまな情報が関連づけられている。それらの情報には,ブランド名やロゴマークなどそのブランドを他のブランドと識別するためのもの,製品の特徴などの製品関連属性のほかに,製品の使用者や使用状況のイメージ,ブランドのもたらすフィーリング,さらに製品やサービスの属性に対する消費者の個人的な意義づけなどが含まれる。このような知識のネットワークは,製品使用の直接的・間接的な体験や,広告などのマーケティング活動との接触によって学習されるものと考えられる。

　ブランド資産の実体が上記のように学習によって獲得された知識であるならば,企業は,学習や記憶に関する心理学的な知見を,ブランドを作り出し,管理することに役立てることができるであろう。ケラーはそのための原則として,ブランド・ノードを強固なものとすることにより,適切な状況でそのブランドが想起されることを図ること,ブランド・ノードに関連づけられる連想を,強固で,好ましく,ユニークなものにすること,などをあげている。

　また,実際にケラーらは心理学実験を行って,心理学的な知見がブランド管理に関連することを示している。たとえば,新しいブランドを作る際に,ブランドの特徴を示唆するネーミングを行うと,既存の知識構造を利用できるため,ブランドに関する知識を素早く獲得させることが可能である。ところが,後にブランドの性格を変更あるいは拡張するような場合（たとえば耐久性で売っていたブランドについてデザインのよさを訴求するような場合）には,示唆的なネーミングの場合,名前の示す既存の知識構造が新しいブランドの性格の理解,記憶を妨害するという。

　一見あまり関連のなさそうなブランド・マーケティングと教育は,ともに学習に深く関連している。将来,ブランド・マーケティングの研究から得られた知見が,教科教育に応用される,ということもありうるかもしれない。

条件を示す節がある。これらの節は，外界の事象や作動記憶内の情報をテストする。この例では最初の節が作動記憶内の情報を，後の2つの節が外界の事象をテストする（目標の節は，このプロダクションが車を止めて下りるときに適用されることを防いでいる）。これらの条件がすべて満足されていると，プロダクションが適用され，THEN の後に示された行為が実行される。この例においては，行為はすべて身体的な動作を含む外的なものであるが，作動記憶内の情報を書き換えるといった内的な行為である場合や，両者が入り交じっている場合もある。このようにプロダクションには，どのプロダクションがどのような順序で適用されるかに関する情報は含まれず，適用の順序は外界の事象と作動記憶の内容によって決定される。手続的知識をプロダクションであらわすことには，すべての研究者が賛成しているわけではないが，人間の認知的技能の学習などを扱う強力な方法の1つとみなされている。

　手続的知識は，宣言的知識と異なり，言語化したり意図的に想起したりすることが不可能であると考える研究者が多い。たとえば，普段頻繁に操作している装置（情報機器や車など）の場合，実際に操作するときには，手順を意識することなしに操作することが可能であるが，人からその操作手順を尋ねられた場合には答えることができない，といったことを経験したり聞いたりしたことがあるだろう。これは，その操作を行う手続的知識は持っているが，操作手順の宣言的知識は持っていない（忘れてしまった）ためである。このような場合，実際に操作してみないと操作手順を言語的に説明できないが，これは，手続的知識が直接言語化できず，実際に行っている行為を解釈して言語化する必要があるためと考えられる。

2　学習過程の種類

◆ 記憶による学習

　これまでみてきたような知識は，どのようにして獲得されるのであろうか。われわれが，とくに学校教育の中で行ってきた「学習活動」を振り返ると，覚える，記憶することがかなりの部分を占めているような気がするかもしれない。たしかに，今は自由に使うことのできるかけ算の九九は，小学校時代に苦労し

て暗記したものであるし，多くの人が，中学・高校時代の歴史の試験の前に出来事や年号を記憶した経験があるだろう。いくつかの教科が「暗記もの」などとよばれることからもわかるように，多くの人々にとって記憶することは勉強，学習の大きな部分を占めているものと思われる。

われわれは前章で，情報を短期記憶から長期記憶へ送る精緻化リハーサルにおいては，すでに持っているほかの知識との関連づけが必要であることをみてきた。このことは，情報を機械的に暗記する場合であっても，単に箱の中にものを投げ込むように情報を記憶貯蔵庫に格納するだけではないことを意味している。知識の関連づけがどの程度必要であるか，どの程度可能であるかは学習対象や学習者の既存知識などによって異なってくる。九九を暗記する場合などは関連づけの役割が非常に小さい例といえよう。多くの学習対象で知識の関連づけはより重要な役割を果たしている。

J. D. ブランスフォードら（Bransford et al., 1982）は，次のような実験を行って記憶における知識の関連づけの重要性を示した。彼らは特殊な目的のために作られたロボットについて記述した文章を小学生に記憶させた。文章には2つのバージョンが用意されており，一方はロボットの機能といくつかの構造的な特徴が書かれているだけであるのに対し，他方はそれぞれの構造的特徴がロボットの機能に関連づけられて書かれていた。たとえば，高いビルの窓を掃除するロボットの記述は次のようである（かっこ内が関連づけの部分で，一方のバージョンにのみ書かれていた内容である）。

　「その足には（壁を上るのに便利なように）吸盤がついていて，頭には（水を運ぶための）バケツがついている。（動きまわれるように）モーターは電池で駆動され，手は（大きな窓を掃除できるように）大きなスポンジでできている……」

これらの文章は，学校でよい成績をあげている子どものグループ（高成績群）とよい成績をあげていない子どものグループ（低成績群）に提示され，子どもたちはその文章をよく覚えるように教示された。その結果，低成績群の子どもたちでは，適切な関連づけが書かれた文章の記憶成績は，関連づけが書かれていない文章より高かったのに対し，高成績群の子どもたちはどちらのバージョンに対しても同様に高い記憶成績を示した。この結果は，記憶にとって情報の

適切な関連づけが重要であることだけでなく，すぐれた学習者は適切な関連づけを自発的に行っているのに対し，そうでない学習者は情報の関連づけを自発的には行わないことを示している。

　知識の関連づけが重要な役割を果たす場合には，もはや「記憶による学習」という呼び方は的確さを欠くように思われる。学習者は与えられた情報の意味や意義を理解することによって，その与えられた情報を知識構造に加えるだけでなく，自らが推論によって生み出した新しい情報をも知識として獲得しているのである。

◆ 習熟による学習

　われわれは，ほかから与えられた情報に基づき記憶や理解によって学習するほか，何かを行うことによっても学習する。前章でみたオペラント条件づけによる行動の変化も，反応を自発すること，すなわち「行うこと」による学習といえよう。またわれわれは，何かを繰り返し行うことによって技能が徐々に上達していくことも，日常よく経験する。認知的な技能は実際に行うことで，次のような3つの段階を経て，より効率的に，より的確にその課題ができるようになっていくと考えられる（Anderson, 1982）。

　認知的な技能の実行の最初の段階では，手続きは宣言的知識の形で記憶されている。車の運転を習っている場合を考えてみよう。車を発進させる手続きを教官から聞いたり教則本で読んだりする段階では，前出のようなプロダクションが獲得されるわけではない。手続きはまず宣言的知識として獲得される。このような形の手続きは条件が満たされても自動的に実行はされず，まず手続きを意図的に想起し，その内容を1つひとつ解釈したうえで，実行に移される。車を発進させる手順を一度思い出してからそれを実行するのである。このような段階は宣言的段階（declarative stage）とよばれる。

　実際に車を発進させる手続きを実行していると，やがていちいち手順を思い出さなくてもできるようになる。これは，宣言的な知識をもとに手続きが実行されることによって，その手続きに対するプロダクションが作られたためと考えられる。このような段階を手続化（proceduralization）あるいは知識の翻訳（knowledge compilation）とよぶ。ひとたびプロダクションが作られると，条件（IFの節）が満たされたときには行為（THENの節）が自動的に実行されるよう

になり，実行のために宣言的知識を想起する必要はなくなるのである。

　プロダクションが作られたのちも，技能は長期間にわたって徐々に上達していく。このような段階を手続的段階（procedural stage）とよぶ。この段階における上達は，プロダクションが実行されることによってより効率的な新しいプロダクションが作られることによるものと考えられる。2つのルールがいつも連続して実行されるなら，これらをまとめた1つのルールが作られる。たとえば，次の2つのプロダクションは3つ目のプロダクションに置き換えられる。

IF　　　　web 上のあるサイトにログインする
　　　　　かつ，そのサイトのログインページが開いている
　　　　　かつ，ID・パスワードが未入力
　　　　　かつ，ID・パスワードを覚えている
THEN　　　その ID・パスワードを入力する

IF　　　　web 上のあるサイトにログインする
　　　　　かつ，そのサイトのログインページが開いている
　　　　　かつ，ID・パスワードが入力ずみ
THEN　　　ログインボタンをクリックする

IF　　　　web 上のあるサイトにログインする
　　　　　かつ，そのサイトのログインページが開いている
　　　　　かつ，ID・パスワードが未入力
　　　　　かつ，ID・パスワードを覚えている
THEN　　　その ID・パスワードを入力し，
　　　　　ログインボタンをクリックする

　また，一般性の高いルールがいつも一定の条件で実行されるなら，その特定の条件に対応した専用のルールが作られることによって条件の判断や実行の効率が高まるであろう。たとえば，X というサイトに頻繁にログインする人は次のようなプロダクションを作ることによって効率を高めることができるが，この場合は X の ID とパスワードは手続的記憶内に埋め込まれることになる。

IF　　　　目標は特定のサイト X にログインする

　　　　　　　かつ，Xのログインページが開いている
　　THEN　　《Xの特定のID》・《Xの特定のパスワード》を入力し，
　　　　　　　ログインボタンをクリックする

◆ 試行錯誤による学習

　ここに述べた学習の過程では，すでに宣言的知識として獲得された手続きが習熟していく。しかし，行うことによる学習はこのようなものだけには限られず，実際に何かを行うことによって新しい手続きが獲得される場合もある。1つの例として，試行錯誤（trial-and-error）による学習があげられる。

　アメリカの初期の心理学者であるE. L. ソーンダイク（Thorndike, 1911）は，猫を問題箱（problem box）とよばれる箱に閉じ込めた。この箱は，内部のある部品を動かすと扉が開くようになっていた。閉じ込められた猫は，最初はでたらめに動き回り，偶然に部品を動かし箱から脱出した。猫を何度も同じ箱に閉じ込めると徐々に扉を開け脱出するまでの時間が短くなり，やがて閉じ込められるとすぐに部品を動かし外に出るようになった。猫は試行錯誤により部品を動かし外に出る手続きを獲得したのである。

　人間においてもこれに似た学習が考えられる。しかし，人間の場合には，次のような点で純粋に試行錯誤による学習は少ないと思われる。まず，人間は多くの場合，目標を意識する。初めて問題箱に入れられた猫が扉を開けて外に出るという目標を持っていたかどうかは知るすべもない。しかし人間は，問題場面に直面したとき，目標の状態がどのようなものであるかを意識したり，さらにその目標に到達するための下位目標を設定したりすることが多い。第2に，人間は仮説を持って何かを行うことが多いということである。われわれはしばしば，既存の知識も利用しながら，「この部品を動かせば扉が開く」といった機能についての仮説や，「部品Aは別の部品Bとつながっていて Aを動かせばBが動く」といった構造についての仮説を持つ。そして実際に何かを行いながら，その仮説を検証することによって手続きを学習するのである。このような仮説を持つことは，小さな子どもにもみられることが知られている。

◆ 例からの学習

　数学，理科などの教科では例題を解説することが授業時間のかなりの部分を占めることが多い。これは学習者が問題を解く手続きを例から学習することを

期待しているからであろう。アンダーソン（Anderson, 1984）は，初学者がテキストを読み，コンピュータの端末に向かって実際にプログラムを組みながら，LISPというコンピュータ言語のプログラミングを独習する過程を観察した。コンピュータ言語のテキストは，ことばによる教示，プログラムの例，練習問題から成っている。アンダーソンの観察によると，学習者はことばによる教示を読むだけでは練習問題のプログラムを作成することはできず，テキストに示されたプログラムの例を利用してプログラムを作成した。学習者は，プログラムの例の各部分が現在やっている練習問題ではどのようになるかという対応づけを行うことによって，練習問題のプログラムを作ったのである。また，一度例を利用して練習問題を解くと，次の類似の練習問題ははるかに短い時間でできるようになることも観察された。これに関してアンダーソンは，学習者が例をまねながら練習問題を解くことによって，プログラミングに必要な手続的知識を獲得していくためと説明している。

また，よいテキストや使用説明書などを調べると，ほとんどのものが例に重点が置かれていること，学習者はことばによる教示よりも例から学ぶことを好むことなどが報告されている。これも，例からの学習が学習全般の中で重要な位置を占めていることを裏づけるものといえよう。

◆ 説明による学習

例から何がどのように学ばれるかについては，いくつかの理論が提出されている。まず，何が学ばれるかについて考えると，例から何らかの抽象化，一般化が行われ，多少なりとも一般的な知識が獲得されると考える理論と，抽象化，一般化は行われずに，例自体が記憶されると考える理論に分けることができる。ここではまず前者の，抽象化，一般化が行われると考える理論に焦点を当てよう。

このような考え方では，例を学習時と多少なりとも異なった状況で利用するためには，何らかの抽象化，一般化が必要であると考える。例からの抽象化，一般化がどのように行われるかについて2種類の理論が区別できる。1つは，たくさんの例から類似性に基づき一般化がなされるとする類似性に基づく理論（similarity-based theory）である。もう1つは，1つ，あるいはごく少数の例から一般化がなされるとする説明に基づく理論（explanation-based theory）で，当

該の領域に関する既存の知識に基づき，自分自身に例を説明する自己説明（self-explanation）によって一般化がなされると考える。

M. T. H. チら（Chi et al., 1989）は，例からの一般化がどのように行われるかについて，学習者の個人差に焦点を当てて実験的研究を行った。実験参加者の大学生たちは，ニュートンの運動の法則に関する3つの例題を学習した後，関連する問題を解いた。彼らはまず，例題を学習する基礎となる物理学の知識を学習した。この内容については，テストと再学習によりどの実験参加者も十分に理解したことが確かめられた。次に各被験者は自分のペースで例題を学習した。このとき実験参加者は，思考の内容を口頭で報告するよう求められた。その後，例題と同型の問題とやや応用的な問題を解くよう求められた。

実験参加者を，問題がどの程度解けたかによって高得点群と低得点群の2つに分けて分析を行った結果，以下のようなことが明らかになった。高得点群の実験参加者は，例題を学習する間に多くの自己説明を生成した。彼らは，解法の適用条件を詳細化し適用範囲を拡大する，解法をテキストに記されていた原理に関連づける，といったことを行った。その結果，高得点群の実験参加者はのちの問題解決において例題をあまり利用しなかった。これは，彼らが自己説明によって例題に依存しない一般的な知識を獲得したためと考えられる。一方，低得点群の実験参加者は，例題学習時にあまり自己説明を行わず，問題解決時に例題に大きく依存した。チらの研究は，少数の例から自己説明によって知識の一般化がなされること，このような学習方略をとれるかどうかが，よい学習者とそうでない学習者を分けていることを示していると考えられる。

◤ **例の記憶による学習**

例から何が学習されるかに関するもう1つの考え方は，例から知識の抽象化，一般化を行うのではなく，例自体を記憶しておくというものである。この場合，学習時に知識の抽象化，一般化は行われないが，知識を適用するときに何らかの推論が必要になる。人工知能の分野ではこのような推論の方法が記憶に基づく推論（memory-based reasoning），あるいは事例に基づく推論（case-based reasoning）という名で研究されている（佐藤，1990；松原，1990）。このような学習，推論の方法は，人間における学習，推論についての観察から着想されたものであり，法律家が判例を記憶し，後にそれを利用して個別の事案に関する判断を

行うことなどを考えると，人間はこのような学習を行っている場合があると考えてよいであろう。

◆ **他者との相互作用による学習**

ソビエト心理学の祖であるL. ヴィゴツキーは，子どもの発達においてあらゆる高次の精神機能は，最初に精神間的（interpsychological）機能としてあらわれ，次に精神内的（intrapsychological）機能としてあらわれると述べている（Wertsch, 1985）。すなわち，最初は他者との間での社会的活動の中であらわれた機能が，後に個人的活動の中で機能するようになる，というのである。このような視点に立つと，他者との間でなされる相互作用が個人に内化（internalize）されることによる学習というのが考えられる。

A. H. ショーンフェルド（Schoenfeld, 1992）は，次のような数学教育の実践を報告している。大学の数学的問題解決の授業で学生たちが小グループで問題を解いている際に，彼は教室をまわり次のような3つの質問をする。①今何をしているのか。やっていることを正確にいえるか。②なぜそれをやっているのか。正解にどう結びつくのか。③それはどんな助けになるのか。今やっていることの結果が得られたら，それでどうするのか。

学期の初めにこのような質問をすると，学生たちはどう答えてよいかわからず途方に暮れてしまう。これらの質問をし続けると，やがて学生たちは質問に対する答えを前もって話し合い，質問に備えるようになる。学期の終わりには，このような準備は習慣になるという。問題を解く際に，今現在の問題への取り組み方は適切かどうか，無駄な努力をしていないか，このまま進んでよいのか，などをチェックすることは重要なことだが，学生にとってきわめて困難なことである。ショーンフェルドの観察によると，問題解決時の思考内容の言語報告から，この授業を履修後の学生の問題解決の進め方は，専門家（数学者）のそれに近かった。彼は，教師と学生の上記のような相互作用の結果，学生たちが問題解決の進行状況をチェックする能力を獲得したためであると主張している。

この例では，教師が質問し学生がそれに答えるという個人間の相互作用が，学生が自分で自分自身に質問を発しそれに答えるという個人内の作用へと内化することによって学習が生起していると見ることができよう。このような学習は，教室内の教師と学生の間の相互作用だけでなく，日常生活の中の仲間同士

の相互作用などにも起こることが考えられる。

3 学習研究におけるいくつかの焦点

◆ 構成主義

　従来の子どもや教育に対する考え方では，子どもは白い紙（tabula rasa）のようなものであり，教育とは白紙に文字を書き込むように知識を子どもに注入することであると考えられていた。学習とは，学習者が知識を受容することによって知識を増やしていくことにほかならなかった。このような考え方と真っ向から反対するのが構成主義（constructivism）である。

　構成主義の立場を最初にはっきりと打ち出した心理学者は J. ピアジェである。彼はこどもを「小さな科学者」にたとえ，学習は，科学者が新しい理論を打ち立てるときのように，学習者が，自分がすでに持っている知識構造（シェマ：schema）を通して外界を観察したり外界にはたらきかけたりしながら，新しい知識構造，あるいは学習者自身の「理論」を構成することによってなされるとした。次に紹介する A. カーミロフ－スミス（Karmiloff-Smith, 1984）の研究では，自分なりの理論を持ち，その適用を試みようとする，小さな科学者としての子どもたちの例が示されている。

　子どもたち（4～9歳）の課題は，図5-3に示したような積み木を細い金属棒の上に乗せ釣り合いをとることであった。タイプAの積み木は中央部で釣り合いがとれるようになっているが，タイプBの積み木は目立つように取りつけられた重りによって，タイプCの積み木は内部に埋め込まれた重りによって，中央からはずれた部分で釣り合いがとれるようになっている。年少の子どもたちは，どのように傾くかを見て積み木を金属棒の上で動かしてみることによって，うまく釣り合いをとることができた。これに対し，もう少し年上の子どもたちは，タイプAの積み木以外では釣り合いをとることができなかった。彼らは積み木の中央部が金属棒の上にくるように置き，それで釣り合いがとれないと不可能だとしてやめてしまったのである。さらに年長の子どもたちは，まず中央部で釣り合いをとろうとして，それでうまくいかない場合には位置を調整して釣り合いをとることができた。

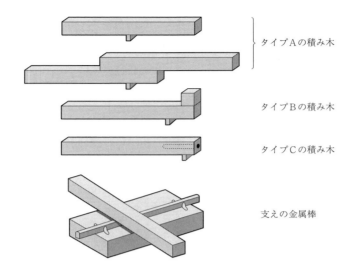

タイプCの積み木には鉛の重りが埋め込まれている。
図5-3 カーミロフ-スミスの実験で用いられた積み木
（Karmiloff-Smith, 1984 より）

　うまく釣り合いがとれなかった子どもたちは，より年少の子どもが成功したことからわかるように，積み木の落ち方のフィードバックによって位置を調整する能力がなかったわけではないであろう。彼らは「積み木は中央部で釣り合う」という理論を持ち，それをすべての積み木に適用した結果，タイプB，Cの積み木の釣り合いをとることに失敗したものと考えられる。より年長の子どもたちは，理論をより柔軟に適用できるようになり，フィードバックをも利用できるようになったのであろう。

　このように子どもたちは，たとえ課題ができたとしても，次の段階では自らの理論を作り，課題の成功を犠牲にしてもそれを適用しようと試みているのである。もちろん子どもたちには，理論を構成しているとか，本来できることを犠牲にして理論を確かめているという意識はないであろう。しかしこの実験は，「小さな科学者」としての子どもたちの性質をよくあらわしているといえよう。

　また，先に紹介したブランスフォードらのロボットについての文章を覚える例でも，実験参加者の行ったことは与えられた文章を受動的に受け入れること

ではなく，まさにこの構成を通して与えられた情報に自ら情報を付加し，関連づけを作り出すことであった．また，説明による学習において学習者が自己説明を行うことも構成の過程であり，作り出した説明も外部から与えられた知識ではなく，学習者が自ら理論を構成した結果であるということができる．

◆ 誤ることの意義

常識的な見方をすれば，誤りはよくないもの，避けるべきものである．第4章でみたように，行動主義的な立場でも誤りはよくないものとされ，プログラム学習においてもカリキュラムは学習者が極力誤りを犯さないように作られた．しかし，構成主義的な立場では，誤りは必ずしも避けるべきものとは考えられず，むしろ意義のあるものと考えられるようになった．このような見方の背景の1つに，バグ（bug）という概念がある．

バグとは，もともとコンピュータの用語でプログラムの中のエラーのことをさす．これが転じ，認知心理学においては手続的知識の中にある誤りをバグとよぶようになった．コンピュータ・プログラムでは，全体的な考え方が正しく，ほとんどの部分が正しくても，ほんの一部のごくわずかな誤りがプログラムの適切なはたらきを不可能にすることがよくある．これと同じように，人間の認知的技能においても，手続きのごく一部が不適切なため全体として適切にはたらかないことがあると考えられる．たとえばある研究からは，小学生が引き算の筆算において犯す誤りの多くが一貫性のある誤り，すなわち同じ種類の問題にいつも同じように誤るものであって，そのほとんどが1つか2つのバグに起因していることがわかった（Brown & Burton, 1978）．手続的知識をプロダクションによってあらわすなら，これはたとえば，ある技能が20個のプロダクションによって実現されていて，そのうちの1つが不適切であるため誤りが生じるような場合に相当する．誤りは，そのプロダクションを適切なものに修正し，残りの19個のプロダクションを生かす道を示すサインであるといえる．したがって，教育的観点からみれば生徒が誤りを犯すように教材を準備し，それによってバグを同定し修正することが重要になる．

また，構成主義的な見方をするならば，誤りは積極的に理論を構成している証拠と見ることができる．学習者が既存知識を利用し，自ら自分なりに整合性のとれた理論を構成していく場合，既存知識や整合性のチェックの不十分さな

どもあり，誤った理論構成をすることはむしろ当たり前ともいえよう。誤りを犯さないよう教材やカリキュラムを計画することは，自発的・積極的な理論構成の機会を奪ってしまうおそれもあると考えられる。

誤りは，学習者自らの積極的な構成過程を保証するための必要悪である，といっているわけではない。科学の発展において，誤った仮説が正しい理論構成につながる場合のように，誤りがむしろ学習にとって積極的な役割を果たすことも珍しくはない。教授方法の中であえて誤りが生じやすい状況を設定し，誤りの積極的な役割を引き出しているよい例は仮説実験授業である（第7章1参照）。仮説実験授業では，実験結果の予測を選択肢として与えるが，選択肢はふつう生徒の予測が分かれるように選ばれる。すなわち誤った予測を誘導するのである。生徒が予測をしたあと，予測の理由を述べ討論をするのだが，このときほかの予測やその理由を反駁する必要が生じ，正確でしっかりした理論の構成を促すのである。このような授業においては，正しい予測を選んだ生徒が他の生徒の誤りによって学習するだけでなく，誤った予測を選んだ生徒も同様に好ましい学習をし，かつ授業に満足していることが報告されている（たとえば板倉，1974）。

このように構成主義的な学習観では，誤りはよくないもの，避けるべきものではなく，学習にとって必要なものとみなされている。行動主義者が考えたように，誤りに対するフィードバックが罰としてはたらくのは，学習の本質的な性質ではなく，個々の学習の環境の問題と考えるべきであろう。すなわち，誤ることが罰と受け取られるのではなく，誤りの背後にある学習者の構成過程が評価され，尊敬を受けるような学習環境が重要であるといえよう。

◆ 学習の転移

本章の初めに，学習によって広い意味での知識が増えたり変化するということを述べた。では，ある特定の領域における学習で獲得される知識はどの範囲のものなのだろうか。たとえば，数学の代数分野で一次関数の応用問題の解き方を学習したとする。このとき，獲得される知識は一次関数についてのものだけなのだろうか。あるいは同時に，数学的な問題解決の方法や論理的な考え方といったより一般的な知識を身につけているのだろうか。あるいは逆に，学習時に直接学んだ問題の解き方についての知識だけが獲得されるのだろうか。

このような学習によって獲得される知識の一般性の問題は，教育を考えるうえできわめて重要な意味を持つ。なぜなら，教育の目標をどのように考えるかは学習により獲得される知識の一般性に大きく関わるからである。もし知識を獲得したときの状況を越えてその知識を使うことが不可能であるなら，教育の目標は学習者をできるだけ多くの状況に直面させ，それぞれの状況に応じた知識が学習されるようにすることになる。一方，適用範囲の広い一般的な知識の獲得が可能であるなら，そのような知識の獲得を促進するような教育を考える必要があるだろう。

学習によって獲得される知識の一般性の問題は，心理学では古くから学習の転移（transfer）の問題として取り上げられてきた。ある領域における学習がほかの領域における学習や問題解決を促進した場合，学習が転移したという。心理学者たちは，学習の転移が生じるかどうかについてさまざまな領域で実験を行ってきた。その結果は相矛盾する2通りのものが得られているのが現状である。すなわち，学習がほかの領域に転移することを示すデータが得られている一方，ある状況で学習した知識が異なる状況で使えないことを示すデータも数多く得られているのである。

知識や学習は，元来，状況に大きく依存するものであり，学習は基本的には転移しないと考える研究者もいないわけではない。しかし，われわれが日常生活の中で直面する状況は厳密にいえば過去のいかなる状況ともまったく同じではない。したがって過去に学習した知識の利用は，つねに学習の転移ということができる。また常識的に考えても，たとえば，数学で微分や積分を学習することが，後に物理学における物体の運動の法則の学習を促進することは，容易に想像できるであろう。

したがって，どのような場合に学習が転移し，どのような場合に転移しないかの条件を詳細に研究することが必要である。一般に転移は，2つの領域の間の類似性が高く，顕著であるほど生じやすいが，類似性には次の3種類を考えることができる（Bassok & Holyoak, 1989）。第1は，表面的な類似性で，算数，数学の中での転移を例にとると，両方の領域とも金銭の計算に関連している，何かが移動した距離に関する問題である，などといったものである。第2は，構造的な類似性で，両者ともある量の変化にともなって一定の比率で変化する

量に関する領域である，といったものである。第3は，文脈状況的な類似性である。これはたとえば，数学のある分野は，物理学のある分野と，ともに学校の教科の一部であるという点で類似しているが，買い物をするときの計算とは状況的に類似性が低い，というような場合の類似性である。

　これまでの研究から，これらの類似性と学習の転移の関連について次のようなことが明らかになってきている。表面的な類似性は，一般に顕著である場合が多く，類似性が高い場合に転移が起こりやすい。しかし，表面的な類似性は知識の適用可能性の本質的な部分とは無関係な場合が多い。一方，構造的な類似性は，知識の適用可能性と強く関わることが多いが，一般に顕著ではなく，初学者にとっては気づきにくいことが知られている。文脈状況はときとして学習の転移や知識の適用を大きく制限する。たとえば，ふだん物の売り買いなどで使っている計算が学校の数学の問題として出されるとできなかったり，学校で学んだ知識が日常生活の中で生かせない例などが報告されている。なお類似性に関しては，大西・鈴木（2000）にさまざまな観点から詳しく論じられているので参照されたい。

◆ メタ認知の役割

　メタ認知（metacognition）とは，認知についての認知のことをいう。たとえば，一時的に覚えておける単語の数はいくつくらいか，といった自己の認知能力に関する知識は，メタ認知的な知識である。また，自分が今何をしているのか，といった自己の認知過程についての認知やその認知過程がうまく進んでいるかどうかの評価は，モニタリング（monitoring）とよばれ，メタ認知の重要な部分を占める。「このやり方でうまくいくだろうか」と自分自身に問いかけ，ある手続きが特定の目標を達成するための有効性を評価することもメタ認知の一部である。

　メタ認知は学習の過程で重要な役割を果たす。ロボットについての文章を学習するブランスフォードらの実験を思い出してほしい。成績のよい子どもたちはロボットの機能と特徴の関連が直接書かれていない文章でも，それらが書かれた文章と同様に高い記憶成績をあげた。このことは，自ら機能と特徴の関連づけを行ったためと考えられた。このようなことができるのは，ロボットの機能と特徴の関連づけを行うことが，この文章を覚えるための有効な手段である

ことを,無意識的にせよ子どもたちが知っていることを示唆している。また,どのような情報を補えば機能と特徴が関連づけられるのかを知っていて,自分が生成した情報が適切に機能と特徴を関連づけているかどうかを判断できなければならない。このように,成績のよい子どもたちの高い記憶成績は,メタ認知によって支えられていると考えられる。

一方,成績のよくない子どもたちはどうであろうか。ブランスフォードらによると,成績のよくない子どもたちは,文章を十分に覚えたかどうかを判断する際に「5回も読んだから十分に覚えられた」といった判断をしがちで,関連づけを行いその適切さを評価する,といったことはあまりなされないという。ブランスフォードらは,慎重に学習材料を選び実験を行った結果,高成績群と低成績群の子どもたちの記憶成績の差は記憶能力や既存知識の差ではなく,メタ認知能力の差に帰せられると結論している (Stein et al., 1982)。チらの説明による学習の実験においても,メタ認知は同様に重要な役割を果たしていると考えられる (Chi et al., 1989)。

何がわかっていないかを知ることも,また学習にとって重要なメタ認知である。何がわかっていないかを知ることによって,テキストや例から必要な情報を探したり,既存知識を使って類推を行ったり,あるいは教師や友人に質問したりすることも可能になる。このようにメタ認知は,学習にとって重要な役割を果たしている。

それでは,メタ認知能力自体は学習の対象となりうるのだろうか。ブランスフォードらは前述の研究の中で,低成績群の子どもたちに関連づけを行うことや,関連づけの適切さの判断などのメタ認知的方略やメタ認知的判断を教えることを試みた。その結果,低成績群の子どもたちは関連づけの適切さを的確に判断することができるようになり,さらに関連づけを行うことによって文や文章を効率的に覚えることができるようになった。また,前節で紹介したショーンフェルドの実践においても,学生はメタ認知的な技能を獲得したということができよう。しかし,一般にメタ認知的技能を直接教えることは困難であり,とくに実験で使われるような短期的な方法では非常に困難である。メタ認知は,より長期間にわたる学習によって獲得されるもののようである。

◆ 状況に埋め込まれた学習

　本章ではこれまで基本的に，学習を「個人の持つ知識が変化すること」とする考えに基づく学習研究について概観してきた。ところが1980年代の後半になって，この考え方に真っ向から異を唱える考え方が注目を浴びるようになってきた。学習（あるいは認知）は個人の中で生じている出来事ではなく，個人と個人が相互作用する中で生じる出来事であるとする，状況論的アプローチの考え方である。このアプローチは，学習に限らず認知心理学の根本的な考え方の見直しを求めるものであり，また，さまざまな異なった立場が存在しているが，ここではJ. レイヴら（Lave & Wenger, 1991）の学習に関する考え方を中心に紹介する。

　レイヴらは，知識とは個人の頭の中に存在しうるものであり，学習とは知識を何らかの形で内化する過程である，とする従来の認知心理学の考え方を批判する。そして学習を，実践の共同体（community of practice）への参加の度合いの増加と位置づけるのである。彼女らは，さまざまな文化における徒弟制における学習について検討を加えた。新参者（弟子）は最初から，共同体の実践活動（生産活動）に携わる形で共同体に参加する。たとえば西アフリカのヴァイ族やゴラ族の仕立屋の徒弟制では，弟子はまず，製品の衣類にアイロンをかける，といった形で生産に携わる。その間彼らは，製品や生産の全工程を観察し，その概要を知ることができる。ついで，製品の仕上げ，縫製，裁断を順に学び，それぞれの段階で生産に携わる。そしてついには一人前の仕立屋となり，さらに自ら親方となり，弟子をとるようになるのである。この徒弟制においては，ある段階が次の段階の適切な準備になっている。たとえば衣類の縫製を行う際には，布がどのように裁断されているかを十分に観察することができる。また，慣れない新参者のうちに大きな失敗を犯してしまう（たとえば布を裁ちそこなう）リスクを最小限にするカリキュラムにもなっている。

　レイヴらは，このような実践活動への参加の度合いの増加における初期の段階を，正統的周辺参加（Legitimate Peripheral Participation: LPP）というキーワードで特徴づけた。学習は周辺的な参加から十全的な参加（full participation）への移行の過程である，というのである。したがって学習は，実践の共同体における実践活動という状況に埋め込まれており，個人の頭の中の出来事を取り

【コラム 5-2 ●動機づけと学習】

われわれの行動を生起させ，維持させるこころのはたらきを動機づけとよぶ。では生徒たち，学生たちは，どのような動機づけのもとで学習をしているのだろうか。研究者たちは，われわれの動機づけを外発的動機づけと内発的動機づけに分類している。

ハトやネズミなどの実験動物が，実験装置の中で餌を得るために，あるいは電機ショックを避けるために何らかの学習を行った場合，このような学習は外発的に動機づけられている。生徒が褒美をもらったりほめられたりするために，あるいは罰を与えられるのを避けるために勉強する場合も同様である。これに対して褒美や罰がなくとも，行動することそれ自体が目的となっている場合，その行動は内発的に動機づけられているという。勉強自体が面白く，誰かにいわれなくても，褒美や罰とは関係なく勉強している，といった場合の動機づけが内発的動機づけである。

人間や動物は，自分の周りの環境や新しいことを知ることに内発的に動機づけられていると考えられる。強化子を与えられなくても，サルがパズルに取り組み続けることを示した実験も報告されている。一方 E.L.デシ（Deci, 1971）は，外的な強化が内発的動機づけを損なう場合があることを示している。彼は大学生にパズルを解く課題に従事するよう求めた。最初，強化なしで課題に取り組んでいた大学生は，途中からパズルを解くことに金銭という強化子が与えられるとパズルを解くことに従事する時間が大幅に増加した。しかし，パズルに従事しても金銭が与えられなくなると，パズルに従事する時間は減少し，金銭という強化子が導入される前に比べて，また途中で金銭による強化が導入されなかった条件に比べても短時間しかパズルに従事しないようになったのである。この現象はアンダーマイニング効果とよばれている。

内発的動機づけは，認知心理学的な，あるいは構成主義的な学習観と親和度が高く，これらの考え方の出現とともに重要視されるようになった。しかし，多様な生徒が存在し，多様な学習がなされる実際の教室では，アンダーマイニング効果があるからといって内発的動機づけのみに頼って指導を行うことは困難である。外発的動機づけと内発的動機づけをうまく使い分け，組み合わせることが重要であろう。

出して研究していたのでは解明することは不可能であると主張する。また，学習においては，個人が変化するだけではなく，共同体も変化しつつ自らを再生産していることも強調している。

西アフリカの仕立屋の例では，徒弟制はきわめてうまく機能しており，ほとんど落伍者を出すこともない。しかし，徒弟制の中にもうまく機能していない

ものもあることが示されている。そのような徒弟制においても，また，徒弟制とは非常に異なった学習の場であると考えられる学校においても，学習は，学習者が周辺的な参加から十全的な参加へと移行していく過程としてとらえられ，やはり状況に埋め込まれているものであると考えられる。ただし，学校の場合には，学習者が参加の度合いを増していく対象は，教えられる内容に関する実践の共同体ではなく，学校という教育だけを目的とするきわめて特殊な共同体であり，学校で教えようと意図されていることと学習者が学習することの間にずれがあることが指摘されている。

　状況論的アプローチは，次に紹介する A. H. ショーンフェルドによる数学の問題解決に関する議論に見られるように，従来の認知研究に社会・文化的側面の重要さを指摘し，目を向けることを促してきた。しかし，拠って立つ立場の大きな違いからか，双方の研究者の間で生産的な議論がなされていないという側面もあるように思われる。

4 数学の問題解決の学習——まとめに代えて

　数学者，数学教育者で認知科学者でもあるショーンフェルド（Schoenfeld, 1985, 1992）は，数学の問題解決に関連する知識や能力を5つに分けて論じている。これらは，数学の問題解決にとどまらず，広く当てはまること，それぞれが学習や教育と密接に関わること，これまで十分に，あるいはまったく触れていない問題も含まれ，将来の研究の方向に対する示唆が多いこと，などから，第4章と第5章のまとめに代えて，彼の考え方を紹介する。

◆ **リソース，ヒューリスティック，制御**

　まず，数学の問題を解くためには数学の知識が必要である。当該の領域の知識というのがショーンフェルドのあげる問題解決にかかわる第1のカテゴリーで，彼はこれをリソース（resource: 資源）とよんでいる。リソースには，当該領域の概念的，あるいは宣言的な知識，手続的な知識，およびそれらを想起し利用する能力が含まれる。リソースは，従来から学習や教育の対象として意識されており，またリソースやリソースの獲得についての認知心理学的研究はほかのカテゴリーにくらべ進んでいるといえる。

第2のカテゴリーは，ヒューリスティック（heuristics）である。ヒューリスティックとは，問題解決のための経験則であり，問題をよく理解したり，解決の方向を示す一般的な指針である。一般的なヒューリスティックとしては，「問題をより単純な問題に変形し，その解決方法と現実の問題の解決方法との関連を考えよ」とか「過去に解いた類似の問題を想起し，その解決方法を試みよ」などといったものがある。また，やや一般性は低くなるが，「図を描け」「補助線を引け」なども数学の問題解決に有効なヒューリスティックの例である。このようにヒューリスティックとは，つねに有効であるとか必ず解にたどりつくとは限らないが，多くの場合，有効にはたらく方法のことである。

　ヒューリスティックの学習や教育は，リソースと比較すると一般に重要視されておらず，心理学的な研究も少ない。ショーンフェルドによると，一般的なヒューリスティックも数学，物理学といった個々の領域の中で教えられ学ばれる必要があること，ヒューリスティックを使うためには単にそれらを知るだけではなく，メタ認知的制御や使うための下位技能が必要であること，などが明らかにされている。

　第3のカテゴリーは，制御（control）とよばれるものである。制御とは，リソースやヒューリスティックをいかに用いるかに関するもので，メタ認知とオーバーラップする部分が大きい。先に他者との相互作用による学習のところでショーンフェルドの報告を紹介した。その中で学生たちが，今やっていることが何であり，問題解決にどのように関連しどのように役立つのかを知り，問題解決の上手な進め方を身につけたことを述べた。このような認知，そして自分の計画と実際にやっていることとのずれを知り，計画の次の段階に進むか，今のステップを続けるか，計画を変更するか，などを決定することが制御である。

　初学者（novice）と熟達者（expert）の問題解決過程の比較から，初学者は問題解決の制御を適切に行えないことが明らかになった。したがって，よい問題解決者を育てるためには，制御能力を身につけさせることが必要と思われる。教育や認知の研究者の間では，制御能力やメタ認知が学習や教育の対象として注目を集めるようになってきている。先に紹介した，ショーンフェルドの実践やブランスフォードらの実験は，このような動きの一例である。しかしながら，一般にはこのような問題の重要性は，まだ十分に理解されていないように思わ

れる。

◆ 信念システム，文化参入

4番目のカテゴリーは，信念システム（belief system）である。問題解決には，問題やその領域の性質に関する信念が大きく関与する。たとえば，数学の性質について生徒が持つ好ましくない信念の典型的なものとしては，次のようなものがある。①数学の問題にはたった1つの正しい答えと解決方法がある，②数学は1人で行う活動である，③数学の問題は，きちんと理解できていれば5分以内に解ける，④学校で習う数学は実際の世の中とはほとんど関係がない，などである。そして重要なことは，これらの信念が実際の問題解決や学習の過程を大きく左右することである。3番目の信念は，たとえゆっくり時間をかければ解ける問題であっても，5分考えて解けなければわからないとして問題解決を中断してしまうことにつながるだろう。また4番目の信念は，数学的な概念を実生活の中のものごとと関連づけて理解することを妨げるであろう。

このような信念は，直接教えられたわけではないが，何年もの学校教育を通じて学習されたものと考えられる。逆に好ましい信念が学習されるようなカリキュラムを開発することによって，よい問題解決者を育てることも可能であると思われる。ごく一部ではあるが，このような方向に沿った研究が行われはじめている（たとえばLampert, 1990）。

問題解決に関連する最後のカテゴリーは，ショーンフェルドが文化参入（enculturation）と名付けたものである。彼は，状況論的アプローチと同様の観点から，数学的に思考することを学ぶことは数学者の社会に仲間入りすることであると考えた。彼は，数学の実践は，決して1人で行う活動ではなく，数学者の社会の中での共同作業，すなわち共同で問題解決をしたり，誰かの研究についてそのさまざまな段階で討論する，といった活動であると主張する。数学に限らず，このような問題解決を実践する社会の一員となること，すなわち，社会内の他の構成員との相互作用の仕方や，相互作用を通して問題（練習問題ではなく実質的に意味のある問題）を解き，新しい発見をする能力を身につけることを文化参入とよび，真に実践的な問題解決にとって必要なものとしたのである。

文化参入の問題は，これまでのところほとんど認知心理学的な研究の対象と

はなっていない。また,「問題解決を実践する社会」をどのようなものと見るか,学校教育においてどのような社会を学習者が入っていくべき社会とみなすか,などの実践的側面については大いに議論する必要があるだろう。しかし現状においても,学習者は何らかの社会,たとえば「学校数学」の実践の社会,に文化参入し,その中での価値体系や信念システム,あるいは相互作用の仕方などを学んでいるということができるのではないだろうか。近年,認知心理学の中でも学習の文化・社会的な側面が重要視されるようになってきており,前出の信念システムと併せ,これからの研究が期待される。

　本章では,初めに「個人の持つ知識が変化すること」という学習の定義をいったん受け入れ,知識の意味をわれわれの日常的な用法より広くとり,学習の過程について概観してきた。認知心理学的な学習研究は,学習を知識,あるいは認知構造の変化ととらえることによって発展してきた部分が大きい。しかしながら,状況論的アプローチや最後に触れた信念システムや文化参入に関する研究は,上記の学習の定義からはみ出す部分の重要さを示唆しているということができるであろう。学習の心理学的な研究においても,とくに教育とのかかわりを考える場合,個人の全体的な活動としての学習や,社会的・文化的制度としての学習,実生活の中での学習の役割などにもっと目を向けていく必要があるものと思われる。

〔参考文献〕
◇　アンダーソン,J.（富田達彦ほか訳）『認知心理学概論』誠信書房,1982
◇　稲垣佳世子・波多野誼余夫『人はいかに学ぶか——日常的認知の世界』中公新書,1989
◇　森敏昭・岡直樹・中條和光『学習心理学——理論と実践の統合をめざして』培風館,2011
◇　日本認知心理学会（監修）／市川伸一（編）『現代の認知心理学5 発達と学習』北大路書房,2010

第6章 学級集団の理解

　わが国の学校教育は，日本国憲法，教育基本法，学校教育法という法体系により，その実践の法律的位置づけがなされている。

　教育基本法の前文および第1条（教育の目的）により，教育の目的は次のように解釈される。すなわち，「世界の平和と人類の福祉」に貢献するための「民主的で文化的な国家」を建設することを理想とする。そこでの教育の目的として，「人格の完成」と「平和で民主的な国家及び社会の形成者」の育成があげられる。人格の完成とは個としての人間の完成と社会人としての十分な機能の完成であり，「国家及び社会の形成者」は文字通りの社会的活動のできうる人間の育成をめざす。このように，教育の目的は，個人的目的と社会的目的が一体となっている。

　こうした法規的目的をもとにして，学校においては通常，同じ年齢層の者が複数集まって1つの学級を構成し，1人または複数の担任教師が置かれる。こうした学級集団について以下，さまざまな側面から検討していこう。

1 学級集団の特徴

◆ 集団の構成原理

　学級集団（クラス）は，「集団」の1つの形態である。集団は，その成員で構成され，成員間のつながり方・集団構成の仕方には，次のような原理がある。

(1) 成員の対人的意識　人と人とのつながり方には，大きく分けて2つの形式がある。

1つは，母子関係のような全人格的つながりで，これをもとに構成された集団をゲマインシャフト（Gemeinschaft），あるいはサイキグループ（psyche-group）とよぶ。ここでは，一定の目標にそって何かを達成することよりも，その集団に属していることそのものが心理的安定感を与える。

他の1つは，会社における上司と部下のような，一種の契約的なつながりで，そこでは，何らかの役割分担をもとにして，集団としての諸機能の発揮が求められる。こうしたつながりをもとにした集団をゲゼルシャフト（Gesellschaft）あるいはソシオグループ（socio-group）とよぶ。

(2) 集団構成の意図性　その集団を，構成員または第三者が意図的に作ったものか，あるいは自然発生的に生まれてきたものかによる分類。

前者をフォーマル・グループ（formal group）とよび，一定の社会的機能の現実化をめざす。後者をインフォーマル・グループ（informal group）とよぶ。

(3) 成員間の接触の直接性　家族や遊び仲間，隣近所の集団のように，その集団の成員の接触が直接顔を合わせて（face-to-face）直接的である場合には第1次集団（primary group），会社や国家のような，成員の接触が距離をへだてた間接的なものである場合には第2次集団（secondary group）とよぶ。

(4) 心理的仲間意識　われわれ意識（we-feeling）をもつ集団を内集団，それ以外の集団を外集団とよぶ。

◆ **学級集団の特徴**

以上の分類をもとに学級集団の特徴を考えると，まず，「クラス」は意図的に構成されたものであるから，フォーマル・グループといえる。また，クラスの成員はすべて毎日教室で顔を合わせるので，これは第1次集団である。

成員間の対人的意識は，学級集団の発展にともなって変化してくるが，上級年次になるに従ってゲマインシャフトからゲゼルシャフトへ，サイキグループからソシオグループへと変化してくる。しかし，この点は，指導者たる教師の教育理念が非常にストレートに反映されるものであり，担任教師の，両者のウェイトの置き方のバランス感覚が非常に重要となる。

また，通常，学級集団は，その構成員がわれわれ意識を持つよう指導されて

いく。

2 学級集団の機能

学級集団はフォーマルに構成された集団であり,そこではある機能が発揮されることが期待されている。以下,学級集団の持つ諸機能についてみていこう。

◆ 教授-学習機能

学級においては,教師が「教え」,児童・生徒が「学ぶ」という機能がまずある。学校にいる時間の大部分がこれにさかれ,教科の教育を中心にして行われる。

教授-学習機能を十分に発揮するためには,授業の理論と方法(第7章 1, 2 参照)について十分な理解があると同時に,学級集団の雰囲気,個々の児童・生徒の理解などの周辺的な情報を的確に把握しておくことが重要である。

◆ 役割取得の訓練機能

集団は,個々の成員の一定の役割分担によって初めて機能する。社会はそうした諸役割の分担によって成り立っていることを児童・生徒に理解させる。こうしたことから,学級運営に子どもたちを参加させていくことが望まれる。

学級委員,連絡係,図書係など,さまざまな役割を分担し,教室の中に1つの小さな「社会」を構成する。

◆ 利他的行動の育成機能

学習活動の多くは,自分のための行動である。それ以外にも教室では,上の役割分担などを通して,みんなの利益につながる行動をとることができる。こうした行動は,1人では決して獲得できず,教室集団という集団行動の中で初めて形成されるものである。

◆ 集団規範の体得・自己欲求抑制機能

以下に述べるように,学級集団が発展していくにつれて,その集団独自の規範が生じてくる。また,学校全体としても校則のような形で集団の規範がある。成員である以上,そうした規範に従うのは当然であり,それによって,利己的な諸欲求を抑制せざるをえない状況も生まれてくる。いわゆる,「がまん」の重要さを体得させる機能も学級集団の重要な機能である。それと反対の,そう

した規範そのものの正当性・妥当性・問題点を見抜く力をつけることも重要である。

◆ 社会的欲求の充足機能

人間には個人的な，生命の維持に関連する生理的欲求と，対人的な社会的欲求がある。A. H. マズロー（Maslow, 1970）は自らの欲求階層論の中で，生理的欲求や安全の欲求といったものを消極的欲求，所属・愛情・自己実現の欲求を積極的欲求としたが，学級集団の中では，集団であるがゆえにそうした積極的な諸欲求を充足させることが可能となる。人に認められたいという承認欲求や愛情欲求，他からの尊敬を得たいという欲求などは，教室の中のさまざまな活動によって充足できる。また，支配・顕示・優越・攻撃といった通常あまり望ましくないとされる欲求についても，学習活動や課外活動，学校行事などで充足させうる場がある。それらについての経験も，人格形成のうえでは重要な経験となる。そうした欲求を充足させることの是非は子どもたち自身が学んでいくのである。

◆ 共感性の育成機能

通常，学級集団は，同じ年齢層の子どもたちで形成される。同一年齢であるということは，年齢に関連した諸経験・属性が類似していることであり，それによって，各自の抱くさまざまな感情は必ずしも自分だけのものではない，ということを学ぶ。クラスの仲間の痛みが自分のものとして共感でき，喜びも同様に分かちあえる。こうした共感性の育成は，教授-学習機能に並んで重要な学級集団の機能といえる。

3 学級集団の発達過程

先に述べた通り，学級集団は，教師の側から一方的につくられたフォーマルな集団である。その集団が日々の学校生活の中で育ち発展していく過程をみていこう。

◆ 探索・同一化

まずクラスに入った児童・生徒は，このクラスの他の者たちがどんな人間なのかをいろいろと探索する。その機会は会話であったり，遊びであったり，授

業風景であったりする。新入学であっても，多くは複数の既知の友達がいたりして，会話や遊びはまずそこから始まる。

やがて，隣の席とか，出席順の前後とか，そうした形式的条件に制約された仲間ができ，さらに発展して，趣味や意見を同じくする者同士が仲間をつくっていく。自分をその小集団に同一化していくのである。

◆ 集団目標・集団規範の発生

いくつかの小集団ができ，クラスの人間関係も落ちついてくると，クラス全体としての集団の目標が追求されるようになる。いわゆる学級目標の発生である。これは，低年齢のクラスにおいては担任教師がスローガンとして教室の壁に貼りつける場合が多いが，クラスの組織が役割分担などを通してしっかりしてくると，児童・生徒たち自身で作りあげることもある。

次にその目標にそって，ある種の規範が作られてくる。これは明文化されるよりも，クラス全員の共通認識で決められることが多い。この段階になると，その学級集団で，目標・規範にそった斉一的行動パターンがみられるようになる。クラスの成員はそれでクラスのまとまりを感じるようになってくる。

この時期の教師の役割は重要で，こうしたまとまりを維持することに努めるか，それを使って次の，より機能的な目標に向かっていくかの判断が迫られる。

◆ 内集団と外集団の分極化

クラスのまとまりは，心理的には「ウチのクラス」と「ヨソのクラス」といった，内集団と外集団の分極化をもたらす。「われわれ意識」は，クラス対抗の運動競技や音楽コンクールなどでエスカレートし，成員のクラスへの帰属意識がますます高まってくる。

◆ 集団雰囲気の発生

クラスのまとまりは，同時に，その集団の雰囲気を形成する。教科ごとに担当者の違う中学校以上の学校においては，教師が強くこれを感じとるものである。

また，クラスの成員は，そのクラスにいるだけで心がなごみ，学校生活が楽しくてしかたがない，といった形となる。逆に，集団雰囲気が形成されなかったり，よくないクラスでは，成員の中に，クラスの行事に参加しないとか，孤立するとかいった非社会的行動をとる者もでてくる。

ここで学級集団全体がサイキグループとなり，1つのゲマインシャフトが形成される。

◆ 役割分化と凝集性の高まり

集団雰囲気ができあがると，通常それにとどまらず，それをより機能的なものにしていこうとする力がはたらく。児童・生徒の中のリーダーはよりリーダーシップをとり，一定の機能を達するために役割の分化が進んでいき，それを通して，集団の凝集性が高まってくる。

集団の凝集性は，安易な形では没個性を成員に要求することとなり，ここでも教師の役割は非常に大きい。クラス全員の個性を発揮しつつ集団としてのまとまりも大きい，そうしたクラスづくりをめざしていく必要がある。

すなわち，ソシオグループあるいはゲゼルシャフトの機能が突出してくると，どうしてもついていけない児童・生徒がでてくる。これをうまく防ぐことが重要な課題となる。

◆ 学級風土

以上の学級集団の発達過程は，当然のことながら教師と児童・生徒，児童・生徒同士の関わりの中で形成される。その結果生まれてきたその学級の全体的な雰囲気を「学級風土」ととらえることができる。

学級は1つは「学びの場」として存在し，もう1つは，居心地のいい「憩いの場＝ホームルーム」として存在する。知識や技能の獲得をめざす教科学習の場であるだけではなく，生活共同体の面を持つ学級生活を通して行われる人格形成の場でもある（河村，2012）。本章2で紹介した通り，教授−学習機能に加えてさまざまな機能が学級集団には要求されている。

学級風土はそうした2つの場としての学級が全体として醸し出す雰囲気であり，そこで担任教師と児童・生徒がどのような関わりをしているかが可視化されたもの，ととらえることができる。とくに，教師と児童・生徒との関係でいえば，教師が，制度としての学校の中での1つの学級としてどのように運営したいか，ということと，児童・生徒が1人の個人としてどのような欲求や要求を学級に持ち込むか，ということとの葛藤や折り合いをつける様相として学級風土をとらえることができる。ここには第7章3で紹介する教師のリーダーシップがどういう形で発揮されるかということが直接反映されている。

4 学級の対人関係

◆ 友人関係

　学級集団そのものはフォーマルに作られたものではあっても，その中の成員同士の関係は，まったくインフォーマルなものであり，各自の自由意志に基づいて友人関係が形成される。

　わが国では一般に学級集団は同年齢の男女で構成されており，学級集団の発達過程でみた通り，初めのうちは一対一の関係であったものが，どんどん広がっていったり，逆に小集団でとどまったりする関係性を作りあげていく。

　友人関係が好き・嫌いといった心理的関係で成立しているときはそれをサイキグループとよび，何かをするときにその相手がいると便利だ，といった機能的関係で成り立っていればソシオグループとよぶ。いずれの場合にもそれぞれの相手を「友人」とよぶ。

　学級においては，相手に何らかの意味で魅力を感じると，それがストレートに交友関係に発展することが多い。そこで，友人関係の成立条件を，対人魅力の規定要因から考えていこう。

　対人魅力の主な規定要因として，一般的に次のような5つの要因をあげることができる。

❶ **近くにいること（空間的接近）**　クラスで，席が隣であるとか，出席順の関係でいつも前後に並ぶとかいった空間的接近の要因が友人関係を作る。いつも同じ電車やバスである，同じところから登校するといった理由もこれにあたる。

❷ **なじんでいること（接触頻度）**　空間的接近とは別に，接触する機会が多いことが相手の魅力の認知を増すことがある。一般に接触頻度は空間的接近の度合いと同じものであると考えられるが，ネットワーク社会においては，場所は離れていてもeメールやSNS（social networking service）等のコミュニケーション手段で非常に高い頻度で接触することがありうる。これが友人関係に発展することもある。

❸ **身体的魅力があること**　「かっこいい」とか「かわいい」といった，外

見上の美しさが他者の好意を得て，友人関係に発展することがある。また，それらに接近する側には，「美しい人は善良である」などというステレオタイプがはたらき，より接近していこうとする。

❹ 似ていること（類似性）　自分とよりよく似たものに接近しようとすることから生まれる友人関係もある。髪の形が似ている，服装が似ている，背の高さが似ているといった外見上の知覚的類似性から，性格や能力・学力，家庭環境などさまざまな類似性がある。その中でも，お互いではなく第三者としての対象に対する態度の類似性が大きな役割を果たす。第三者は，「人」であっても「モノ」であっても，「ことがら」であってもかまわない。たとえば，同じタレントが好き（感情）で，すごくいい（認知）と思い，その人が出るテレビ番組は必ず見る（行動）とかで，その対象に対する態度がわかる。その「態度」が似ているということは，共感し，共通の考え方をし，共通の行動をとる，という意味で友人関係に発展しやすい。

類似性は同一視を起こしやすいので，相手に接近したいという気持ちがわいてくるが，逆に，異質性が接近感情を引き起こすこともある。これは，自分にない部分を相手にみつけ，その相手を友人とすることによって自己の欲求が満たされる，そうした相補的関係を求めたものといえる。

❺ 他者からの評価　自分を除く他者から高い評価を受けている人を好きになることは，その人を通して，自分もいい評価をされている気分になるものであり，これも友人関係成立の大きな要因である。いわゆる人気のある児童・生徒の仲間に入る，といった形もあれば，学級で孤立している子だけど，ある日先生にみんなの前ですごくほめられたので好きになった，といった形まで，さまざまなものがある。

友人関係は先にも述べた通り，インフォーマルに形成されるものであるが，教師がこれらの要因に配慮することで，クラスの児童・生徒同士の友人関係の中に間接的に介入できる。

◆ 社会的促進と社会的抑制

教室における個々人の行動は，つねに本人以外の他者の目にさらされている。家庭で1人で勉強していたときには解けなかった問題が，授業中に指名されて黒板でやったところうまく解けたとか，逆に，1人ならできる逆あがりが，体

育の時間，みんなの前に立つとできない，といったこともある。

　このような，他者の存在が，ある作業の遂行によい影響を及ぼすことを社会的促進（social facilitation）とよび，悪い影響がでることを社会的抑制（social inhibition）とよぶ。

　社会的促進のうち，他者が単に傍観者として存在するときには観衆効果（audience effect）という。また，他者といっしょに作業をするときの効果を共行為効果（coaction effect）とよぶ。

　これまでの研究から，十分に学習され，かなり自動化した反応（パフォーマンス）については作業を促進し，新たな反応の獲得過程（学習：ラーニング）ではかえって妨害される，という観衆効果が認められている。また，共行為効果についても，基本的には他者といっしょに行為をするほうが1人のときより作業遂行がすぐれるが，課題の内容との関連では観衆効果と同様に，促進したり抑制したりする結果がでることもある。

　学習活動の1つの形態として用いられるグループ学習・小集団学習においては，こうした社会的促進の効果を持つ側面と同時に，社会的抑制についても配慮する必要がある。すなわち，集団で作業するときのほうが，1人のときより努力の量が低下してしまうという社会的手抜き（social loafing）の現象が現れることがある。

　1つは，グループの他の成員が自分の努力の成果を吸い取ってしまって，いくら自分が努力してもグループとしてのパフォーマンスが向上しないことからやる気が低下してしまう，自分も手抜きすればいい，となる現象で，これをサッカー効果（sucker effect）という。自分の努力が吸い取られる（サッキング）感覚から，自分も手抜きすればいいという形で抑制が起こる。もう1つは逆に，グループの他の成員がしっかりやってくれているので自分は集団としての遂行に貢献する必要がない，ただのり（フリーライド）すればいいと認知してやる気が低下する現象で，これをフリーライダー効果（free-rider effect）とよぶ。

　いずれにしても，学級集団でのまとまった行動，あるいは小集団での活動は，課題の難易度，成員が互いをどのように認知しているかなどによって，その成績が大きく異なってくる。学級集団あるいはその下位のグループ・小集団を運営する際には，こうした社会的促進・抑制の原理をしっかり念頭に置いて進め

る必要がある。

◆ 向社会的行動と共感性の育成

　他者に何らかの利益を与える意図によって起こった行動を向社会的行動（prosocial behavior）とよぶ。順社会的行動と訳されることもある。具体的には人を援助したり，賞を分配したり奉仕活動をしたりすることにあらわれる。

　本章 2 で述べた通り，利他的行動（altruistic behavior）の育成は学級という集団のもつ重要な機能の1つである。この「利他的」という表現は，厳密には，「自分のことはいいから，ともかく，他者が利益を得てくれればいい」という心理状態を示すが，「向社会的」の表現では，「他者のためになるがそれが同時に自分のためにもなる」という，複合した心理状態を示す。両者は行動のレベルでは区別がつきにくく，ここでは，まとめて向社会的行動とよぶことにする。

　菊池（1983）は向社会的行動を，①他者に対する，②報酬を得ることを目的としない，③何らかの損失（コスト）をともなう，④自発的行動，と定義した。そのうち，③の，その行動を起こすことによって自分自身に何らかの損失があるのになお行動する，という側面は重要である。

　たとえば，休憩時間に，何もすることがなくボーッと運動場のベンチに座っていたら前を下級生が通り過ぎざまに転んで，膝をひどく擦りむいて出血した。ちょうど授業開始のチャイムが鳴ったが，遅れるのを覚悟で，毎朝母親から持たされている救急絆創膏をつけてあげた。

　この場合，絆創膏をつけている間に授業に遅れてしまう，というコストを払っている。このように，向社会的行動においてはたとえわずかでも，どのような形ででも，必ずある種のコストをともなう。

　上記の例の場合，なぜ，そうした行動をとったのであろうか。その理由の説明として，共感性があげられる。すなわち，膝の血を見るだけでは「ああ，血が出ている」ということになるが，持っていた絆創膏をつけてあげるという行動に発展したのは，「痛そう」というふうにその下級生に共感したからであり，自分自身のそうした共感（不快感）を低減させる行動にでたものと解釈される。この意味で，他者に共感できる能力は向社会的行動の発現にとって非常に重要なものといえる。

　その行動を起こすことによって生じるコストの認知と，共感からくる不快感

の低減の動機のどちらがどのくらい強いか，によって実際の向社会的行動が生じたり生じなかったりする。他にも，単にステレオタイプな行動として生じたり，互恵的な「報酬」を暗に期待して生じたりなど，さまざまな形式・要因がある。

いずれにしても，学級集団の中で，同一年齢集団であるがゆえに得やすい共感性を，日ごろの学級活動で養っていくことは非常に重要である。思いやりの育成は現代の学校教育において最も忘れられがちなものの1つであるが，社会性の育成にとっては最も重要な課題である。また，以下のいじめの問題を考えるときにもコアになる課題である。

5　学級の病理現象——いじめについて

児童・生徒にとって，学校生活の大部分は学級での生活でもある。毎日，長時間，学級の他の成員と接し，一定の時刻になれば帰宅し，またあくる日同じような生活が始まる。

学校では，校長を始め教頭・教諭，事務職員が一体となって，児童・生徒に快適な学校生活を送ってもらうように最大限の努力をしているものである。とくに担任教師は自分のクラスの子どもたちに対しては最大限の配慮をし，子どもたちが生き生きと楽しい学校生活を送れるよう日夜惜しまぬ努力をする。

しかしながらそこは1つの「社会」である。教師の側の資質や力量，リーダーシップ（第7章3参照）と，児童・生徒の個人的な諸特性，家庭環境，学校という制度のしがらみや地域社会との関係など，ありとあらゆる要因のぶつかりあう場であり，必ずしも望まれるような姿にはならないことがある。「問題」はつねに発生しうるものであるとも言えるが，多くの場合，教師や児童・生徒間でそれは「解決」される。

しかし，そうした問題が長期にわたって継続される場合，いじめや不登校といった学校病理現象が起こってしまうことになる。

◆ いじめの定義と原因

学校病理現象のうち，子どもたちの生命の危機にまでさらされる可能性のあるいじめの問題はきわめて深刻なものである。

いじめは，文部科学省の定義としては「当該児童生徒が，一定の人間関係のある者から，心理的，物理的な攻撃を受けたことにより，精神的な苦痛を感じているもの」（文部科学省，2012）とされている。これは起こった場所が学校の内であるか外であるかを問わない。この「いじめ」の中には，児童・生徒の生命や財産を脅かすような犯罪行為であり早急に警察に連絡を取りいっしょに処理すべき事例，も含まれている（「児童生徒の問題行動等生徒指導上の諸問題に関する調査」における定義より）。

　いじめの発生原因についてはさまざまな考え方がありうる。ここでは，学校・教室で起こることを前提に，その解消のヒントとともに原因を考えてみよう。

　まず最初に，いじめが発生しない「集団」を考えてみよう。親しい友人集団であったり家族であったりする場合，まずはいじめはありえない。なぜなら，その集団はお互いに周知の仲であり互いの個性を認め合っているので，少々の衝突は「その場で解決される問題」となり，長期化しない。この集団の基本的特徴は，豊かなコミュニケーションによる十分な相互理解がなされている，というところにある。

　教室の学級集団はどうであろうか？　学校が意図的に構成した集団で，基本的には互いによく知らない者同士の集まりである。教師は，児童・生徒間の相互理解が重要であることを認識してあの手この手でその促進を図るが，圧倒的多数の時間は「授業」に費やされ，授業外に十分な時間を確保することは現実的には困難である。かつ，授業では，それぞれの子どもたちの能力・学力の違いが顕在化していくことになり，個々の児童・生徒の差異化が進んでいく。それに加えて，授業外でも，ものの見方・考え方などについての差異化が目立つようになり，「斉一性」を求めるわが国の文化的状況を反映して，何となくそれが「気に入らない」「気になる」ものとなる。

　コミュニケーションによる相互理解とは全く逆の，相互不信の雰囲気の発生である。こうした状況になると，何が起こっても不思議ではない，いじめが起こってもそれはある種避けられないことだという「いじめ許容空間」（竹川，1993，2006）としての教室になってしまう（図6-1参照）。ここでいう「許容」とは，それを認めるという意味ではなく，「起こってもしかたない，避けられ

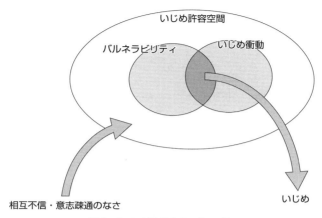

図6-1　いじめ発生のメカニズム

ないものだ」という意味である。教師も児童・生徒もみんなそのように認知してしまっている空間である。

　互いの差異を認知した成員はお互い，何らかの形での均衡化・バランスを求める行動をする。たとえば授業中の「優等生」に対してのそれほどでもない者からのひやかし・からかい，ちょっとだらしない恰好をしてきた者へのその部分の指摘など，さまざまな形で「仮想の標準」に近づけようとする衝動的な行動をとる。こうした，他者からの攻撃的行動を誘発してしまうような特徴をバルネラビリティとよぶことがある。

　いじめは，いじめ許容空間のなかで，不幸にもいじめの衝動とバルネラビリティが遭遇したときに生じてしまう，と考えることができる。

◆ いじめの予防と対応

　学級集団の成員は個々に豊かな個性を持った存在であることは当たり前であり，さまざまな人がクラスにいる，ということは学級経営の前提である。

　そうした個性がぶつかることといじめが発生することとは決して同じものではない。いじめの定義にある「心理的，物理的な攻撃を受けたことにより，精神的な苦痛を感じている」の中の「攻撃」は，「衝突」とは異なる。

　日常的な衝突はある程度やむをえないものではあるが，これも，豊かなコミュニケーションによる相互理解のあるところではその場での解決がなされる。

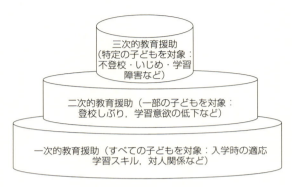

図6-2 学校心理士の仕事

　最も深刻なのは，学級の雰囲気・学級風土が「いじめ許容空間」になってしまうことである。それを回避するためには，成員相互の相互理解を促進することが何より大切である。
　これを，最も長時間コミュニケーションがなされる「授業」の場で行う必要がある。すなわち，特別活動とか放課後の会合とかで話し合うことに加え，各教科の正課の授業の中で教師が，児童・生徒間のコミュニケーションがとれるような工夫をしていく必要がある。
　教える授業から，学び・学び合う授業に変えていくことが，迂遠ではあるがいじめへの有効な対応策の1つになると考えられる。
　また，不幸にもいじめが顕在化してしまった場合には，早急に適切な対応をとる必要がある。
　担任教師は，1人で悩まずに，同僚の教師と相談し，場合によっては管理職とも緊密な連絡をとりあって対応をしていく必要がある。同時に，現在では学校には臨床心理士の資格を持ったスクールカウンセラーや，学校心理士の資格を持ったカウンセラーもいることがあるので，そうした専門的知見を参考にしながら協同して対応していくことが重要である。とくに学校心理士は，図6-2に示したような，すべての子ども・一部の子ども・特定の子どもという3層にわたる子どもたちへの心理・教育的援助をその使命としているので，担任教師とのチームワークで学級・学校の病理現象の解消に貢献することが期待されている。

【コラム6　●学級崩壊の本質的原因】

　本章でみた通り，学級は，一定の目的にそって構成されたフォーマルな集団である。それは，ダイナミックに変動することがもとより前提とされており，学級集団だからこそできる，学級集団でしかできない機能を果たすことが期待されている。

　20世紀の最後のころに話題になり，現在も続いているさまざまな学校病理現象のうち，「学級崩壊」はまさに本章と密接に関連する問題である。

　学級崩壊についてはさまざまな定義がなされる。キレル子，ムカツク子が授業のじゃまをする，クラスがまとまらない，授業中に勝手に教室の内外をうろうろする等々，文字通り学級というものが崩れ去っている現象を示すことが多い。幼児期の幼稚園・保育所での基本的生活習慣の不徹底が津波のように小学校に押し寄せたとみる津波現象的見解，中学校以上でのいわゆる非行が，ドドドッと音を立てて小学校にもなだれ込んできたとみる雪崩現象的見解など，いずれも小学校における学級崩壊を問題にしている。

　小学校における学級崩壊と，中学校以上の教育機関における「授業崩壊」は明らかに異なる。授業崩壊は「教える－学ぶ」という，学級の1つの機能である「授業」そのものが成り立たないことのみを示す。これは第7章を読んで考えていただきたいことがらである。

　学級崩壊を引き起こす原因にはさまざまなものがありうる。文部省（当時）は1999年に，学級崩壊しやすい5つのタイプの教師像を列挙している。

　①児童に対して一方的な教師，②子ども同士の人間関係づくりが下手な教師，③授業が下手な教師，④父母との提携が下手な教師，⑤心開かぬ教師

　これらは言い換えれば，独裁者的，非指示的，仕事無能，社会的関係不全，内閉的な教師ということで，教師でなくてもどこの社会でも通用しない特徴である。

　ほかにも，親の高学歴化による教師の権威の失墜，子どもや家庭環境・幼児教育の問題と，ありとあらゆる原因が列挙されうるが，もう1つ，本質的な原因から目をそらしてはいけない。

　それは，小学校では「学級」を1人の教師が「担任」し，本章2に示したようなさまざまな機能をすべて「十全」に果たすよう教師に期待されていることにある。このことは，わが国の小学校教師に託されている，あまりにも過重な「ジェネラリスト」への要請が限界にあることを示している。他の国の教師の担任移動，学校異動の調査（田中・梶田，1995）などからみても，これほどの全知全能のスーパースター的な素養を要求されているのは非現実的であることがわかる。

　教師の努力の必要性を否定するものではないが，人間には自ずと限界がある。それに目をつぶって理想のみを追いかけると，回りまわって最も弱い立場の児童・生徒にそのつけがくる。学級崩壊の問題を考える1つの視点である。

〔参考文献〕
◇ 秋田喜代美（編）『対話が生まれる教室——居場所感と夢中を保障する授業』教育開発研究所，2014
◇ 菊池章夫『思いやりを科学する——向社会的行動の心理とスキル』川島書店，1988
◇ 釘原直樹『人はなぜ集団になると怠けるのか——「社会的手抜き」の心理学』中公新書，2013
◇ 竹川郁雄『いじめ現象の再検討——日常社会規範と集団の視点』法律文化社，2006

第7章 授業の方法と教師の役割

　子どもたちは，1日の3分の1の時間を学校で過ごす。その学校生活の中でも大半は「授業」に費やされる。教師は生徒指導・生活指導に多くの時間と情熱を傾けるが，授業に費やす時間がそれで軽減されるわけではない。教室での授業は，その意味で児童・生徒，教師双方にとって最も重要な営為である。

　本章では，授業に関する考え方を整理し，その中で「総合的な学習」や「問題解決・プロジェクト型授業」の時間についての位置づけを確認し，さまざまな授業の形態を分類し，かつ，今後ますます重要な意味をもってくる「教師」自身の問題についても考えていこう。

1　授業理論

　児童・生徒は，授業を通して多くのことを学習し，その学習は，以後の彼らのさまざまな側面の行動を変容させるだけの力を持つ。学習に際しては，基本的に「知識」が獲得されるが，知識を持つことと，その事柄について理解し「わかる」こととは同義ではない。知識はその子どもの概念世界・抽象的世界に新たな「ことがら」が論理的にある程度整合して取り込まれれば「獲得」される。しかし，それが「わかる」ためには，そうした知識が自分の生活世界の中での諸判断・行動に反映されるものでなければならない。学習とはそうした営みを示したものなのである。そこにおいてはじめて知識が獲得された，とい

うことになり，そうした知識は具体的な生活の場で運用される可能性がある。これは，総合的な学習の時間で修得される知識の問題を考えるとき，より重要なポイントとなる。

　教室での授業のあり方を考える際に，3つの重要な次元を考えておく必要がある。

　1つは，児童・生徒の「学び方」の次元であり，与えられたものを受容することに徹する「学習」の態度をとるか，むしろ自分の知的好奇心等を基盤にしてどんどん「学び」を拓いていこうとするかに分かれる。

　もう1つは，教師の「教え方」の次元で，教師は変わらず，児童・生徒を変えていってやろうとする，いわゆる「形成」のスタンスをとるか，教師自身も授業を通してどんどん変わっていく，いわば児童・生徒と共に学ぶという「共学」のスタンスをとるか，この2つに大きく分かれる。

　さらにもう1つの次元は，その授業を，従来の「科」に分かれた「教科」の授業とみなすか，教科を越えた，「生活」していくうえでの重要なトレーニングの場とみなすかに分かれる。2002年からわが国でも本格的な取り組みが始まった「総合的な学習」の時間や，問題解決・プロジェクト型学習（Project Based Learning: PBL，本章2参照）が後者の「生活」を基盤にしたものと言える。

　これら3つの次元と，以下の授業の方法についての分類をまとめたのが図7-1である。

◆「形成」のスタンスの教師の授業

　(1) 有意味受容学習　　ここでは，教育の基本は，人類がこれまでに獲得してきたさまざまな文化的遺産をより効果的に児童・生徒に与えていくことであり，その知識の与え方が教育方法となる，と考える。知識の伝達がその基本的構成要素である。知識の伝達といっても，小学校1年生に「世界大恐慌」(1929年)を十分に伝達することは困難である。この概念を理解させるためには，経済，貨幣，流通，為替，貿易など，さまざまな前提となる知識が必要であり，さらにそれらの概念の理解にも，より基礎の概念の理解が必要となる。

　すなわち，ある知識の意味の理解のためには，多くの前提となる知識を必要とし，新たな教材の知識の獲得とはその「意味」の理解である，と考える。

　このように，新たな知識を意味のあるものとして受容していくことを，D.

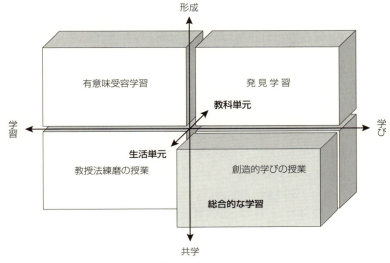

図7-1 授業の方法

P. オースベルにしたがって有意味受容学習（meaningful reception learning）とよぶ。また，そうした知識を既存の知識体系の中に取り込ませるはたらきをもつものをオーガナイザーとよぶ。

　ある知識Aを有意味たらしめる，既存の知識体系Bを先行オーガナイザーとよぶ。先の「世界大恐慌」理解のためには，上に述べたようなさまざまな個別概念を系統的に理解しておくことが必要であり，そうした系統的知識を示す。

　また，オーガナイザーの中には，知識Aにほんのちょっとした解説や説明を加えることでちゃんとAの意味を理解させることができるものもある。これを解説オーガナイザーとよぶ。

　さらに，人間には，類推（analogy）というすばらしい知的機能が備わっており，これを用いることで知識Aがよりよく理解できることもある。たとえば，目のしくみの説明において，簡単なカメラの構造を説明することによって理解が容易になることがある。このように，知識Aのアナロジー的知識を比較オーガナイザーとよぶ。

　ほとんどの教材は，こうして有効に有意味に学習が進んでいくようカリキュラムが組まれる。その意味で，教師の授業設計の役割には多大なものがある。

(2) 発見学習　　有意味受容学習が、いわば教師が児童・生徒に知識を与えるのに対して、ここでは、児童・生徒の知的好奇心をくすぐり、自らが生活世界（学業という生活世界も含む）の中から新たな知識を発見していくことを援助することを教育ととらえる。教師にとっては、子どもたちのそのつどの認知的諸構造を的確に把握しておく必要があり、教材はそれに見合った適切なものが選ばれる。

　自然現象のしくみや、社会のしくみなどについての知識は、必ずしも教師が既存のものとして与えていくことがよいとは限らない。これらは、むしろその発達段階で理解している知識にゆさぶりをかけて、子どもたち自身の好奇心をくすぐると、どんどん自発的に学習していく場合が多い。そうした自主的学習のできる環境を整備していくことが、教師にとって重要な仕事となる。

　観察や調べ学習、実験の場を多く設けると、子どもたちは自分の回りの諸現象についての一定の法則・規則を次々に発見していく。そのつど適切な助言と援助をし、系統的な身についた知識として育て上げていく、こうした授業の形式を発見学習とよぶ。

　発見学習の中でも、教材と発問を周到に準備し、1つの授業の中で科学者の発見の歴史を再生する形の授業を仮説実験授業とよぶ（図7-2参照）。ここでは、初めに教師が、観察可能なある現象についての問いを投げかけ、児童・生徒にどうなるかの予測をさせ（仮説）、それぞれの代表的な理由を述べさせる。次に、実際にやってみて、その仮説を確かめていき、さらにその理由についてみんなで討論し、検討していく。こうして、それぞれの枠組みの中での仮説の定立、実験、結果の考察と、授業を進めていく。

　この方法はとくに理科の領域で有効であるが、観察や実験が可能な教材については、基本的にどの教科ででも可能である。

　予想は誰にでもでき、授業そのものは盛り上がりやすいが、学級集団の構造が固定化してくるといつも同じグループが同じような予測をするようになる。授業そのものとは無関係な集団の力学がはたらくことがあるので、教師は十分な注意・配慮が必要である。

◆「共学」のスタンスの教師の授業
　(1) 教授法錬磨の授業　　授業を通して教師も学ぶという「共学」のスタン

〔問題 1〕
　みなさんは，身体けんさで体重をはかったことがありますね。そのとき，はかりの上に両足で立つのと，片足で立つのと，しゃがんでふんばったときとでは，重さはどうなるでしょう。

　ア　両足で立っているときが一番おもくなる。
　イ　片足で立っているときが一番おもくなる。
　ウ　しゃがんでふんばったときが一番おもい。
　エ　どれもみな同じでかわらない。
　あなたの予想に○をつけなさい。ア　イ　ウ　エの予想をたてた人はそれぞれ何人いるでしょう。
　みんなはどうしてそう思うのでしょう。いろいろな考えをだしあってから，じっさいにたしかめてみることにしましょう。はかりは針がきちんと止まってから目盛りをよみます。

実験の結果　[　　　　　　　　　　　　　　　]

図7-2　仮説実験授業の授業書（板倉・渡辺，1974）

スのうち，生徒には従来通りの「学習」を要求し，教える教師の側がその「学習」を強いる授業を通して自分自身の教え方の良し悪し等について学ぶ，そうした授業を教授法練磨の授業とよぶ。

　最もわかりやすい例が，教育実習にでかけた，教師のたまごである教育実習生の授業である。

　授業内容は決まっているので，それを生徒に伝える（「学習」を強いる）が，同時に自分の授業はベテラン教師に観察されていて，授業そのものについてのフィードバック情報が返ってくる。授業は自分の教え方を鍛錬する場であり，その意味で授業をしながら自分も学んでいることになる。

20世紀の終わりで一応の区切りをつけた，教育技術の法則化運動に携わっていた教師のスタンスなどがこうした授業のスタンスにあたる。

(2) 創造的学びの授業　もう1つの「共学」のスタンスは，文字通り，授業をしながら日々教師自身も成長をとげる実感を持つ，そうした授業である。教授法錬磨の授業との決定的な違いは，児童・生徒に「学習」ではなく「学び」を要求する点である。

すなわち，一定の教材を用意してこれを効率的に相手に伝達することをよしとするのではなく，児童・生徒のアイデンティティにつねに問いかけながら，自分にとっての本当に重要な「学び」を拓いていくことを要求する。コラム7にある大学での「ゼミ」は，まさにこうした授業の典型である。

◆ **総合的な学習の授業**

2002年度からスタートした「総合的な学習」(第1章2参照)の授業は，これまでの授業観とは一線を画すものであり，その点を理解しておかないと授業そのものが成り立たないものとなる。すなわち，本節の最初に述べた，授業構成の第3の軸(教科-生活の軸)を理解しないとこうした授業は成り立たない。そうした理解が不十分なまま教師も児童・生徒もうろうろしながら10年以上を経過した。

総合的な学習の時間は，「教科」ではない。また，道徳，特別活動等の「教科等」でもない。ではどこに位置づけられるか，というと，ここで，学校に「教科」以外の「知」の位置づけを行ったことに気づかねばならない。いわば，新たな「知」の地平を，学校という制度の中で切り開いていこうとするものなのである。

それは，古くて新しい，「生活」というフィールドを持つ知の地平である。すなわち，「学校」「教科」という次元とは異なった，「社会」「生活」での知のトレーニングを学校の中で行おうとするものなのである。図7-1における「総合的な学習」の位置づけが，その他の4つの位置づけと異なっているのはそういう意味である。

ここではまず第一義的に，「学校」という，諸制度で守られた文化を離れて，「社会」で生活していくうえで必要な知識・技能の修得をめざす。したがって「教科」の地平ではなく，「生活」の地平に位置づけられる。

【コラム7　●大学における講義とゼミ】

　大学の授業では,「教える」授業と「学ぶ」授業の2つの形態が比較的はっきりとしている。

　大講義室でマイクと補助機器としてのコンピュータやPowerPointのソフトを使って, 多くの学生が一斉に知識獲得することをめざすのが講義形式の教える授業の典型である。獲得すべき知識が階層化され構造化されているような場合, 有意味受容学習となるように教員はさまざまな工夫をして授業を展開する。教える形式でありながらも, グループワークを挿入するなどして, できるだけアクティブな学習を期待する教員もいる。

　一方, 学ぶ授業の典型がゼミ活動である。第7章で学ぶ授業の形式として課題選択学習や問題解決・プロジェクト型学習, グループ学習・小集団学習の授業を紹介したが, これらはいずれも, 形を変えても結局は一定の知識獲得をさせるための授業の形態である。

　大学でのゼミは, 形は上記のいずれかの形態あるいはその複合形をとるが, その目的が大きく異なっている。すなわち, 知識獲得だけを目的とするのではなく, 知識についての知識, いわゆるメタ知識についてのトレーニングの場となっている。メタ知識の訓練とは, 知識そのものがどうやって獲得されるものなのか, 知識は何の役に立つのか, 獲得された知識とは何なのか, といったことをトレーニングするものである。これは既存の知識を批判的にとらえ直すことを意味し, そうしたことのできる確固たる主体の存在を前提とする。

　高校までの教育では, 形の上では「ゼミ発表」のような形式をとる授業があっても,「知識」についてのこうした視点が決定的に欠如している。むしろ意図的にそれを避けていると言ってもよい。「既存」の知識を前提とし, いかにそれを効率的に個人の頭にため込み, 必要に応じて早く正確に取り出すか, という「優等生」を育てるためにはじゃまな発想であるからである。

　大学に入って, 初年次のとまどいの多くは, 高校までに要求された学習のスキルが大学では否定されることであり, その代わりに「初年次教育」という形で多くの大学で正規のカリキュラムとして「大学での学び方」の授業が置かれている。

　ところが, 専門課程に進んでからの「ゼミ」についての戸惑い（田中・山田, 2015）は必ずしもケアされているとは言えない。

　1つの課題に対してあらゆる方向から自分や仲間の知識を総動員して取り組み, それをとらえ直し, 実は何も自分はわかってなかったのだということに気づく。それを誠実に述懐し改善していくことが期待されるが, 悪くすれば, 借り物のこれまでの知識を新たな借り物でさらに糊塗することもありうる。ゼミ発表を「コピペ」で済ませる, という最悪のケースである。

　大学の教員も, 権威で自分の知識の受容を学生に強いるようではゼミは成立しない。誠実な学び合い, 創造的学びの時空が期待される。

次に，児童・生徒の学びのスタンスは，あくまでも，自己のアイデンティティと対決させながら，なぜ，どうしてこの「問題」が重要なのか，ということを問い続けながら情報の取捨選択・構成をしていく，徹底した「学び」のスタンスが要求される。

　同時に教師にとっても，「知っていることを教えてあげる」ということよりも，教師自身も旺盛な好奇心を発揮して，ある意味では児童・生徒と同じ視線で学ぶ必要がある。むろん，先達として，リードしていくべきことがらは多いが，自分の到達点に児童・生徒を引き上げる，という思い上がった発想ではこの授業は失敗する。真の意味での「共に学ぶ」という姿勢が要求されるのである。

　この地平に立った授業が，以下の「学ぶ」授業の諸形態に現れていることにも注意を払うべきである。コラム9-2にある PISA 型の学力はこうした授業形態から創生されることが期待されている。

2　授業形態

◆「教える」授業

　「教える」授業は，教師が中心で，あの手この手で教えたい内容を獲得させることをめざす授業の形態である。「形成」のスタンスを持った教師の授業の，いくつかの形態をみていこう。

　(1) 一斉授業　　学級集団を1人の仮想的児童・生徒として教授していく授業形態を一斉授業とよぶ。

　一斉授業では，その名の通り，学習の開始，展開，終了は教師の側から一斉に指示することになる。また，教師の準備した同一内容の学習をし，学習の方向も同一方向に向けられる。具体的な授業展開をみてみよう。

　　教師　ではこれから「くらしと水」について勉強しましょう（開始）。A君，
　　　　　教科書の16ページから読んで下さい（展開）。
　　A　　（読み）
　　教師　今読んだところにでてきた，「家でもさまざまなことに水を使っています」ということで，自分の家でどんな使い方をしていると思いますか？

（発問；同一内容）
A：B：C：D：E　（挙手）
教師　はい，Dさん。
D　朝おきて，顔を洗うときとかあ，トイレにいったあととかあ……。
教師　他にありますか。
B：C：E　（挙手）
教師　Cさん。
C　他に，学校から帰って手を洗ったりします。
教師　そうですね。家では，洗面，……（板書）などで使いますね（同一方向）。
　　——授業展開——
教師　では，今日の勉強を終わります（終了）。

　この中でのDさんやCさんの発言は，他の児童・生徒の学習を促進する手段として用いられ，彼らを個別に指導することが目的とはなっていない。このように，教師主導で学級全体が同一内容の学習を，同一歩調で，同一メディアを使って同一方向に進んでいく。

　これは，学級集団を1人の仮想的児童・生徒と想定しており，さまざまな特性について均質さが保たれている集団についてはきわめて効率のいい授業形態である。

　しかしながら実際には，教室にはさまざまな児童・生徒がいる。先行する知識の豊富な者・貧弱な者，反応の早い者・遅い者，正確さを求める者・大雑把な把握を甘受する者など，一斉指導で有意味受容学習を有効に進めていくには多くの困難がある。そこで知識Aを与えて，「わかった人！」で挙手をとり，3分の2程度の児童・生徒の理解が得られれば次に進まざるをえないような状況がどうしても生じてくる。「わからない人はあとで教科書をよく読んでおきなさい」といっても，教科書そのものがその子どもにとって何らオーガナイザーの役割を果たしてないこともある。こうして，わからない者はどんどん「落ちこぼれ」ていく。一斉授業の本質的な欠点である。

　そこで，その欠点を補うさまざまな授業形態が考えられている。一斉授業（教師主導で学級全体が同一内容の学習を，同一歩調で，同一メディアを使って同一方向に進んでいく）との比較で，以下にさまざまな授業形態をみていこう。

(2) 自由進度学習の授業　　一斉授業の同一歩調の原則を崩したものがこの形態である。学習の初めに診断的評価（第9章*1*参照）を行ったり，途上で形成的評価を行ったりしながら，学習者自身が学習内容を進めたり立ち止まってさらに復習を繰り返したりできる。児童・生徒はグループで学習を進めたり，1人で行ったりする。授業の進行が学習者自身に任されるわけである。教師は，導入やまとめの部分で一斉指導的なことを行うこともあれば，意図的に「まとめ」をしない場合もある。また，授業展開中は机間巡視して個別指導を行う。

以下の (5) のプログラム学習授業では，多くでこの形態がとられる。

(3) 順序選択学習の授業　　学習内容が並列的でその階層的構造があまり強くないときには，必ずしも全員が同じ順序で学習を進めていく必要はない。個人あるいはグループにその学習の順序の選択を任せ，自主的に進めていくことを促進する。こうした形態を順序選択学習とよぶ。

たとえば，「市のしせつとくらし」を調べていく学習において，ある者は公園から調べ，ある者は公民館施設から調べていく，といったように，その順序の選択を任せられる。

(4) 完全習得学習（マスタリー・ラーニング）の授業　　一斉指導での同一歩調の原則を崩し，指導の合間に個別指導を挿入し，クラス全員の学習内容の理解を図る。その途中には，何度かの形成的評価（第9章*1*参照）を行い，その結果に基づいて個別指導をしていく。この形態は，学習内容が十分に構造化され，系統的なものである算数・数学，英語，国語などで有効に用いられる。

(5) プログラム学習　　カリキュラムの設計を各単元，各教材，各概念にまで掘り下げて，あらかじめ児童・生徒の反応を予測してそれらへの対応を設計し，学習の内容・道筋を細かく決定しておく，という方法が考えられる。これをプログラム学習という。

プログラム学習は，第4章*1*でみたオペラント条件づけの原理を学習に応用したものである。オペラント条件づけでは，逐次的接近と分化強化によって目的とする行動を形成（シェイピング）していくことが行われた。この原理を，各教材の各課題を学習するのに応用したものである。

プログラム学習の基本原理は以下のように要約される。

❶ **スモール・ステップの原理**　　教授目標を階層的にとらえ直し，より小

さなステップに分解し，再構築していく。1つ前までのステップは以後のステップの先行オーガナイザーとなる。これはまた，オペラント条件づけにおける逐次的接近の原理（第4章 *1* の◆反応形成を参照）を応用したものである。

❷ 積極的反応の原理　教師からの発問は，児童・生徒の再認記憶（○か×か）ではなく，再生記憶（記憶内容そのもの）にはたらきかける。これによって，つねに既存の知識体系を反省・再生しようとし，オーガナイザーが活性化する。

❸ 即時フィードバックの原理　生徒の反応（回答）に対する正誤情報を，反応の直後に提供する。こうした情報を KR（knowledge of result）情報またはフィードバック情報とよぶ。正しい反応は大いにほめ，間違った反応は違っていることを示し，激励する。これは，オペラント条件づけにおける分化強化の原理を用いている。1人ひとりに即時に KR 情報を与えることは，一斉授業においては困難であり，コンピュータを用いた授業が工夫される。

❹ 学習者ペースの原理　学習のペースには個人差があり，プログラム学習を有効に進めていくためには，この個人差を尊重しなければならない。同じ到達目標に対して，学習者個々人のペースで学習を進めていく。

また，プログラム学習における学習プログラムは，一定の学習基準に達するまでは同じ内容を繰り返し，その後，次のステップに進むことを繰り返す直線型，ある種の反応に対しては本来とは別のステップに進める分岐型，特定の固定的な反応を繰り返す者に対してその反応形式を治療するプログラムに進める治療型といった形式がある。

このプログラム学習の形式は，第8章 *5* で述べられる CAI において，コンピュータを用いて積極的に実行されている。

ここまでの授業の形態は，基本的に教師が，いかに教えるか（how to teach）という観点から，教え方に腐心して構成されたさまざまな授業形態であった。

◆「学ぶ」授業

現在では，先行き不透明ないかなる環境・状況にあっても，それを克服し，たくましく生きていく力をつけることに力点が置かれるようになってきた。すなわち，いかに学ぶか（how to learn），いかなる学び手を育てるかに授業論がシフトしてきている。

(1) 発展課題・課題選択学習の授業　　ここでは，「教える」授業の途中から，自分たちの学習する課題を自分たち自身で選択し学習を進める。もちろん，大きな学習テーマは同一であるが，その下位課題をいくつか提示し，学習者に選択させる。多くの場合にはグループ学習の形態をとるが，最終的に全員で研究発表会を行い，ここでテーマ内での学習内容の均一化が図られることが多い。あくまでも教えることがメインで，その途上，若干の自由度を持たせた課題を与え，最終は予定したテーマの理解に全員が至る。

(2) 問題解決・プロジェクト型学習（PBL）の授業　　教師から課題の選択肢を提示するのではなく，児童・生徒自身に問題を発見させ，その解決のための学習・研究を進めていく。問題を自分たちで見つけてはその解決策を考えていくという問題解決のプロセスをたどることそのものを学習活動だとみなす。「総合的な学習」での典型的な形態である。

「問題」は，とても居心地の悪い，何とかせねばならない現在の状況（初期状態）であり，それが「解決」されたイメージ（目標状態）とのギャップを確認し，それを埋めるためにどんな手が取れるか（オペレーターの選択）を吟味し，実行する。その際，取ってはいけない手（オペレーターの制約）もあり，それらすべてを考慮・実行して初めて問題が解決される。

こうした力は，誰でもどの時代にも要求される力であり，こうした形で問題解決者としての学び手を育てていく。

その際，さまざまな情報の取捨選択・意思決定等が重要となり，かつそれは基本的に「1人」でなされるものではなく，協同（コラボレーション）も学習にとってはきわめて重要な構成要素となってくる。

(3) グループ学習・小集団学習の授業　　旧来学習は，教えられる・学ぶのいずれの形態をとるにせよ基本的には1人の力で1人の頭の中に適切な量と質の「知識」が蓄えられることを目的としてきた。

しかしながら，現実には，問題解決は周りの仲間とともに行う場面が多く，そうした共同で何かをやり遂げる経験（協同経験）はきわめて重要なこととなっている。とくにPBL型の授業，あるいは小集団での授業においては，こうした協同学習のありかたをしっかりと訓練する必要がでてくる。

第6章*4*で紹介したように，2人以上がいっしょに作業する「社会的」状況

では，促進効果とともに抑制効果もでてくる。問題を解決するという意識を持たない単なる仲良しグループのおあそびの時間となってしまうか，真正の課題（第9章2参照）として本気で取り組むか，教師の関わりがそのまま反映されることとなる。

◆ 個性を尊重した授業

「教える」授業にしても「学ぶ」授業にしても，そこではどちらかといえば，均質な，比較的個性を配慮しない授業が展開される。

ところが，児童・生徒はさまざまな個性を持った存在であり，それは，各種の学習適性（理解が早い・遅い，間違いが多い・少ないなど）に反映される。それぞれの適性にはそれに見合った教授方法があるはずであり，その点を踏まえて授業を組み立てる必要がある。いわゆる ATI（aptitude-treatment interaction: 適性処遇交互作用；第1章2参照）による教育の形態である。とりわけ，その個性が顕著である発達障害のある児童・生徒に対しては，そうした，個に合わせた授業が必須となる。

処遇は，多くは教育方法に関わるものであり，どのようなメディア・授業形態を使って教育するか，ということの選択が教師に課せられる。

◆ アクティブ・ラーニング

「教える」授業から「学ぶ」授業への変化は，教育におけるパラダイム転換ともいえる大きな流れである。これを「教育パラダイムから学習パラダイム」への転換とみることもできる（Barr & Tagg 1995）。本章での表現を用いれば「教育パラダイムから学びのパラダイムへの転換」となるし，文部科学省（2012）の表現で言えば教育から「学修」への転換となる。

いずれにせよ，児童・生徒の，自己のアイデンティティ形成と結びついた主体的な学びを学校教育の中心に据えていこうという流れができている。これは高等教育機関に対しても同様のものであり，きわめて重要な流れであると言える。

ところが一方では，「ゆとり教育」や「総合的な学習」の時間の実践による学力低下という負の遺産のみを強調して旧来の教育パラダイムの重要さを声高に主張する教師もあり，教育現場では，そうしたさまざまな主張をうまく共存させることが要求されている。

しかしながら，こうしたさまざまな形態の授業でも，そのツールとしてのICT の活用は共通に不可避であり，その基本的な考え方・有効な活用法については第8章でみることにする。

3 教師の役割

　学級集団の成員には，児童・生徒はもちろん，その指導者としての教師も含まれる。教師は教授－学習過程にリーダーシップをとると同時に，学級集団の他の諸機能においても非常に重要な役割を果たす。

　従来，教師の行動は教育心理学の中でもそれほど大きな扱いはなされなかったが，高学歴社会になるにつれ，父母は教師と同等に教育について語るようになり，教師の適性自体を父母が云々できるようになってきた。それにともない，モンスターペアレントとか，ヘリコプターペアレントとかという形で学校の外に確たるステークホルダーが存在することを強く意識する必要もでてきた。

　"As is a teacher, so is the school." という言い方がある。school は teacher 次第，もっと言えば「教育は教師次第」ということで，教育に占める教師自身のさまざまな資質・力量・人間性の重要さを述べたものである。今日では，教育を語るとき，教師の問題を抜きには語れなくなってきている。

　以下，望まれる教師の資質・力量と，教師のリーダーシップについて考えていくことにしよう。

◆ 望まれる資質・力量

　教師の資質・力量を考えるとき，資質と力量は基本的に分けて考える必要がある。

　資質は比較的静的な，教師になろうとするまでに獲得された特性で，望まれる特性としては①子どもへの愛情，②意欲と情熱，③公平さとバランス，④絶えざる探求心，⑤成長の可能性の高さ，⑥共感性の豊かさなどをあげることができるであろう。

　こうした6つの資質は，少なくとも教師たろうとする者には必須のもので，在学中にさまざまな活動を通して自己チェックすることが望まれる。

　一方「力量」は，初期段階では大学教育で直接身につけることが期待され，

学校という職場に入ってからも，日々の実践・研修等でつねに開発・発展させることが期待される力動的な特性である。

こうした資質や力量は，教師の職能（ファカルティ）という点からみていく必要がある。いわゆるFD（Faculty Development：職能開発）の視点である。

教師に採用されると，そこには「学校」という1つの社会が待っている。

子どもたちがいて，事務職員・嘱託職員がいて，同僚・主任・教頭・校長がいる。その中で，「児童の教育をつかさどる」（学校教育法第37条11項：小学校教諭の使命。中学校，高等学校にも準用）ことを本務とする教師には，授業以外にもさまざまなやるべき事柄がある。たとえば，施設・設備・環境整備に関する事柄や，PTAや社会教育団体との渉外などである。こうした職能から，以下の3種類の力量が要求される。

1つはいうまでもなく，教授的力量である。授業のできない教師はありえない。前節でさまざまな授業の形態をみたが，いずれにせよ教師はそれらを周到に計画し準備し授業に臨む。

2つ目は，指導的力量である。授業の中での指導ももちろんであるが，授業以外の生活面においてでもつねに児童・生徒に対して，人間形成的意図をもった指導が期待される。

第3に必要な力量として，集団運営的力量がある。第6章で詳しくみた通り，学級集団にはさまざまな機能があり，そうした「学級」をいかに運営していくかという力が要求される。キャリア発達にともなって，自分の学級だけではなく「学年」の運営を，さらには「学校全体」の運営を考えねばならないような状況になってくる。

こうした中でも，1つ目の教授的力量はすべての教員にとって必要な力量であり，もう少し詳しくみていこう。

教える，あるいは学ばせることができるためには，教師には上記6つの基本的な資質がなければならない。それに加えて，児童・生徒に教えたい・学ばせたいという強い動機づけがなければ「授業」は成り立たない。こうした基本的資質と動機づけという一種の人格的側面が「授業」を基本的に支えている。

それらをもとに，実際の教室での授業が展開する。その際には，教えたり，学ばせたりする内容についての正確で広範で深い知識を持つことが重要であり，

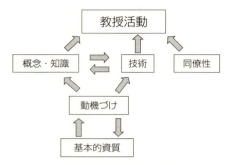

図7-3　教授的力量の構造

これを概念・知識的力量とする。大学の研究者はこの部分に卓越したものを持つことを特徴とする。

しかしながら，それはその教員が1人で「持っている」だけであり，それだけでは授業は成り立たない。それが授業に発展するためには，一定のスキルが要求される。小さな声では聞こえないし，児童・生徒の発達段階を無視しては子どもたちはあっけにとられたり退屈したりするだけである。これを技術的力量とする。

このように授業を成立させる教授的力量は，教師の持つ基本的資質と動機づけの強さのうえに概念・知識とそれを児童・生徒と共有させることのできる技術で構成されていることがわかる（図7-3）。

これらに加えて，「同僚性の重視」という，資質でもあり力量でもある最も重要な側面についても触れておく。

わが国の初等・中等教育における教師は，基本的に「職員室」という文化を持ち，諸知見や日常的情報，悩みや事例等が共有される。大学教員の「個人研究室」の文化とは決定的な違いがあり，これは，教師自身も他と協同して動くことを前提としている。上記の教授的力量の構造も，個人の内部で完結するものではない。同僚での授業のお互いの見せ合い，共同の振り返りなど，省察的実践家としての教師（Schön, 1983）にとってダイナミックにその力量を変革していく重要な契機となる。一方でこの同僚性の意識は，第6章でみた，グループ学習での子どもたち同士の社会的促進・抑制と同様の機能もあることに十分留意する必要がある。

◆ 教師のリーダーシップ

　学級集団に限らず，集団においては，諸行動の発動を促すリーダーとそれに追従するフォロアーという関係が必ず存在する。その役割は必ずしも固定的なものではなく，とくにインフォーマルな集団では，リーダーとフォロアーの交代は頻繁に行われる。

　学級においては，学級集団の発達過程にともなって児童・生徒集団そのものの中にリーダー・フォロアー関係が生まれうる。それに加えて，学級では，教師-児童・生徒間の関係もある。ここでは，指導力が期待されている教師はつねにリーダーであり，児童・生徒全員がフォロアーとなる。

(1) リーダーシップとは　　まず，リーダー（教師）がフォロアー（児童・生徒）との関係で行っている諸行動の集合をリーダーシップと考え，そうした諸行動を，いくつかの次元に収斂させてとらえる方法でリーダーシップを定義する。この方法でよく知られたものが，三隅・矢守（1989）のPM理論である。すなわち，リーダーが，集団のパフォーマンス（P）とメインテナンス（M）のどちらをどのくらい重視するか，という形でリーダーシップをとらえる。

　学級においては，P機能の重視とは学業・クラス対抗の諸行事等で高い成績をとることを重視することであり，M機能の重視とは集団の雰囲気の維持や快適な人間関係の維持を何よりも大切にすることをいう。

(2) P/M機能の発揮のされかた　　PM理論での，P機能とM機能の強さの組み合わせ（P, M両機能が強いPM型，P機能が強くM機能が弱いPm型，P機能が弱くM機能が強いpM型，P, M両機能が弱いpm型；図7-4参照）については，いちがいにどの型が望ましいと言えるものではない。

　たとえば，授業において，扱う課題の構造化が高い場合においては教師のM機能（児童・生徒の心理的・情緒的側面重視）が強いほど成員の満足感が高くなり，構造化の低い課題ではP機能（生産・成績重視）が強いほど高い満足感が得られる。高い構造化課題では，課題そのものが児童・生徒の行動を一定に方向づけているために，あえてそこを強調する必要はなく，逆に低い構造化課題では子どもたちは何をしたらいいのかわからないため，教師の「ああしよう，こうしよう」というP機能が要求される。

　また，集団の成熟度によっても期待される型は異なっている。たとえば，小

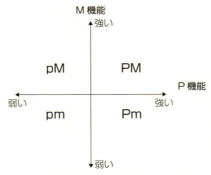

図7-4　PM理論における4つの型

　学校に入ったばかりの1年生のクラスを担当する教師にとっては，不安でいっぱいの子どもたちの安心感を確保すること（M機能重視），どういう行動をとるべきかをきちんと指示すること（P機能重視）が重要であり，PM型の指導が望まれる。ところが，高校生くらいで学級が生徒たちの「自治」でうまく動いているような場合には必ずしも教師がクラスに強く介入し，「ああしろ，こうしろ」というP的な機能は必要なくなる場合がある。

　これらは，学級集団における課業の活動や学級づくりの際の教師のリーダーシップを考えるときには大いに参考になるものである。

〔参考文献〕
◇　栗山和広（編）『授業の心理学──認知心理学からみた教育方法論』福村出版，2014
◇　鈴木敏恵『プロジェクト学習の基本と手法──課題解決力と論理的思考力が身につく』教育出版，2012
◇　主体的学び研究所『主体的学び──教育から学習へ，ICT活用へ』創刊号，東信堂，2014

第 8 章 教室での ICT 活用

　いつの時代においても，教室で営まれる営為の中心は，「教え」-「学ぶ」事柄である。時代によってみられる見かけ上の変化は，その内容（コンテンツ），授業の方法や技術（メソッド；第7章参照），それに含まれる媒体（メディア）の違いによって生じるが，とくに見かけ上の大きな違いを生み出すのが，メディアによる違いである。

　本章では，今日的な時代状況を反映したさまざまなメディアによる教育の原理と具体的な利用の形態をみていくことにしよう。その中でもとくにコンピュータを始めとする ICT（Information and Communication Technology：情報通信技術）利用に焦点をあて，教室での有効な活用方法について考えていきたい。

1　メディア・リテラシーと情報の教育化

　教師も児童・生徒も，知識の伝達や構成・獲得には特定のメディアを用いる。メディアは知識獲得や伝達には欠くことのできないもので，その意味で，知識獲得・伝達の不可欠な道具（ツール）といえる。

　最も一般的なツールは，生の音声，黒板とチョーク，ノートと鉛筆である。教師は伝えたい内容をそのままことばにしたり，文字や数値，図表を黒板に表す。コンテンツがチョーク・黒板というメディアを介して伝わることを期待する。生徒の側もそれを自らのノートに鉛筆で書き写し，これをもってコンテン

ツが伝達・獲得されたとみなす。

　この場合，チョークや鉛筆，黒板やノートの使い方は，とりたてて指導するまでもなく，日常的な生活やコミュニケーションにおけるメディアの使い方の延長である。すなわち，メディアそのものがある種「透明」なツールとなって，実際には大切な対象・内容のみが意識される，という状況である。メディアをとくに意識することなく，大切な対象・内容のみに意識を集中できる状態，すなわち，メディアを使って自由に読み書き・計算・思考等のできる状態を，メディア・リテラシーの獲得された状態とよぶ（図8-1参照）。

　口頭での直接の伝達や，黒板・チョーク，ノート・鉛筆といったメディアを利用する場合には，メディア・リテラシーはきわめて容易に得られるが，コンピュータを始めとする各種ICT機器をそうしたメディアとして使おうとするとなると，そうは簡単にはいかない。

　まず，そこにICT機器がある，という状態では，知識伝達・獲得のメディアの性格はまったく持たない。ただの「機械」らしき塊がそこにある，というだけである。黒板・チョークの場合も「モノ」がそこにある，という意味ではまったく同じであるが，それをすぐに意思伝達（コミュニケーション）のツールとして利用することができる。すなわち，メディアとしての利用可能性がきわめて高い「モノ」と言える。

　ICT機器の，教室での利用を考えるとき，まずこの，「モノ」がどの程度「メディア」として認知されるか，という点がきわめて重要になる。それは教師にとっても，また，児童・生徒にとってもそうである。

　一般に，「道具」は，自分たちの「身体」とは別のものであるから，当初はきわめてよそよそしいものである。コンピュータは，ハンマーなどと違ってそれ自体が目的を持たない道具であるから，そのよそよそしさは並たいていのものではない。ハンマーはそれを見れば何となく釘などを打ち付ける道具として使えそうであることがわかるが，コンピュータはそうではない。コンピュータがメディアとして使えるためには，その，道具としてのさまざまな知識や技能が必要になる。

　こうした事柄に費やす努力は，本来の，教科や領域の知識の伝達や獲得・構成に費やす努力とはまったく別物である。この，道具としてのさまざまな知識

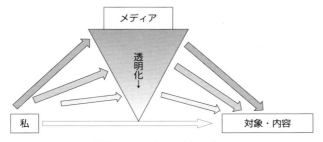

図8-1 メディア・リテラシー

や技能の獲得にいかに本気で取り組めるか，あるいは，そうしたメディア・リテラシーを持つことがいかに重要であるかを理解することが，教室でのコンピュータを始めとする ICT 利用を考える際にはまず第一に重要な課題となる。

　コンピュータを自在に操ることができ，教えたり学んだりする際に自分の身体や頭の延長としての透明な道具となったとき，初めて授業のコンテンツを問題にできるようになる。したがって，メディア・リテラシーの涵養は情報化社会においては最も基本的な要件となる。

　今日，コンピュータとほぼ同等の機能を持つスマートフォンや，タブレット型情報機器では，ほとんどマニュアルらしきものは付いておらず，その「操作」を「学ぶ」必要はない。もともとユーザーの操作性を第一義に作られた，とくにメディア・リテラシーを必要としないものであるが，コンピュータの場合，必ずしもそうはいかない。そこで，コンピュータという1つのメディアのリテラシーを高めるために「情報教育」という形でトレーニングする姿勢が「情報の教育化」という流れであり，一方，いかに今日的なメディアをツールとして利用しながら教育を行うか，というのが「教育の情報化」の流れである。

2　情報の教育化と教育の情報化の経緯

◆ 情報の教育化

　学校にコンピュータが入ってくる段階では，基本的には「情報の教育化」のスタンスがとられてきた。すなわち，学校の外の「社会」にはコンピュータが激増してきて，確実に情報化社会となりつつある中で，そうしたコンピュータ

についての活用能力を学校でどのように教育していくか，ということがまず問題となった。

　そのスタートとなる議論が，1983（昭和58）年の第13期中教審の「教育内容等小委員会」の審議経過報告で行われていることを確認しておこう。この年は「学校の情報化元年」ともよばれる。ここでは，これまでの児童・生徒に期待していた能力に代わって，「自己教育力」の育成という観点が述べられている。ここでいう自己教育力とは，後に「新しい学力観」として総称される次のような一連の能力やスキルを示している。
　○困難に立ち向かい，主体的に学ぶ強い意志
　○問題の解決に積極的に挑む知的探求心
　○主体的に目標を設定し，必要な情報を選択，活用していく能力
　○何をどのように学ぶかといった学習の仕方の習得
といったものである。30年以上経過した現在なお，その目標は継続されている。

　こうした目標のもとに，メディア・リテラシーの育成が，「情報活用能力の育成」という形で進められることとなり，情報機器の活用は同時に，当時の校内暴力等によって蝕（むしば）まれてきた学校教育そのものを，一種の「異物」を投入することによって回復しようとするものでもあった。

　その後，1993（平成5）年には中学校で「技術・家庭」科の中の一領域としての「情報基礎」という領域が設けられ，2001（平成13）年度からは，新たに「情報科」という教員免許状ができることになった。これは，これまである種趣味的な嗜好を持つ教員が「情報」「コンピュータ」に関わる部分を担当していたのに対して，きちんと制度的な枠組みを作ったことになり，ここに至って学校教育における「情報」の扱いは完全に「学力」の一部を占める，フォーマルなもの（教科としての「情報」）になったといえる。これは従来の，努力目標としてのコンピュータ・リテラシー（メディア・リテラシーの一部）獲得の発想とは一線を画し，児童・生徒に身につけさせるべき必須のアイテムになったことを示す。

　その後，高等学校には普通教科に「情報」が新設され，情報A，B，C各2単位から1科目を選択必修とするようになってきた。「情報」は完全に教育対

象となったのである。2008（平成20）年の中央教育審議会の答申以降，この科目「情報」は再構成され，「社会と情報」「情報の科学」2科目の構成になっている。とくにインターネットや電子メールの普及にともなって，情報倫理・情報モラルを持つこともリテラシーの1つと考えられるようになってきた。

以上の一連の流れを，「ゆとり教育」との関連で一覧にしたものが表8-1である。学習指導要領の改訂（左から3列目）が行われ，報道機関を通して一種の「スローガン」が周知され，1，2年後に各学校種で順にそれが実施され（左から2列目の網掛け部分）ていく様子を表している。またそこに，情報教育がどう扱われたかを右から2列目に付記している。

◆ **教育の情報化**

その後，学校の情報化対応は，とくにそのハード面では着実に実績をあげてきた。文部科学省は毎年同じフォーマットの調査を全国の学校に対して行い，詳細なデータを取り続けてきた。

1つの例として，学校へのコンピュータ設置率をみると，学校の情報化対応元年の1983（昭和58）年度は，小学校でわずか0.6％，中学校でも3.1％，高等学校においてすら56.4％の学校での設置（しかも「1台以上の……」という限定付きでこの値である）であった。今では設置率云々を語ることそのものが空虚な議論となるほど，どの学校にも当たり前のものとして設置されている。

コンピュータの設置にともなって，それらを使った教育の改善が図られる必要がある。こうした，情報機器・ICT活用によって教育全体の質の向上を図るながれを，教育の情報化とよぶ。

教育の情報化は，3つの側面を持つ。1つは，「情報の教育化」の流れで，情報活用のリテラシーを育てるいわば情報教育である。2つ目は最も重要な側面で，各教科等の指導でICTを最大限に活用し，教育の質を高めようとするものである。3つ目は，いわば教育のインフラ整備部分で，教育活動における各種公務を情報化し，教員自身の過度な負担を軽減し，その分，児童・生徒と向き合う時間を長くして教育の質を高めようとするものである。

この教育の情報化における2つ目の側面，すなわち授業でのICT活用について，その基本的な原理を十分に把握しておくことはきわめて重要である。

表 8-1　情報教育とゆとり教育

西暦	元 号	文部省・文部科学省の動き			世 間	
		学習指導要領改訂	スローガン	特　徴	一般的とらえ方	教育的出来事
1976	昭和51年					
1977	昭和52年	改訂	ゆとりある充実した学校生活の実現＝学習負担の適正化	教科内容の絞り込み		
1978	昭和53年					
1979	昭和54年					
1980	昭和55年				ゆとり教育開始(1)	
1981	昭和56年					
1982	昭和57年					
1983	昭和58年					
1984	昭和59年					
1985	昭和60年					
1986	昭和61年					
1987	昭和62年					
1988	昭和63年					
1989	平成元年	改訂	社会の変化に自ら対応できる心豊かな人間の育成	生活科新設・道徳教育充実		
1990	平成2年					
1991	平成3年					
1992	平成4年		新しい学力観			第二土曜日休日化
1993	平成5年				教育の情報科本格開始(中:情報基礎開始)	
1994	平成6年					
1995	平成7年					第二・四土曜日休日化
1996	平成8年		15期中教審1次答申「21世紀展望」ゆとり，生きる力			
1997	平成9年					
1998	平成10年	改訂	基礎・基本を確実に身につけさせ，自ら学び自ら考える力などの「生きる力」の育成	内容厳選・総合的な学習新設		
1999	平成11年					
2000	平成12年					
2001	平成13年				情報科開始	
2002	平成14年				ゆとり教育開始(2)	完全学校週5日制
2003	平成15年					
2004	平成16年					PISAショック
2005	平成17年					
2006	平成18年					
2007	平成19年					全国学力・学習状況調査(1)
2008	平成20年	改訂	「生きる力」の育成，基礎的・基本的な知識の習得，思考力・判断力・表現力等の育成のバランス	時間・内容増，小:外国語活動導入，総合的な学習削減		全国学力・学習状況調査(2)
2009	平成21年					全国学力・学習状況調査(3)
2010	平成22年					全国学力・学習状況調査(4)
2011	平成23年					
2012	平成24年				ゆとり教育終焉(?)	全国学力・学習状況調査(5)
2013	平成25年					全国学力・学習状況調査(6)

3 ICT 活用の基本理念

　ここで，なぜこれほどまでに，教室での ICT 活用を国レベルでも促進しようとするのかについて考えてみよう。
　そこに，1つは政治・経済的な施策の一環，という側面は確かにある。
　西之園（1987）も述べる通り，旧来の視聴覚教育や放送教育といったものは，情報伝達のメカニズムを分析した結果として，さまざまな教育機器がどうしても教室に必要であると結論されて始まったものでは必ずしもない。とくにわが国においては，高度経済成長後の企業戦略と国の方針に基づいて教育現場が一定の方向に押しやられた，という感を持つ教育学者が多い。いわゆるテクノロジー・プッシュの状況である。
　これは1つには，そうした機器が1つの例外もなく，「電気」エネルギーを必要とする点にあり，電気のコンセントなきところには教育は成り立たないのか，という否定的印象を持たせたことに由来する。従来，「電気」のない時代にも教育は行われていたのであり，それは十分条件ではあっても必要条件ではない，という見解が成立する。
　これに加えて，各種視聴覚機器が十分な教育学的・心理学的検討に先行してどんどん教室に入ってくる状況が生まれ，現場では，電子機器好きの物好き教師に任せておけばいい，という風潮が生まれるに至った。
　しかしながら，社会が電気依存の情報化社会に変化し，すっかり定着し，現在では高度情報化社会と称されるようになっているのも事実である。子どもたちの周りには生まれながらにさまざまな情報機器がとりまいており，社会もそれらを当然の道具として使って成立している。
　こうした中で，社会の要請に汲々とするのではなく，学校・教育・教室において，こういう理由で是非必要なのだ，という確たる「哲学」が生まれ，それがこうした学校・教育の情報化を先導する必要がある。デマンド・プルの発想である。
　その先駆けは，実は ICT 活用を考える前の，いわゆる視聴覚機器の使用の際にもいくつかの考え方として存在していた。不幸なのは，こうした視聴覚教

育というとらえ方をしていた時代は，その活用についての理念・理論としてはたしかに存在していたが，まったく関係のないところで，企業の論理としてそうした機器が生産され，一般市場の需要が枯渇すると「学校」という巨大なマーケットに照準を合わせ，まさにテクノロジー・プッシュという形で学校にどんどんそうした機器が入ってきた時代であったということである。30〜40年前の教師は（あるいはそのころ中高生であった現在の成人は）職員室や準備室の隅っこにほこりをかぶって存在した新品の各種機器を思い出すであろう。使いたいからそろえたのではなく，そろえたけど誰がどう使う？ という時代であったのである。そのころの「視聴覚教育の理論」を振り返ってみよう。

◆ **視聴覚教育の理論**

　ここでは，さまざまな視聴覚機器を用いた教育を視聴覚教育と単純に定義する。その用い方はさまざまあるが，その際の理論的枠組みについて中野（1968）は次の5つをあげている。

　(1) 多感覚教材論　　教科書の講読や教師の話を聞くのにくらべて，映画やテレビは，視覚と聴覚を同時に働かせる。入力感覚のモードが多いほどその教材の学習は効率があがる，という考え方。

　(2) 具体・抽象論　　視聴覚機器を使ったメッセージは，教師のことばや教科書のメッセージより，より具体的なものであり，しかもそれは具体そのものではなく「半具体」ともよぶべきもので，こうしたアナログ情報を通してより容易に一般化された知識を獲得し，それが現実場面に適用できるようになる，という考え方。

　(3) 最適教材論　　ある学習者にとって，ある学習を行うためには，最も適した教材があり，その教材を提供することが視聴覚教育の主たる課題である，という考え方。ATI（第1章 *2*，第7章 *2* 参照）の A（aptitude）を「教科内容」に置き換えたもの，と考えることができる。

　(4) メディア特性論　　たとえば放送メディア（テレビ）における情報伝達の定時性，一方向性，継続性，系統性といった特性が，それにふさわしい教育観や教育方法，教師像を生み出す，という考え方。利用するメディアの特性が教育現場を大きくゆさぶると考える。

　(5) 個別集団最適教材論　　上の最適教材論が視聴覚教材の集団提示を基本

に考えられていたのに対して，ここでは，プログラム学習のような形で具体的に個別に最適な形で実現すると考える。

◆ 視聴覚機器の機能の分類

　以上のさまざまな考え方の中でも，教室での児童・生徒の認識の発達過程を考慮に入れた「具体・抽象論」は，多くの心理学研究者が扱うものとなった。その中で，J. S. ブルーナー（Bruner, 1961）は，教育過程を支える教具の問題として，教具を以下の4つに分類した。これは，さまざまな視聴覚機器を子どもの認識発達の観点から考える際に有効な分類である。これをもとにして，今日使われる視聴覚機器を分類してみよう。

(1) 代用経験用装置　　諸事象についての「直接的」ではあるが代用的な経験を児童・生徒に与える道具。直接経験のできない諸事象を，より直接的に経験させる。映画やテレビ，ビデオ，スライド，録音物，書物等がこれにあたる。後者に至るほど「直接性」のレベルが低く，より抽象化の努力を必要とする。

(2) 模型装置　　諸事象の現象型（phenotype）の観察からその元型（genotype）を理解することが教育の1つの大きな目標であるが，その理解の道具としての視聴覚教材。

　自然科学における実験，数学等の思考実験，積み木，図表，スライド，映画，テレビ，コンピュータ・グラフィックス等が使われる。

(3) 劇化装置　　児童・生徒をより密接に現象や観念に結びつけるよう導くための劇的効果をねらう教材・教具。身近にいない生物の実写映画や記録映画がこれにあたり，ブルーナーは，教師自身がこうした劇化装置となることも期待している。

(4) 自動装置　　ティーチング・マシンに代表される，教授内容の自動的伝達・教授装置。旧来からある，コンピュータを用いたCAI（本章5参照）もこれにあたる。

◆ マルチメディア・コンピュータの特性

　今日，比較的安価に購入できるようになった，かなりスペックの高いコンピュータは，実は，上で4つに分類した装置のすべての特性を1つの機器でまかなうことのできるものなのである。これが，マルチメディア・コンピュータを教室で利用する，最も大きな理由となる。

すなわち，コンピュータは，映画やテレビ，ビデオ，スライド，録音物，書物，辞書，百科事典のすべての役割をこなすことができ，しかも，その「機器」の変更を，キー押しやマウスクリック1つで簡単に，かつ，学習者自身で行うことができる。このように，従来なら1つひとつの機器に習熟し，その「リテラシー」を獲得するのに多大な労力と時間を費やすことを要求されたことがらが，「機器」としては1台のコンピュータおよびその周辺機器に習熟することで，あとはどのようにでもメディアを変更できるようになっている。

　授業のたびに各種メディアを混在させ（メディア・ミックス），その1つひとつの習熟を要請されては，それでなくとも多忙な教師がそれらを積極的に使おうとするはずがない。こうした，旧来の視聴覚機器でのメディア・ミックスの方法と，マルチメディア・コンピュータ利用とは大きく異なる点を十分に理解する必要がある。

　その1つは，メディア・ミックスでの利用は基本的に，教師主導で，児童・生徒は見せられ聞かされるという受動的な態度が要求されるのに対し，マルチメディア・コンピュータでは，基本的に子どもたち自身が操作する。2つ目は，メディア移行のシームレス化で，マルチメディア・コンピュータでは動画をみることと百科事典で調べることが同様の操作で行える。

　こういった特徴の重要さを，知識獲得・運用における知識表象のレベルの観点からみていくことにしよう。

4 ICT活用の理論的根拠

◆ 知識表象のレベル

　知識は通常，2つのタイプの知識に分類される（第5章 *1* 参照）。1つは，「……は……である」という形で表される宣言的知識であり，もう一方は，「……すれば……になる」「……するには……する」といった，一連の手続きに関する知識で，手続的知識とよばれる。

　こうした知識は，その表象のレベルおよび表象されたものに対して付与するラベルの種類によって以下の4レベルに分けることができる（田中，2002）。

　(1) **レベル0**　　感覚・運動，経験のレベルの「知識」。モノやコトに直接接

図8-2　レベル1の知識（「サイン」利用の世界）

して，その結果として得られる各種の属性・値間の関係についての知識をいう。

たとえば，目の前に赤いバラの花をみて，そのにおいをかぎ，とげの痛さを実感し，花びらの構成の美しさに感じ入ったとしよう。このときの，それぞれの体験そのものが，「赤いバラの花」についての一種の「知識」となる。先行する経験や体験が十分なときは直ちに言語化された知識に変換されうるが，初めての場合，「言語」のレベルである必要はなく，経験・体験そのもので十分である。したがって，このレベルにおいて中心的な心理学的機能は感情や情動である。また，それを促す対象は「現物」そのものである。

(2) **レベル1**　現物そのものではないが，限りなく現物に近いものを操作対象とした知識，それらに関する知識をレベル1の知識とする。

レベル0の知識が目の前の現物のバラそのものについてのものであったが，ここでは，その一部，あるいはそれを限りなく現物に近いものに構成し直したもの（模型，モデル）を使った知識をいう。これは場合によっては3次元の模型であったり，2次元の略図であったりする（図8-2）。ブルーナーのいう代用経験用装置や，模型装置をメディアとして使う場合，こうしたレベル1の知識を構成することになる。ここではビデオやDVD，写真や模型など，背景の具体物・現物を指し示す「サイン」を用いる。

(3) **レベル2**　ここに至ってはじめて，主体と対象との間に「表象」が介在することになる。

表象とは，目の前に感覚・知覚するもの（pre-sense）そのものから離れた，頭の中あるいは身体図式として再び現れる（re-pre-sense）ものであり，これには通常，何らかのラベルがつけられる。

そのラベルが，きわめて個人的なものである場合，これを個人的シンボルあるいはサインボル（田中，2000）とよぶ。たとえば目の前の「バラ」なるもの

図8-3 レベル2,3の知識（表象の世界）

に「テハ」とか「QVZ」とか名付けて，それを構成要素として知識を獲得したり運用したりする場合がこれにあたる（図8-3）。

　通常，幼児の言語獲得の段階で，親をはじめとする人間の社会環境がこれらを以下の，レベル3のシンボルに変えていく。

　しかしながら，このレベル2の，表象に対しての自分勝手なラベル付与，そのラベルの運用，という側面は認知発達にとってきわめて重要なことがらであり，単に，以下のレベル3への過渡的な時期，とは言えない。すなわち，表象したものにラベルを付与し，それを運用するということは，その背後の具体的なモノ・コトの，自分にとっての「意味」を読みとって利用していることであり，以後の，意味に満ちた生活を保証するには，このような恣意的なラベル付けとその運用の機会を十分にもたせることが重要となる。

　(4) レベル3　表象されたものにラベルが付けられ，そのラベルが，一定の社会的文脈の中で公共に用いられているとき，あるいは，そのラベルが背後の表象物とは離れて，ラベル自体で特定の振る舞い方を規定するとき，こうしたラベルを用いる知識をレベル3の知識という。

　すなわち，表象されたものについてのラベルが，公共に語りうる「シンボル」としての特徴を十分に備えているとき，そうしたシンボルを用いる知識をレベル3の知識という。

　学校で用いる教科書に書かれた知識は典型的なレベル3の知識である。すな

わち，そこに書かれた文章はそれぞれの単語・ことば，数値・数式からなり，それぞれは背後に現物や具体的な行為を含んでいる。ここで用いられるそうした各パーツは，実はそれぞれのパーツの振る舞い方を規定した特定の「文法」（ここではシンタックスとする）に埋め込まれている。

　たとえば，2本のバラの花を較べて「この，バラ，は，あの，バラ，より，花びら，が，大きい」と表現したとする。この表現は，背後に2本のバラの花があり，その花びらの大きさの比較をしている状況を指し示していると同時に，そのシンタックスの制約から「この，あの，大きい，バラ，より，は，花びら」という表現にはなりえない。個々のパーツはシンタックスの規定を受け，振る舞い方が決まっているのである。

◆ 知識表象のパラドックス

　このように，レベル0からレベル3までのそれぞれのレベルの知識の特徴をみていくと，そこには避けがたいパラドックスが含まれていることに気づく。

　知識構成・運用の恣意性，あるいは自由度の点からみれば，レベル0の知識が最も高く，レベル3の知識はきわめて窮屈な規制を受けていることがわかる。

　次に，論理的思考やコミュニケーションの経済性や公共性の点からみると，操作する対象に含まれる諸規則や諸規定のレベルが高いほど経済性や公共性が高いことになり，レベル3の知識がこの点では最も有利であり，レベル0ではこの側面は最も低いことがわかる。

　これは，図8-4に示すような，知識表象のパラドックスとしてあらわすことができる。

　知識に感情や情動を求めるのであればレベル0の知識体験が重要であり，逆に知識の効率や公共性を優先すれば，その意味や意義を脇に置いてレベル3の知識体験を徹底すればよい。

　これらの諸レベルの両立は基本的には不可能であり（パラドックスを持つ），それでもなお，知覚・感情，情動や価値意識を含む公共に語りうる知識を求めるとすれば，こうしたパラドックスを持つ異なったレベルの知識を行ったり来たりする必要がある。

　すなわち，とらえ直したりわかり直したりする努力を学び手自身が行い，教師を中心とする学校の環境がそれを保証することが重要なのである。

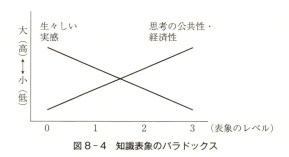

図8-4 知識表象のパラドックス

　マルチメディア・コンピュータは，こうした異なるレベルの知識表象を学び手である児童・生徒自身で行きつ戻りつすることを可能にする最も有効なメディアであり，このことこそが，教室での学びにコンピュータが利用される最も大きな根拠となる。
　以下，そうした特性を生かした利用法をそれぞれみていく。

5　教室でのICT活用の形態

◆ コンピュータで学ぶ

　情報教育がコンピュータそのものをとりまくハード・ソフト環境を教育することを目的とし，以下に述べるCAIがコンピュータそのものに援助を求めて教授活動をしていくのに対し，コンピュータを，もっと身近な，紙と鉛筆の代用のような存在として積極的に使っていこうとするのが，学びのツール（道具）としてのコンピュータ利用である。
　ここでは，まず，メディア・リテラシー形成のための利用と，それが十分にできあがったときの，まさに自分あるいは自分たちの学びを拓いていくための道具としての利用という2つのレベルが考えられる。
　(1) メディア・リテラシー形成のための利用　　ここでは，コンピュータを「機械」として学ぶこと（いわゆる「情報教育」）よりも，コンピュータという，文字も図形も操作できる道具を媒体として何かをする，それを使って何でもできるのだという実感を持つ方向に持っていくことが肝要となる。
　❶ **ワープロ**　　頭の中に涌いた「ことば」を外に表現する手段はこれまで

長い間紙に鉛筆で書くことであった。今日の社会においては，私的な手紙等を除いてワープロ（ワードプロセッサー）にほとんど置き換わっている。

日本語のワープロは1978年，東芝が日本初のワープロ専用機を発売したことから始まった。それ以前は単漢字拾いといって，JISコードを打って漢字に置き換える，という程度のものであった。これが，「読み」で拾えるようになり，それからはめざましく進歩した。

今日，どのコンピュータにも日本語ワープロソフトが用意されており，ユーザーの好みで使い勝手の良いものも選択できる。

日本語ワープロは，読みを打って漢字に変換するという手間が必要であり，その習得は容易なものではない。また，その方法も機種によって違いがあり，さらに困難なものにしている。しかしながら，基本的な構造は同じもので，自己表現のツールとしての「ことば」の，さらにその表現のツールとしてのワープロに慣れ親しむことは学校においても重視されてよい。早いうちに，ゲーム的な手段を使ってタッチタイピングに慣れておくことは重要である。

❷ 描画・作図　　ワープロに対して，コンピュータの描画機能をフルに生かしたのが種々のお絵描きソフトである。これは，絵画的イメージを表現する手段であり，よりとりかかりやすい。

絵画的イメージはレベル2の知識表象の典型であり，それを他者とのコミュニケーション手段として用いようとする際，できるだけ他者との共約部分を探ろうとする。そうした外への表現の動機づけを高めるツールとしても重要である。思考の外化・可視化の試みである。

❸ 表計算ソフト　　上の，文字や図形に加えて，コンピュータ利用の最も大きな利点の1つに，膨大な量の数値や複雑な計算を簡単に自分で行え，かつ，その結果を視覚的なグラフに表すことを可能にするソフトの利用がある。いわゆる「表計算」ソフトで，これはその名称から想像される以上に多様な機能があり，利用価値はきわめて高い。

複雑なことがらを表の形で分類することは，「理解」を求める人間の本性の1つ（Foucault, 1966）であり，数量だけに限らず，さまざまな質的な事柄も表の形でとらえていく経験はきわめて重要である。マイクロソフト社のExcelなどでは，きわめて複雑な事象を表にしてしまいさえすれば，あとはピボットテ

ーブルなどの形で非常に簡単に計量化できることが実感できる。数学の授業で「計算」のツールとしてのみ利用するのではなく，むしろそうした，日常生活の，普通の「分類」「整理」の道具として習熟することが重要である。

(2) 学びを拓くツールとしての利用　ここでは，それぞれの発達段階における子どもたちの「意味」の世界をよりよく納得させる，「わかる」体験をもたせるのにコンピュータを使う。「わかる」ことは，知識を増やすことではない。疑問を持った事柄に対してあれこれと操作を試みて，既存の知識，こうではないかという予測・期待にそのできごとがまるごと取り込める，こうした状況をいう。そのためのメディアとしてコンピュータが用いられることは，前節でも述べた通り，子どもたちへのコンピュータの与え方の基本であると考えられる。

とくに総合的な学習の時間やPBL型（第7章2参照）の授業においては，教科的な「課題」をこなすことより，生活していくうえでのさまざまな「問題」を解決していく，その方法を身につけることが重要な課題となる。このとき，十分なメディア・リテラシーを身につけていれば，どのような情報をどのように獲得し，どのように捨象し，どう組み立てどのように発展させ，新たな情報を発信していくか，というトレーニングを教室の中で行うことができる。

この，コンピュータを通して（使って）「何か」を仕上げるという体験は，先の知識表象のパラドックスをつねに念頭に置いておかないと，単なる「遊び」となったり（レベル1：ビデオやDVD，インターネットでのストリーミングに熱中したりする様子），逆に単に抽象的な文字や数値の操作のオーソリティとなったり（レベル3：インターネットや他者からのファイルをカット・アンド・ペーストすることで何かすごいことをしているような気になる様子）する。これらは学びのツールとしてのコンピュータ利用の際にとくに気をつけなければならないことがらである。

◆ **コンピュータで教える**

(1) CAI　コンピュータを用いてさまざまな教科内容を直接教授していくシステムをCAI (computer assisted instruction, または computer aided instruction) とよぶ。一般的には，「学習者が，コンピュータあるいは学習端末を直接操作しながら個別に（あるいはグループ等で）学習する教授学習システム」と定義さ

れる（堀口，1988）。学習者の学ぶ姿勢を重視するという意味でCAL（computer assisted learning）とよばれることもある。

コンピュータがまだまだ高価で学校に導入されるのが困難であったころには，スライド等に焼き付けられた情報の提示・統制等にのみコンピュータが用いられていたが，現在では，文字通り，情報作成，提示，学習記録・分析等すべての過程をコンピュータが担うようになってきた。

近年はこれらにインターネットの各コンテンツへのアクセスとリンクした，より「学び」に近いツールとしてのeラーニング（e-learning）の考え方が採り入れられているが，基本的な構造はCAIに集約されている。

CAIには，学習内容によって次のようなさまざまな形のものがある。

❶ **フレーム型CAI** 教授者は教授内容を1つひとつのコマ（フレーム）に作成し，それぞれで学習者からの入力（回答）を待つ。入力内容によってさまざまなKR（フィードバック）情報（第7章2参照）が出され，あらかじめ準備された学習ループに分岐し，最終的に1つのフレームを学習し終わったところで次のフレームに進む。

現在のCAIは，こうしたフレーム型のものが主流であるが，1つひとつのフレーム作成に膨大な時間がかかり，1つの学習コースのプログラム（コースウェア）を作るのに教師の多くの努力が必要とされるという難点を持つ。これは情報化の波にそって大きな反省点となり，現在では，教師のコースウェア作成の支援システム（オーサリング・システム）が各種作成・市販され，教育活動に無駄のないよう配慮されている。

こうした型のCAIは，多くが，コンピュータが学習者を個別に指導していく（チューターの役割を担う）スタイルをとるので，チュートリアル様式とよばれる。

❷ **自動生成型CAI** 算数・数学のように，繰り返し学習の多い教科・課題については，問題や説明をあらかじめコンピュータに組み込み，学習者の入力内容にしたがって次々に自動的にコースが展開していくCAIが好まれる。これを自動生成型CAIとよぶ。

ここでは，課題を自動的に生成するためのプログラミングの技術が教師に要求され，学習者にとってはかなり単調な学習となってしまう可能性がある。し

かしながら，繰り返し訓練することの重要な教科においては非常に有効なコースウェアとなる。

ここでの学習様式はドリル・プラクティス様式とよばれる。

❸ **シミュレーション型CAI**　算数の鶴亀算や物理の放物運動などは，一定の方程式のもとで展開される「もの」の動きを実際に観察すると理解が容易である。これをコンピュータのディスプレイ上で実際に動かしてみる，といった形で模擬実験を行う。こうした形のものをシミュレーション型CAIとよぶ。

学習者は，初期値や条件等を自由に変えることができ，そのつどの結果を即座に見ることができる。ここでも，動画作成のプログラミングの知識が必要とされ，こうした形のCAIは，後に述べる表現ツールとしてのコンピュータ利用で単発的に行われることが多い。

❹ **データベース型CAI**　事典や図鑑があらかじめデータベースとして入力されており，それらの資料にあたりながら学習を進めていく，いわゆる調べ学習的なCAIである。事典や図鑑そのものの電子化は，CDやDVDの形で多く市販されている。これらに加えて，インターネット利用の電子辞書・電子図書館は今後もますます充実していく。

CAIは伝統的教授法に固執する教師からは単なる一時的遊びのようにとらえられがちであるが，学習者1人ひとりの学習の履歴を記録でき，個々人の学習傾向を正確に把握できる点，個々の能力に応じた教材が準備できる点等で非常にすぐれた教授法といえる。唯一の難点は，「教科」学習的な内容に限ってしか利用できない，という点である。

(2) TAとしての利用（PowerPoint利用）　CAI的な利用は，事前に教師がプログラムを作成し，あとは児童・生徒の個人のペースに任せて学習させる方法であるが，従来の，教師が複数の児童・生徒の前で一斉に授業を進めていく方法においてもコンピュータ利用の道がある。ティーチング・アシスタント（TA）的な利用方法であり，授業を進める教師が，あらかじめ作成した文字や画像・音声等を，コンピュータを通して自由にコントロールしながら授業を進める。マイクロソフト社のPowerPointというソフトがよく用いられる。

ここでは，まるで複数の補助教員を従えているかのように，さまざまなメディアを教師のペースで自在にコントロールできる。板書するように文字を1文

字ずつ提示したり，提示時に音を出したり，画面の斜め方向から「ヒュッ」と現れたり，自在な表現ができる。

また，あらかじめ用意した動画（ビデオ画面等）や音楽・音声，インターネットのサイトへのアクセスも瞬時にでき，教師数人分の仕事を1人でこなすことができる。

この際，授業を進める教師の自己満足に終わらないよう，また，過度の装飾をして本来の学習内容を逸脱してしまわないよう，教師自身が気をつけねばならない。有効さの評価と冗長さの回避とのバランス感覚がきわめて重要である。

◆ コンピュータで表現する

マルチメディア・コンピュータは，繰り返し述べる通り，音，画像，映像，文字，数値表現がきわめて自在にできるメディアである。

学校において「表現」が要求される各教科・内容（音楽，図画工作・美術，書道，作文等）では，従来，アナログの表現が要求され，そのアナログ表現メディアのリテラシーを持たない児童・生徒には非常に苦痛な時間となっていた。

たとえば，音楽の時間。「作曲」が課題となったとき，幼いころからピアノに習熟した子は，ぽろぽろ弾いていればなんとなく曲ができ，キーと対応させて五線譜にそれを書き写せばいいが，そうでない子にとっては，まったくの未知の課題となる。後者の子は，仮に内部にあふれんばかりの音楽的才能があっても，それを表現する手段を持たないため，「能力がない」ということになってしまう。

マルチメディア・コンピュータは，こうしたアナログメディア・リテラシー格差を埋め，「コンピュータ・リテラシー」という文脈の中で少なくとも一定の表現ができるように指導可能である。具体的には各種の作曲ソフト，音源ソフト等を自由にあやつり，本当に自分の表現したかったものに限りなく近いものになるまで何度もやり直して完成することを可能にする。

こうした，表現ツールとしてのコンピュータ利用は，従来のクラスにはなかった，個々の児童・生徒の才能の再発見という，劇的な効果をもたらす可能性を秘めている。相互不信や無視・無関心から生まれるさまざまな学校病理現象を改善する，1つの重要なきっかけとなる。

◆ コンピュータでコミュニケーションする

(1) インターネット利用　　インターネットが各普通教室に配備され，日常的な授業の中で有効に利用される。

その最も多い利用が先の，学びのツールとしての利用，とりわけ，日々更新の膨大な各種データベース（各種ウェブサイトを含む）へのアクセスであろう。こうした，調べ学習の問い合わせ先的な利用は，インターネット本来の機能を十分に使ったものであり，知の共有（シェアリング）を実感できる大切な機会である。

同時に，総合的な学習の場面等で要求されるのは，上記のような，完成したデータベースへのアクセスだけではなく，まさに構成中の「知」を，他の同等の作業をしている人たちと空間を越えて協同作業するという利用法である。具体的には，インターネット回線を利用してテレビ会議室を実現し，自分たちの手法・方法・結果等と，先方のそれとを比較検討しながらより深い「研究」へと進めていく，そういう利用法である。

このような，自分たちの協同作業としての知の構成，他者への公開とその反応受容，より深い議論の発展といった繰り返しは，総合的な学習やPBL型の学習の場面で最も要求される本質的な営為であり，ぜひともこうした「学びの共同体」的な利用を日常的な風景にしていく必要がある。

(2) 電子メール（eメール）・SNSの利用　　eメールの利用は，すでにスマートフォンや携帯電話を通して日常化している。スマートフォンや携帯電話そのものの携帯が低年齢化しており，たった12個のキーで，すさまじい速さで漢字かなまじりの通常の日本語を打てる中・高校生もめずらしくない。

eメールやSNS（social networking service）はコミュニケーション・チャンネルの1つとして，確実にわが国の文化として定着してきた。スマートフォンや携帯電話でのeメールは，キーボードの違いから，コンピュータ利用のeメールとは違ったまったく新しい「文化」と言ってもよいであろう。

コミュニケーションは，従来，相手との直接対面での会話で成立するものであるが，実は昔からわれわれは，それ以外のさまざまなコミュニケーション・チャンネルも持ってきた。

直接の対面から音声情報をはずした文字情報である手紙・ファクス，あるい

は直接対面から視覚情報を取り除いた電話，といったように時と場合に応じてさまざまなチャンネルを使い分けてきたのである．

eメールやSNSは，着信・発信がいつでもどこでもできること（とくにスマートフォンや携帯電話利用の場合）が，これまでにないメディアの特徴となっている．言い換えれば，アドレスを知っている相手とは，その気になればいつでも連絡をとることができる，という常設人間関係チャンネル確保ともいうべき性格をもっている．

これは実は，対人関係不安等から生じる，不登校等の学校病理現象の解消にも役立つ，新たなチャンネルの1つであり，積極的な利用によって学校生活の充実に貢献できる道が開けている．

同時に，常設人間関係チャンネルは，それを持っていることだけで安心し，実際にはそのチャンネルを使わないという人間関係の稀薄化をも生み出す危険性をはらんでいることも忘れてはならない．また，過度な即応性を要求する一部のSNS等では結果的に相手にスマートフォンや携帯電話への常駐体制を強要していることになり，新たなメディア依存体質や病理現象を生み出す源ともなっている．

6 教室外でのICT活用

先にも記した通り，教育の情報化が持つ側面の1つに，教育のインフラ整備という部分がある．すなわち，教育活動における教員の各種公務を情報化し，教員自身の過度な負担を軽減し，その分，児童・生徒と向き合う時間を長くして教育の質を高めようとするICT活用方法がある．旧来これは，教師自身の教授行動をコンピュータで支援するCMI（computer managed instruction）システムとよばれてきた．

(1) 授業の業務　　教師の教授行動には，授業の準備，実施，事後の評価のそれぞれの過程が含まれる．それぞれの過程でコンピュータがどのように用いられるか見ていこう．

❶ 授業の準備　　教育目標を構造化・階層化してとらえ直し，毎回の授業の下位目標をはっきりと見定める際に用いる．

さらに，教材のデータベースを作成したり，既存の教材データベースにアクセスし，適切な教材を選択したりして，資料を作成する。PowerPoint 利用の場合は，各スライドを作成する。

❷ 授業の実施　　CAI を実施する際は授業そのもので用いられ，通常の授業においても，各小単元での生徒の学習記録の形成的評価等を行う際にコンピュータを用いる。

❸ 授業の評価　　各種テストを実施した際のデータをコンピュータに入力し，ATI（aptitude-treatment interaction）分析等を通して今後の最適授業法，教材等を検討する。また，ルーブリックやポートフォリオ（第9章参照）を用いた授業全体の質的な反省のうえで，今後のカリキュラムの検討を行う。

(2) **教育管理業務**　　各教師の担任の生徒についての各種成績一覧や，クラブ活動の記録，教室だよりや父母への連絡等にコンピュータが用いられる。ここでは表計算ソフトや各種データベースソフト，DTP（desktop publishing）ソフト等が好んで用いられる。時間割作成等についても多くのソフトが市販・開発されている。

また，教師に限らず，事務職員においても，学籍記録の更新等でコンピュータは不可欠のものとなっている。

(3) **図書館の蔵書管理・メディアセンター的業務**　　小・中・高等学校すべての図書館の図書がコンピュータ管理されるようになってきた。小・中・高の学校においては，書庫は通常開架の形式をとっているので，所蔵図書目録のデータベースを作ることよりも，貸出業務をコンピュータ化することのほうがはるかに重要なことになる。限られた図書を多くの生徒が利用するので，その回転は整然と行われる必要がある。コンピュータの検索・管理能力，インターネット接続での他の学校図書館との連携，公立図書館との連携に十分に生かすことが重要である。

それに加え，2003（平成 15）年度から始まった，12 学級以上の規模を持つ学校への司書教諭の配置を契機に，学校図書館はその学校のメディアセンター的な色合いがより強く要請されるようになってきた。蔵書管理業務に加えて，こうした，校内に散在するコンピュータ（ハード）や，各種教材の資源（ソフト）を，インターネット・イントラネットを利用してより有効に管理・運営するこ

とが期待される。司書教諭と一般の教諭のチームワークが強く要請される。

(4) 事務管理業務　今日，学校全体の事務についてもコンピュータ利用は不可避である。学校事務は，各教育委員会との連絡，同じ管轄区域内の学校との連絡，生徒・保護者の学籍・名簿管理といったやや特殊な機能を含むものであるが，日常的な物品の購入，給与，在庫管理，人事管理，会計等については，一般企業での事務とその機能に変わりはない。

また，個人情報の管理や漏洩の回避という点からも個々の教師が持ち運び可能な外部記憶媒体（USB等）を持ち歩くのは危険であり，この点からも，学校における校内LAN（local area network）のシステムづくりはきわめて重要である（文部科学省，2010）。しかしながら，さまざまな思惑が交錯してなかなか進まないのも事実である。本章で紹介したような，子どもたちの「わかる」授業，「納得」のいく授業をサポートし，豊かなコミュニケーションを育てる意味でも，教師1人ひとりがICT活用に対しての一定の見識を持ち，主体的に活用していく必要がある。

〔参考文献〕
- 赤堀侃司・谷中修吾・つくば市総合教育研究所（編）『21世紀のICT教育とその成功の秘訣』高陵社書店，2011
- 荒木貴之『日本発21世紀型教育モデル――つなぐ力が教育を変える』教育出版，2010
- 水越敏行・久保田賢一（編）『ICT教育のデザイン』日本文教出版，2008
- 中川一史（監修）『ICT教育100の実践・実例集――デジカメ・パソコン・大型テレビ・電子黒板などを使った，今すぐ始められるICT教育』フォーラム・A，2011

第9章 教育評価の方法

　教育評価というと，一般には「学力による序列づけ」というイメージが強いのではないだろうか。しかし，教育評価は単なる序列づけを越えた，まさに教育的な営みであり，教育目標の実現のために欠かすことのできないものである。評価の対象も生徒（以下，「児童・生徒」の意味で「生徒」と表記する）の学力だけでなく，きわめて広範囲にわたる。この章は，教育評価の機能や方法について学習する中で，「教育のための評価」という考え方を身につけてもらうことを主たる目標としている。

1　教育評価の機能

◆ 教育評価とは

　教師が指導を展開していくとき，また生徒が学習を進めていくとき，その過程においてさまざまな判断や決定がなされる。たとえば，教師の側には教材の選択や授業の進め方についての判断がつねに要求されるし，生徒の側でもとくに力を注ぐべき学習領域はどれかといった判断がなされる。このほかにも，生徒の進路決定や教育機関による入学者の選抜などがあり，教育はまさに判断や決定の連続であるといえる。こうした判断や決定が的確になされるためには，その目的に合った情報を収集し，それを正しく利用することが必要である。このように，「教育においてなされるさまざまな判断や決定のために，生徒や教師や諸々の教育環境に関する情報を収集して利用する活動」が教育評価である。

この定義からわかるように，教育評価はきわめて多岐にわたる活動である。この節では，教育評価をその機能によって，①指導の過程に直結したもの，②指導上の参考にするためのもの，③選抜や配置のためのもの，④一般的な結論を導くための研究的なもの，の4つに分類して，それぞれの特徴などについて述べることにする。

◆ 指導の過程に直結した評価

　単元など，あるまとまりをもった内容についての指導を始めるとき，教師は生徒に理解してほしい事柄，身につけてほしい技能やものの見方などを目標として設定する。そして，それらの目標の実現に向けて指導を展開していく。この過程では以下のような評価がなされる。

　(1) 事前の評価　　新しい内容についての指導を始める際に，それに関連した事柄に関する知識や技能が前提となることが多い。これら前提となる知識や技能を生徒が十分に習得していない場合は，指導を開始する前に，または指導の過程において何らかの補修的な処置が必要となる。それが「わかる授業」のための条件である。前提条件が満たされているか否か，どの部分について補強が必要かという判断のための評価が事前の評価であり，その性質から「診断的評価（diagnostic evaluation）」ともよばれる。なお，事前の評価によって，指導の目標のほとんどが指導を開始する前にすでに達成されていることが明らかになることもある（たとえば，小学校入学時にかなりの数の漢字を読み書きできるなど）。その場合は，指導の目標自体をより深化した高度のものにしたり，そのまま次の単元に進んだりすることができる。

　(2) 途中の評価　　事前の評価をもとに綿密に計画した授業も，すべてがうまくいくとは限らない。用意した教材に生徒があまり興味を示さないこともあるし，多くの生徒が重要事項を理解できないこともある。このようなときに当初の予定通り授業を進めても，目標の達成は期待できない。したがって，指導の過程で生徒の状態を確かめ，必要に応じて軌道修正をしたり，個別指導を組み入れたりすることが大切である。こうした指導過程の途中での評価は「形成的評価（formative evaluation）」とよばれる。

　(3) 事後の評価　　指導がいったん完了したら，その指導の効果の確認，すなわち当初の目標の達成度のチェックをする。このような事後の評価は，完了

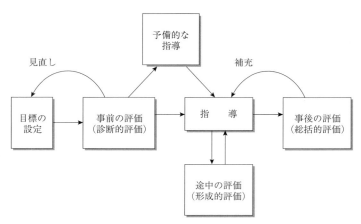

図9-1 単元の指導と評価の関係

した指導の反省だけでなく，次の単元の目標の設定や指導計画の立案などにも利用される。また，評価の結果によっては，さらに補充的指導を加えることもある。一方，学習者のほうは，事後の評価によって目標がどの程度達成されたかをフィードバックされることによって，自分の努力の成果を確かめることができる。事後の評価は，まとめの評価という意味から「総括的評価（summative evaluation）」とよばれる。総括的評価には単元単位の評価だけでなく，学期または学年といった長期にわたるまとめの評価も含まれ，指導要録や通知表に記入する学習成績を決定するための資料としても用いられる。

以上述べた指導と評価の関係を図であらわすと，図9-1のようになる。この図では，指導の前後および指導中の評価が，評価のやりっぱなしに終わることなく指導に直接生かされることが示されている。

ところで，総括的評価などのためにテストを実施する場合，そのテストの内容やテスト結果の利用の仕方が，生徒の学習活動の方向づけに大きな影響を及ぼすことに注意しなくてはならない。生徒は当然のことながら教師から良い評価を得たいと考えるから，実際にテストで出題されるような内容に重点を置いて学習する傾向が強い。たとえば，機械的な記憶を問うような問題ばかりを出題していると，それに合わせた学習をするようになり，生徒に深い理解や柔軟な応用力を身につけさせるといった重要な目標の達成がむずかしくなる。また，

【コラム 9-1　●学習者のテスト観】

　テストは何のためにあるのか，何の役に立つのか，ということについての認識は，生徒によって一様ではなく個人差がある。鈴木（2011）は，「テストの実施目的・役割に対する学習者の認識」を「テスト観」とよび，その個人差が以下の 4 つの認識の軸（因子）にそって説明できるとしている。

　「改善」：テストは自分の理解状態を把握して学習改善に活用するものであるという認識

　「誘導」：テストは学習意欲を高め，自発的に学習するためのペースメーカーになるという認識

　「比較」：テストは教師が生徒を比較し，序列づけするためのものだという認識

　「強制」：テストは勉強を強制的にやらせるためのものだという認識

　鈴木（2012）は，学習者のテスト観は教師が実際にどのようにテストを運用しているかに影響されると考え，その両者の間の関連を調べている。その結果，教師がテストの目的や基準について明確に伝えるという「インフォームド・アセスメント」（村山，2006）を行っていて，テスト内容も単なる暗記を問うものでなく実生活でも必要な力を測るものであると認知している学習者ほど，学習を進めるうえで肯定的なテスト観（「改善」「誘導」）をもつ傾向が見られた。

　この結果は，教師のテスト運用の仕方についての生徒の認知が生徒のテスト観に影響を与えているのか，それとも逆に，テスト観のほうがテスト運用の仕方に関する認知に影響を与えるのか，という因果関係についての解釈の余地は残るものの，テスト観の個人差についての興味深い結果といえるだろう。

テストの成績によって生徒を序列づけするようなことを繰り返していると，学習そのものよりもテストによる順位に関心が向けられるようになり，低い評価を与えられることに対する不安も高まって，生き生きとした学習が阻害されてしまう危険性がある（コラム 9-1 参照）。

◆ 指導上の参考にするための評価

　前項で述べたような個々の単元の指導と密接に関係した評価のほかに，多くの領域での指導の計画を立てるうえで参考になるような，より一般的な評価もある。たとえば，家庭での生徒の学習習慣や学習環境についての調査は，学校での学習と家庭学習との有機的な結びつきを図るうえで有用だろう。また，生徒の友人関係について情報を得ておくことは，小集団学習・協働学習を計画するうえで役立つと考えられる。さらに，知能検査なども，生徒の達成状況を規

定している要因について理解するのに役立つことがある。また，教師の授業の進め方について，生徒自身がどのように考えているかを知ることも指導上おおいに参考になる。生徒は，しばしば教師の教え方の盲点を鋭く指摘してくれるものである。

　重要なことは，これらの調査や検査の結果を実際の指導に生かしていくことである。もし調査や検査の結果を正しく解釈し，何らかの形で教育的に利用することができないのであれば，それらを実施する意味はない。評価のやりっぱなしに終わることのないよう，つねに「何のために情報収集を行うのか」という目的を明確にしておくことが必要である。

◆ **選抜や配置のための評価**

　定員の限られた教育機関への入学者の選抜や，いわゆる習熟度別（または到達度別）学級編成などのための評価では，その目的に合ったテストを実施し，その得点の順位を主な資料とすることが多い。「評価は序列づけである」という見方は，これら選抜や配置のための評価の性質に基づいていると思われる。しかし，選抜にしても配置にしても，序列づけそのものが目的ではなく，本来は指導の効果を最大にすることを目的としたものである。それぞれの機関で十分に学習の成果が期待できるだけの準備状態に達している者を選ぶのが選抜であり，進度や授業方法の異なる学級のうち，それぞれの生徒にとって学習の成果が最も期待できる学級に生徒を振り分けるのが配置である。

　習熟度別学級編成では，テストの得点だけで機械的に振り分けを行うと，生徒が不満や劣等感をいだき，そのために期待していたような成果が得られないばかりか，学校不適応などさまざまな弊害を生むこともある。「客観的な配置」に執着するあまりに，結果として指導の効果が減じることになれば，配置のための評価はその本来の役割を果たしていないことになる。

◆ **研究的な評価**

　教材や指導法などの選択に際して，個々の教師の過去の経験だけでは十分に根拠のある選択ができない場合がある。そのようなとき，異なる教材や異なる指導法の相対的な有効性，あるいはそれぞれが有効に用いられるための条件などについて一般的な結論が得られていれば，そうした知見を参考にすることができる。また，教育制度や入試制度などの改革が行われる場合には，それらが

どのような効果をもたらしたかということについての客観的な評価が求められる（第1章 *1* の◆教育効果の検証参照）。このような目的のためには，綿密に計画された研究が必要となる。

たとえば，単に教材 A を用いたある学級と教材 B を用いたある学級とで生徒の達成度を比較するというだけでは，異なる教材の相対的効果について十分に説得力のある結論は得られない。これら2つの学級では，使用した教材が異なるだけでなく，教師の経験や生徒の事前知識など，結果としての達成度に影響を与えるその他の要因についても違いがあるかもしれないからである。また，ある種の改革を導入した後，たとえば学力テストの平均成績が上昇したというだけでは，その改革の効果があったと結論づけることはできない。改革の導入前と導入後の2時点の間で，ほかにもテスト自体の難易度の差など，成績に影響を与える重要な条件の違いがあるかもしれないからである。研究においては，結論の妥当性への「脅威」となる要因を明らかにし，事前にその脅威を退けられるような研究デザインを考えたり，事後的にその脅威を考慮に入れた統計的分析を行ったりするなどして，できるだけ妥当な結論を得る努力をすることが必要となってくる（南風原，2001，2011；Shadish et al., 2002）。

2 評価情報の収集法

◆ 学力テスト

指導後の総括的評価や選抜・配置のための評価はもとより，指導前の診断的評価や，指導過程における形成的評価，そして研究のための評価でも学力テストが用いられる。学力テストは，このようにいろいろな目的で利用され，その範囲も特定の教育目標にターゲットを絞ったものから，学期末テストや学年末テスト，さらには入学試験や全国レベルの学力調査のような広い範囲のものまでさまざまである。学力テストの作成法も，その目的や範囲によって少しずつ異なってくるが，ここでは単元末の総括的評価のためのテストを例にとって，学力テスト作成の手続きを説明することにしよう。

　(1) **目標の明確化**　　前節でも述べたように，単元の指導を始めるときには，その単元の目標を明確にしておく必要がある。その際，目標を表9-1のよう

表9-1 「テスト法」単元の目標細目分類表の例

内容＼能力	用語の知識	概念や公式の理解	応用	評価	合計
テストの意義		2		1	3
テストの種類	2				2
テストの作成	1		3	1	5
結果の分析	1	2	2		5
結果の解釈	1	1	2	1	5
合計	5	5	7	3	20

（注）各セルには項目数を入れてある。

な内容×能力（または行動）の2次元のマトリックスを用いて整理しておくと，テスト作成の計画も立てやすい。このようなマトリックスを目標細目分類表という（Bloom et al., 1971）。能力の次元としては，B. S. ブルーム（Bloom, 1956）が「認知的領域の教育目標の分類学」において提唱している「知識」「理解」「応用」「分析」「総合」「評価」の6種類がよく用いられるが，必要に応じてその中から取捨選択すればよい。

(2) 項目数の決定　次に目標細目分類表の各セルに対応する目標ごとに何個ずつの項目を用意するかを決める。このとき，重要な目標ほどその達成度が正確に把握できるように多めの項目を割り当てる。

(3) 項目の形式の決定　項目の形式には大きく分けて，客観式と記述式がある。それぞれの形式に含まれる主なものを，表9-2，表9-3に示した。

客観式項目は採点が客観的にできる反面，十分な知識や理解がなくても当て推量で正答となる可能性がある。そのため，1つの目標の達成度を真偽項目や多肢選択項目で評価する場合は，項目を多めに用意することが望ましい。一方，小論文項目の場合は1つの項目に答えるのに時間がかかるため，多くの項目を実施することができず，そのためテストの内容が偏ってしまう可能性がある。

ところで，客観式項目では断片的な知識しか測れないという批判や，小論文項目では高度な思考力や表現力が測れるという主張があるが，客観式項目でも表9-2の順序づけ項目の説明にある例のように，工夫次第で断片的な知識以上のものを調べることができるし，小論文項目でも出題や採点の仕方によっては単なる暗記の量を調べるものになってしまうこともある。

なお，小論文形式の課題は，プレゼンテーション課題などとともに，広くパ

表9-2 客観式項目の種類

真偽項目	正しいものには○，正しくないものには×をつけさせる形式のもの
多肢選択項目	いくつかの選択肢の中から正しいもの，または最も適切なものを選ばせる形式のもの
組合せ項目	たとえば何人かの作曲家の名前といくつかの曲名を示し，対応する対を答えさせる形式のもの
順序づけ項目	たとえば，ある命題が正しいことを主張するうえで，証拠となるいくつかの事実のうち証拠としての力が最も強いものはどれか，その次に強いものはどれか，というように順序づけさせる形式のもの

表9-3 記述式項目の種類

完成項目	文章の欠けている部分を補わせる形式のもの
短答項目	1個ないし数個の語または文で答えさせる形式のもの
小論文項目	数百字程度の文章で答えさせる形式のもの

フォーマンス課題とよばれ，パフォーマンス課題を用いた評価はパフォーマンス評価とよばれている。パフォーマンス評価については，次項で取り上げる。

(4) 項目の作成とテストの編集　項目の数と形式が決まったら，あとは実際に項目を作成し，それらの項目の提示順序を決めることによってテストが一応完成する。教師作成テストの場合は，予備テストを通して項目を改良することは現実にはむずかしいが，同僚の教師に内容や形式の不備な点を指摘してもらったり，以前に実施した同様のテストの結果を分析したりすることによって，できるだけ評価の目的にかなったものにする努力が必要である。

以上が教師作成テストの作成手続きであるが，学力テストとしては，このほかに業者作成テストもよく用いられる。その場合は，そのテストの内容と実際の教育目標との関連などを吟味して慎重にテストの選択を行わなければならない。なお，業者作成テストの中には，そのテストを多くの生徒に実施して得られたデータをもとにして標準化されたものがある。標準化された学力テストには，個々の生徒の得点を全国的な生徒集団の得点分布と比較できるなど，教師作成テストにはない利点がある。

業者作成の標準化されたテストよりも大規模なものとして，文部科学省が

2007年度から全国の小学校6年生と中学校3年生に実施している全国学力・学習状況調査がある。国語と算数・数学に焦点を当て，「知識」を測定することを目的としたA問題と，「活用」を測定することを目的としたB問題で構成されている。これら学力を評価する問題項目に加え，家庭での学習環境や学習時間など学習状況の調査項目も含まれているため，学習状況とテスト成績との関連を調べるなど，研究のための評価として有用である。その一方，実施年度を越えて難易度をそろえるための統計的な手立ては十分にはされていないため，年度間の比較結果をそのまま学力水準の変化ととらえることはできない。

◆ パフォーマンス評価とルーブリック

　前項でも触れたように，客観式項目による学力テストには断片的な知識しか測れないのではないかという根強い批判がある。また，いわゆるペーパーテストでは，学校では通用しても，実際の社会生活で必要とされる能力は測れないという批判もよくなされる。

　このような批判から，評価の「真正性（authenticity）」を重視すべきだとの主張が生まれ，そのような評価を可能にするものとして，よりリアルな文脈で，さまざまな知識や技能を総合的に活用して取り組むパフォーマンス課題が重視されるようになってきた（コラム9-2参照）。パフォーマンス課題としては，表9-4に例示したように，多様なものが考えられる。

　ただし，表9-4のような形式のパフォーマンス課題を使用すれば，それだけで「真正の評価」が実現できるというわけではない。パフォーマンス課題を開発するにあたっては，現実に即した設定となっているか，表面的・断片的な知識だけでは解決できず，現実場面で求められる知識やスキル，判断力を要求する課題となっているか，といった観点から慎重に吟味する必要がある。

　また，パフォーマンス評価が「真正の評価」として機能するためには，その評価の基準がしっかりとしていなければならない。そこで，パフォーマンス評価においては，課題の開発と並行して，「ルーブリック（rubric）」とよばれる採点基準を作成することが必要となってくる。ルーブリックとは，たとえば理科の観察レポートを作成するパフォーマンス課題において，観察レポートがどのような具体的な基準を満たしていれば何点とするかという，パフォーマンスの水準と評価点ないしは段階を対応づける評価尺度である。

【コラム 9-2 ● PISA】

PISA（ピザ）は，経済協力開発機構（OECD: Organisation for Economic Co-operation and Development）が，15歳の生徒を対象に，2000年から3年おきに実施している国際的な「生徒の学習到達度調査」（Programme for International Student Assessment）である。読解力，数学的リテラシー，科学的リテラシーの3領域を，実施回ごとに重点を置く領域を変え，また付加的な領域や調査内容を加えながら実施している。

「リテラシー」ということばに象徴されるように，PISAでは，学校の科目をどの程度習得してきたか，ということではなく，現実の世界で遭遇するような課題に，知識や技能をどう生かすことができるかを評価することをねらいとしている。そのような活用力は，教育界でも「PISA型学力」「PISA型読解力」などとよばれ，評価のあり方を越えて，教育目標として重視されるようになってきた。PISAは，第2節で述べた「真正の評価」を，テストによって追求する試みともいえる。

一方で，PISAの各領域における平均成績の国別ランキングが公表されることから，3年間でランキングがどう変化したかというようなことがマスコミ等で大きく取り上げられ，そのランキングの変化の要因についての議論が盛り上がるという社会現象がある。さまざまな異なる文化の間で，共通の尺度でランキングを付けるというのは，測定技術的にはきわめてむずかしい課題であり，OECDはその課題に果敢に取り組んでいるものの，その方法論的基盤や公表されるランキングの信頼性などに関しては批判的な見解もある（Kreiner & Christensen, 2014）。少なくとも，国別ランキングを見る際には，統計的にある程度の幅をもって解釈する必要がある。

経済協力開発機構（2010）の『PISAの問題できるかな？』には，これまでに本調査や予備調査で用いられた項目とその採点基準，平均正答率などが掲載されているので，読者もトライして，PISAの問題内容を実体験してみるとよいだろう。

なお，PISAと並んで有名な国際的学力調査に，TIMMS（ティムズ）がある。これは国際教育到達度評価学会（IEA: International Association for the Evaluation of Educational Achievement）が，第4学年（小学校4年）と第8学年（中学校2年）の生徒を対象に，1995年から4年おきに数学と理科に焦点をあてて実施してきた「国際数学・理科教育動向調査」（Trends in International Mathematics and Science Study）である。TIMMSはPISAとは異なり，教育到達度を評価することをねらいとしている。

ルーブリックを作成するには，いまの例であれば，たとえば過年度に提出された観察レポートを何人かの教師がそれぞれ段階評価を行い，それを持ちよって，同一の観察レポートに対して与えられた評価点の一致・不一致をもとに評

表9-4 パフォーマンス課題の例

論文・レポート	小論文,観察レポート,実験レポート,調査レポート
作　　　品	絵画,楽曲,小説,脚本
プレゼンテーション	各種レポートの口頭発表
実　　　演	演奏,ダンス,演技

価基準について協議し,合意できるルーブリックを構築していくといった手続きが考えられる。作成されたルーブリックを生徒に提示する際には,それぞれの評価点ないしは段階の典型例を実物で提示すると,評価の基準を明確に伝達することができる。

あるいは,教師から生徒に,一方的に評価基準を提示するのではなく,提出された観察レポートを生徒と読み合う中で,ルーブリックを共同で作っていくことも考えられる。また,学習の進行にともなって,ルーブリックを生徒と共同で見直し,改訂していくこともあるだろう。評価基準の作成にあたってのこのような生徒の参加は,生徒自身が納得のできる評価につながるだけでなく,今後の学習の目標が明確になり,学習活動やその中での自己評価が促進されることも期待できる。

なお,ルーブリックは,レポート課題やプレゼンテーション課題のような,いわゆる典型的なパフォーマンス評価だけでなく,通常のペーパーテストの項目においても,正誤の判定に裁量の余地がある場合や部分点を与えるような採点では,具体的にどのような基準を満たせば何点を与えるかというかたちで同様に必要になってくるものである。

◆ ポートフォリオ評価

本章の冒頭で述べた「教育のための評価」のためには,たとえばパフォーマンス評価の対象となった作品を個別に,そのときだけ評価して終わり,というのではなく,他のさまざまな評価情報とともに多面的に,そして時間軸の中で継続的に評価していくことが重要である。ポートフォリオ評価は,まさにその多面性と時系列的継続性を特徴とした評価法である(東,2001)。

ポートフォリオとはもともと,いろいろなファイルを入れる書類鞄のことであり,教育評価においては,あるテーマについて調べたことを記入したノート

や作業メモ，それをまとめたレポートや発表に使用した図，あるいは作品などを，生徒ごとに，時間的順序に従って整理したものをポートフォリオとよんでいる。実際の入れ物としては，リング式ファイルやクリアフォルダーなどが用いられてきたが（安藤，2001），こうした紙ベースのポートフォリオは，編集・検索がしにくい，音声や動画に対応できない，保管スペースが必要，劣化する，遠隔の場所から閲覧することができないなどの限界がある。そのため，ポートフォリオは次第に，電子化・ネットワーク化したeポートフォリオに移行しつつある（森本，2008）。

ポートフォリオは，教師が生徒の学習状況を把握・評価するためだけでなく，生徒自身が学習を進めていくうえでも有用である。長期的な課題に取り組む際には，これまでに調べたこと，集めたことなどをうまく整理して，その後の計画を立てることが必要になるからである。また，こうした「振り返り」は，自分の学習に対する自己評価としての意味も持っている。

さらに，自己評価を越えて，ポートフォリオを教師と生徒が一緒に，あるいは生徒同士で評価し合うことによって，評価の視点や基準を共有したり，ともに目標設定につなげたりすることも重要な活動である。ポートフォリオをもとにしたそのような共同の検討の場はポートフォリオ検討会とよばれている（西岡，2003）。

このように生徒同士の相互評価に展開してくると，先に述べたeポートフォリオがますます必要かつ有用になってくる。実物に直接に接することなく，ネットワークを通してポートフォリオにアクセスできれば，生徒自身，またその保護者も，家庭からでも容易にアクセスできるようになるだけでなく，複数の学級間・教師間で互いにフィードバックをすることで，さらに学習の輪を広げることが期待できる。このようなeポートフォリオは，近年，大学教育の場でも重視されてきている（小川・小村，2012）。

◆ 各種の心理検査

ここまでは，指導に直結し，また成績評価にもつながる学力テスト，パフォーマンス評価，ポートフォリオ評価について述べてきたが，学校ではこれらのほか，指導上の参考にするために，以下のような各種の心理検査も使用される。

(1) 知能検査 知能検査は，多くの教科学習の基礎となるような一般的な

知識や抽象的な思考力を測定するためのものである。知能検査には，検査者が被検査者に1対1で実施するものと集団に対して一斉に実施するものがある。学校では実施や採点の容易な集団式検査が用いられることが多いが，知的障害の程度を判定し，その結果を参考にして生徒の処遇を決定するというような場合には，個別式検査が用いられる（第3章 *3* 参照）。

　個別式知能検査の代表的なものとしては，フランスのA.ビネーとT.シモンによって1905年に発表された世界最初の知能検査であるビネー式検査と，アメリカのD.ウェクスラーによるウェクスラー式検査があり，いずれも日本語版が開発されている（田中教育研究所，2003；Flanagan & Kaufman, 2009）。ビネー式検査では言語性知能に重きの置かれた1つの総合的な発達水準の指標が算出される。ただし，田中ビネー知能検査Ⅴでは，14歳以降については結晶性知能，流動性知能，記憶，論理推理の4領域に分けた結果も算出している。一方，ウェクスラー式検査では従来，言語性知能と動作性知能のそれぞれの指標が導かれてきたが，たとえば児童用のWISC（Wechsler Intelligence Scale for Children）では第Ⅳ版（WISC-Ⅳ）からこの2指標は廃止され，全般的な知的発達水準をあらわす指標と，言語理解，ワーキングメモリー，知覚推理，処理速度の4つの指標得点が算出されるようになった（松田，2013）。

　このように，個別式検査にしても集団式検査にしても，それらによって測定される能力は，それぞれの検査の作成者の知能観を反映したものであり，また同じ検査でも版によって少しずつ変化している。知能検査を実施する際には，その結果をどのような教育的目的のために利用するのかを明らかにしたうえで，その目的に照らして適切な検査を選択しなければならない。

(2) 性格検査　知能検査が学習指導上の参考資料として利用されるのに対し，性格検査は主として生活指導上の参考とするために利用される。

　性格検査の代表的な形式は，多くの質問項目に対し「はい」「いいえ」「わからない」とか「あてはまる」「あてはまらない」など，あらかじめ用意されたカテゴリーによって答える形式のものである。たとえば村上（2011）の小学生用主要5因子性格検査は，51個の質問項目に「はい」「いいえ」で回答させ，外向性，協調性，良識性，情緒安定性，知的好奇心の5尺度（いわゆるビッグファイブとよばれる5因子に対応）の得点を算出するもので，フリーソフトウェア

として配布されている。

性格検査の形式としては，このほかに，投映法や作業検査法がある。投影法は，あいまいな言語的刺激や視覚的刺激に対する反応から，被検査者の性格を明らかにしようとする方法であり，それらの刺激の解釈の仕方や刺激に対する反応の仕方に，被検査者の性格特性や欲求が「投影」されるという考え方に基づくものである。言語的刺激を用いるものには，「私と先生は……」などの書き出しだけの文の続きを書かせる文章完成テスト（SCT）がある。視覚的刺激を用いるものとしては，何通りかのインクのしみのパターンが何に見えるかを問うロールシャッハ・テストや，人物が描かれた図を見せて何をしているところと思うかなどを問う絵画統覚検査（TAT）などがよく知られている。投影法は，検査の意図が被検査者にわかりにくいため，意図的な反応歪曲による結果の歪みが生じにくいという利点があるが，検査の実施や結果の解釈には熟練を要するものが多い。

作業検査法は，作業の遂行状況から性格にアプローチしようとするもので，代表例として，1桁の数字の加算という単純な作業を繰り返させ，作業量の変化を調べることによって被検査者の性格的な特徴をとらえようとする内田クレペリン精神作業検査があげられる。

(3) **適性検査**　生徒の進路指導においては，総合的な学力の水準だけを問題にするのではなく，将来どういう職業についたら適応的で生産的な職業生活が送れそうかという職業適性や，どういう学科に進学したら学習の成果がより期待できるかという進学適性を考慮することが必要である。こうした適性診断を助けるための検査がいくつか開発され，実際に利用されている。適性検査の結果は，それによって機械的に職業や進学先を決めるのではなく，あくまでも生徒本人による決定のための一資料として利用すべきである。

◆ **質問紙調査**

学校では，以上のように教師の側から生徒の学習状況等を評価したり個人特性を調べたりするだけでなく，逆に生徒や保護者の側から，学校の状況や教師の指導について評価することもある。その場合によく用いられる方法が質問紙調査（アンケート調査ともいう）である。

質問紙調査はその他，さまざまな目的に用いられる。生徒に対して学習内容

に対する興味や意欲を尋ねたり，教師を対象として，授業にコンピュータを導入することや業者テストを導入することについての考え方を調べたり，テスト結果の利用の仕方の実態について調査したりするような場合にも質問紙調査が有効である。

調査項目の形式としては，選択肢形式と自由記述形式がある。選択肢形式のものは実施や結果の処理が短時間でできるという利点がある。一方，自由記述の調査は，被調査者が積極的に協力してくれるならば，調査者が予想できなかったような回答から，豊富な情報が得られる可能性がある。また，自由記述の調査は，大規模な選択肢形式の調査を行う前に，適切な選択肢を用意するための予備調査として利用されることも多い。

質問紙の作成は簡単なことのように思われがちだが，質問者の意図を正確に伝え，回答者から正直な回答を得るというのは必ずしも容易ではない。たとえば，教師があらたに導入した指導法に対する生徒の態度を調査する場合，「きょうの数学の授業は，全員が理解できるように，特別に時間をかけて教材を作成しましたが，よく理解できましたか？」という質問文に対しては，仮によく理解できなかったとしても，教師の気持ちを考えると「いつもよりわかりにくかった」という選択肢は選びにくくなるだろう。また，「よく理解できた」と「よく理解できなかった」という選択肢に対して，「よく理解できなかったと答えた人は，その理由を書くこと」という指示があると，単に理由を書くことが面倒だという理由で「よく理解できた」と回答するケースも出てくるだろう。質問紙を作成する際には，このような問題が生じないように表現等に注意するとともに，質問紙作成の経験が豊富な人にチェックしてもらうことが望ましい。

◆ インフォーマルな情報収集

ここまで，評価情報の収集法として，比較的フォーマルなものを中心に述べてきた。しかし，教室の内外での生徒の行動の観察や，ノート・日記調べ，それに授業中の発問など日常的に行われているものも，貴重な評価情報を提供してくれる。日常的な教師・生徒関係の中で得られる情報をフォーマルな評価によって補うという姿勢が望ましいと思われる。

3 評価情報の解釈と利用

この節では，主として学力テストによって得られる結果に焦点を当てて，評価情報の解釈と利用の方法について詳しく述べる。

◆ **達成基準に基づくテスト得点の解釈**

これは，ある教育目標の達成度を測定するためのテストにおいて，何点以上ならばその目標を達成したとみなすかという基準（達成基準または到達基準という）を定め，それに基づいて「達成」「未達成」の判断を行う方法である。このような評価の方法は，到達度評価，または目標準拠評価とよばれている。また後に述べる相対評価との対比で絶対評価という用語が用いられることもある。

到達度評価には，達成基準の設定を客観的に行うことがむずかしいという問題や，本質的に「達成」「未達成」というカテゴリーに分けることのできないような目標には適用できないなどの限界もある。しかし，それぞれの生徒が「何ができて，何ができないのか」を見定め，それを指導に結びつけていこうとする到達度評価は，まさに「教育のための評価」といえる。また，生徒自身が自分の努力の手応えを感じとることが，自己効力感を高め，学習への動機づけを高めるうえで重要であることが指摘されているが（稲垣，1980），到達度評価によるフィードバックは，そうした動機づけの観点からも望ましいものといえるだろう。技術的な問題は残るものの，今後も可能な限り教育実践の中に取り入れていくべきであると思われる。

なお，前節でパフォーマンス評価との関連で説明したルーブリックは，どの評価点（または段階）以上であればどのような具体的基準を満たしているかを示すものであり，達成基準に基づく得点解釈を可能にするものである。

◆ **集団基準に基づくテスト得点の解釈**

これは，同じ学校の同学年の生徒や全国の同学年の生徒といった集団を基準集団とし，その集団でのテスト得点の分布に照らして個々の生徒の得点を解釈する方法である。このような評価の方法は相対評価とよばれている。

学校教育における相対評価の利用に対しては，学習指導上の利点が少ないことや，過度の競争をあおることなど，さまざまな問題が指摘されている。しか

し，それぞれの学習領域において，自分の指導した生徒のレベルが全国的にみてどの程度に達しているかということは，教師が自らの指導について振り返るうえで有用であろうし，生徒自身が現実的な自己認識を形成するうえでも，相対評価的な視点は必要であると考えられる。到達度評価を補う形での相対評価の教育的な利用が図られるべきであろう。

相対評価を行うときは，基準集団における種々の統計量を用いて個々の生徒の生の得点（素点という）を変換したものがよく利用される。これら変換された得点には以下のようなものがある。なお，いずれの変換点も，どの集団を基準集団とするかによって決まるものであるので，基準集団を明確にしたうえで適用し解釈する必要がある。

(1) **パーセンタイル順位**　その得点以下の者が基準集団の中に何パーセントいるかを示す値で，PRと略されることが多い。たとえば，「ある生徒のパーセンタイル順位が50」ということは，その生徒の得点より高い者と低い者が同数ずついることを意味する。なお，たとえば「50パーセンタイル」という表現は，その分布の中で下から50%に相当する得点（すなわち分布の中央値）を指すものであり，平均などと同様に分布の特徴をあらわす指標であって個人の相対的位置を示すものではないので注意されたい。

(2) **z得点**　基準集団での分布の平均と標準偏差（次章で説明する分布の広がりの指標）が，ある特定の値になるように変換したものを一般に標準得点という。z得点はその中で最も基本的なもので，基準集団での平均が0，標準偏差が1になるように変換したものである。素点をz得点に変換するには，

$$z 得点 = \frac{素点 - 素点の平均}{素点の標準偏差}$$

とすればよい。z得点を用いれば，個々の生徒の得点が基準集団の平均より高いか低いか，平均との差は標準偏差の何倍あるかが直接的にわかる。たとえば，z得点が1.5ということは，標準偏差の1.5倍だけ平均より高いことを示し，z得点が0ということは平均に等しいことを示す。z得点は，ほぼ-3から$+3$までの範囲の値をとる。

(3) **偏差値**　これも標準得点の一種で，基準集団での平均が50，標準偏差が10となるようにしたものであり，z得点を用いて

表9-5 パーセンタイル順位とT得点の関係

パーセンタイル順位	T得点	パーセンタイル順位	T得点
1	26.74	55	51.26
5	33.55	60	52.53
10	37.18	65	53.85
15	39.64	70	55.24
20	41.58	75	56.74
25	43.26	80	58.42
30	44.76	85	60.36
35	46.15	90	62.82
40	47.47	95	66.45
45	48.74	99	73.26
50	50.00		

偏差値 = z 得点 × 10 + 50

によって求めることができる。z 得点の範囲に対応して，偏差値はほぼ20から80までの値をとる。上式によって求められる偏差値の分布の形は素点の分布の形と同じであるが，これを正規分布とよばれる理論的な分布に近似するようにさらに変換することもある。このように正規化された偏差値は T 得点ともよばれる。先に述べたパーセンタイル順位と T 得点との間には，表9-5のような対応関係がある。

なお，以前に通知表や指導要録用の成績評定値として広く利用された5段階相対評価は，T 得点の45点から55点までを3とし，その上下の10点の幅をそれぞれ4と2とし，さらにその外側を5と1としたものである。この5段階相対評価は，学級などの小さな集団において正規分布を仮定した厳密な相対評価を行っても意味がないなどの理由から，そのままの形ではほとんど使われなくなっている。

(4) その他の標準得点 標準得点のうち，知能検査の結果の表現法としてよく用いられるものに偏差知能指数（偏差IQ）がある。偏差知能指数は，基準集団における平均を100とし，標準偏差を15（一部の知能検査では16）としたものである。もともと知能指数は，ある個人の知能が何歳ぐらいの平均知能に相当するかをあらわす精神年齢を，その個人の実際の年齢で割り，それを100倍したものと定義されていた。しかし，その定義の前提となる精神年齢と生活年齢の比例関係が近似的なものにすぎないなどの理由から，最近では利用され

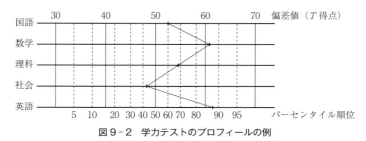

図9-2　学力テストのプロフィールの例

なくなってきている。現在では知能指数といえば偏差知能指数をさすと考えてよい。

◆ **個人内基準に基づくテスト得点の解釈**

　これは、生徒自身の過去の得点やその他のテストの得点などを基準とする方法である。現在の得点と過去の得点の差は、同一のテストが用いられた場合、または異なるテストが用いられてもその得点が共通尺度上で比較可能なものとなっていれば（コラム9-3参照）、変化をあらわすものとして直接解釈することができる。それ以外の場合は、それぞれの時点の得点を比較可能なものにするために、パーセンタイル順位や偏差値などに変換したうえで差を求め、個人の相対的位置の変化を見ることになる。また、図9-2のように各種のテスト得点をプロフィールで表現して個人の特徴を明らかにしようという場合も、同じ理由で、パーセンタイル順位や偏差値が用いられる。

　個人内比較の代表的な例としては、学力テストの得点と知能検査の得点の比較に基づく成 就 値（じょうじゅち）があげられる。これは、

　　　　成就値 ＝ 学力偏差値 − 知能偏差値

によって求められるもので、知能レベルから期待されるだけの学力を示しているか否かの判断に用いられる。しかし、この式で得られる成就値は、知能の高い者は負の値となりやすく、逆に知能の低い者は正の値となりやすいという偏りのあることがわかっている。そこで、そうした偏りのない指標として、次式による回帰成就値が提案されている。

　　　　回帰成就値 ＝ 学力偏差値 − 知能偏差値に基づく学力偏差値の予測値

　この式の右辺の第2項は、知能のレベルごとの学力偏差値の平均を、知能偏差値の1次式（直線の式）によって近似したものであり、回帰予測値とよばれ

【コラム 9-3 ● CBT と項目反応理論（IRT）】

　教育評価において，本章2で述べたeポートフォリオよりも先にコンピュータ化が進んだのがテストである。

　コンピュータにより実施されるテスト方式は CBT（Computer Based Testing）とよばれている。CBT では，マルチメディア技術を用いて，より自然な状況に近い形での評価が可能になるだけでなく，解答に要した時間なども容易に測定することができ，解答行動を多面的に把握することができる。また，障害をもった受検者のために，文字を拡大したり，音声提示の音量やスピードを変化させたり，あるいはタッチペン等の使用によって解答動作を簡単にしたりするのも容易にできる。

　「コンピュータ適応型テスト（CAT: Computer Adaptive Testing）」は，受検者が個々の項目に解答するごとにコンピュータで能力水準の推定を行い，その水準での測定に最も有効な項目を項目バンクの中から探して次の項目として出題するタイプの CBT である。途中までの解答から，能力がかなり高いと推定される場合には，その能力水準に合ったむずかしめの項目を用意し，逆の場合にはやさしめの項目を用意するのである。そうすることによって，少ない項目で効率的に精度の高い測定が可能になる。

　コンピュータ適応型テストでは，当然のことながら，受検者によって解答する項目が異なることになるので，単純に正答数によって能力水準を比較することはできない。「項目反応理論（IRT: Item Response Theory）」とよばれるテスト理論は，異なる受検者が異なる項目に解答しても，ある条件のもとで，それらの項目の難易度などの特性を利用して，共通の尺度上で能力推定をすることを可能にする理論であり（加藤ほか，2014），コンピュータ適応型テストは，この理論に立脚して，能力推定を行っている。

　項目反応理論は，コンピュータ適応型テスト以外でも，たとえば異なる年度に異なる項目で実施したテストの結果を比較可能にしたり，本試験と再試験の実施結果を比較可能にしたりする場合にも利用することができる。

　近年は，適応型のテスト実施から項目作成支援，項目バンクの更新まで一貫したシステムの構築が進められており，こうしたシステムは「eテスティング」とよばれている（植野・永岡，2009）。

る。回帰予測値を求めるための具体的な方法については，次章を参照されたい。

◢ テスト得点の解釈の妥当性

　学力テストの得点は，正答した項目の数のように，生徒の答案をある規則に従って数値化したものである。その得点を達成基準や集団基準と比較してさまざまな解釈や判断を行うわけだが，ここで問題となるのは，こうしたテスト得点の解釈がどれだけ妥当なものか，ということである。

解釈の「妥当性（validity）」の問題は，学力テストの得点だけでなく，パフォーマンス評価や知能検査の結果など，前節で述べたすべての種類の評価情報の解釈にあてはまる重要な問題である。せっかく収集したデータも，その解釈が妥当なものでなければ役に立たないし，場合によっては，かえって判断を誤らせるものとなってしまう。

意図した解釈が妥当なものであるかどうかを調べるには，まず，「解釈が妥当であるためには具体的にどういう条件が満たされなければならないか」という必要条件を列挙する。そして，「それらの条件が実際に満たされているか」を1つひとつ検討していくことになる。

たとえば，学期末に，その学期に1つの教科で学習した重要事項の理解度を評価するためのテストを実施したとしよう。ここで意図している解釈は，「テスト得点の高低が重要事項の理解度の高低をあらわす」というものである。そのような解釈が妥当であるためには，少なくとも以下のような条件が必要だろう。

(1) その学期の重要事項がテストの問題項目に十分取り上げられていること。
(2) 各問題項目が単なる暗記を要求するものではないこと。
(3) 語彙の豊富さ，計算の速さ，テスト慣れやテスト不安の程度など，理解度以外の要因によってテスト得点が左右されないこと。
(4) テストの結果が時間的に安定していること（理解度を比較的安定したものと考えるとして）。

これらの条件のうち，(1)については，学期の重要事項が適切に整理され，それらがテスト項目として盛り込まれているかについて，その教科の指導経験の豊富な人に判断してもらうことができる。次に，(2)の「暗記か理解か」ということについては，テスト項目の中に教科書の文章を単純に再生させる問題や，教科書に正解付きで載っている問題と同じ問題がないかというチェックが役立つだろう。また，実験的な方法としては，教科書を要約したものをヒントとして与えられてそのテストを受けた群と，教科書の要約なしで受けた群とで，得られる得点の分布を比較してみることも考えられる。もし教科書の要約を与えることによってテスト得点が大きく上昇するとしたら，そのテストは単純な暗記力を測定しているのではないかという疑いが強まることになる。

条件(3)であげた要因が得点を左右する程度については，項目の内容やテストの実施条件を吟味したり，これらの要因の直接的な指標（語彙や計算の速さのテストの得点など）との相関関係の強さ（第10章参照）を調べたりすることによって検討することができる。最後に(4)については，テスト実施後，適当な期間をおいて再テストし，両者の得点間の対応関係を調べればよい。

　これらの検討のうち，テスト実施前に行うことのできるものについては，その検討結果に基づいて項目を追加したり，項目内容を修正したり，テスト実施条件を変更したりすることによって，解釈の妥当性の向上を図ることができる。これに対し，テスト実施後の結果の分析によって，意図した解釈の妥当性が十分高くないことがわかったら，それらの分析を通して得られた知識に基づいて，解釈の仕方自体を修正すればよい。たとえば，テスト得点が理解度だけでなく暗記した量によってもかなり左右されることがわかったら，そのような性質のものとして得点を解釈するのである。このように，妥当性を調べる過程は，得られたテスト得点の意味を明らかにしていく過程ともいえる。

　以上は，妥当性検証の具体的な方法を身近なテストを例にとって説明したものであるが，このような詳細な検討を必ずやらなくてはならないということではない。重要なことは，評価情報の解釈の際に，その解釈の根拠について批判的に検討する姿勢を持ち続けることである。このことは，教師作成の評価用具を使用するときだけでなく，業者作成の学力テストや各種の心理検査などを使用する場合も同様である。

◆ テスト得点の信頼性

　前項で述べた妥当性と混同しやすい概念として「信頼性（reliability）」とよばれるものがある。一般に，テスト得点の信頼性というのは，何らかの意味で得点が一貫している程度をさすものであり，前項で妥当性の4番目の条件としてあげた時間的安定性や，採点者間の一貫性，同様の作成手続きによって作成された2つのテスト（代替テストとか平行テストなどとよばれる）の得点間の相関などを含む複合的な概念である。

　したがって，たとえば同じ日に実施した2つの代替テストの得点間の相関が高く，その意味での一貫性・信頼性が高かったとしても，日をおいて実施した場合には結果の変動が大きく，時間的な一貫性・信頼性は低いということも十

分ありうる。そのため，信頼性を評価する場合には，テスト得点の妥当な解釈のためにはどのような要因（時間，採点者，項目の入れ替え等）に対する一貫性が重要かを考えて，それらの要因に対する一貫性を調べていくことになる。

◆ 正誤パターンおよび誤答の分析

　ここまで，テストの結果を1つの得点にまとめ，その得点を達成基準や集団基準に照らして解釈すること，そしてその解釈の妥当性や得点の信頼性について述べてきた。しかし，テストはふつう多くの項目から構成されており，合計得点が同じでも，どの項目に正答しどの項目に誤答したかは生徒によって必ずしも同じではない。こうした正誤のパターンは，生徒の習得状況について，合計得点だけでは知ることのできない貴重な診断情報を与えてくれる。たとえば，得点がある程度高くても，比較的やさしい複数の項目に誤答している場合には，学習にムラがあって基本的な事項の定着が不十分であることが疑われる。

　さらには，正誤パターンだけなく，生徒が誤答した場合にどのような誤りをおかしているかを調べる誤答分析も，生徒の学習診断や指導の反省のために欠かすことができない。

　記述式項目の場合の誤答分析は，互いに類似した誤りを1つのカテゴリーとしてまとめ，各カテゴリーに含まれる生徒数を数えることから始められる。そして，指導過程を振り返りながら誤りの種類ごとにその原因を探り，誤りの除去のための方策を立てることになる。

　一方，多肢選択項目の場合は，ある種の誤った理解をしている生徒はある特定の選択肢を選び，別の種類の誤解をしている生徒は別の選択肢を選ぶというように，異なる種類の誤った理解が，異なる解答としてあらわれると都合がよい。もしも，ある種の誤解をしている生徒が選びがちな選択肢が用意されていなかったとしたら，そのような誤解をしている生徒がいることを発見することはできない。多肢選択項目を作成する場合には，誤答の選択肢をこのような観点から用意し，事後の誤答分析によってより深い学習診断ができるようにすることが望まれる。

〔参考文献〕

　◇　東洋『子どもの能力と教育評価〔第2版〕』東京大学出版会，2001

◇ 東洋・梅本堯夫・芝祐順・梶田叡一（編）『現代教育評価事典』金子書房，1988
◇ 池田央『テストの科学――試験にかかわるすべての人に〔復刻版〕』教育測定研究所，2007
◇ 鎌原雅彦・宮下一博・大野木裕明・中澤潤（編）『心理学マニュアル 質問紙法』北大路書房，1998
◇ 松下佳代『パフォーマンス評価――子どもの思考と表現を評価する』日本標準，2007
◇ 森敏昭・秋田喜代美（編）『教育評価 重要用語300の基礎知識』明治図書出版，2000
◇ 西岡加名恵『教科と総合に活かすポートフォリオ評価法――新たな評価基準の創出に向けて』図書文化社，2003
◇ 田中耕治『教育評価』岩波書店，2008
◇ 田中耕治（編）『よくわかる教育評価〔第2版〕』ミネルヴァ書房，2010
◇ 渡部洋（編）『心理検査法入門――正確な診断と評価のために』福村出版，1993

第 10 章　教育データと分析結果の見方

　教育心理学は，教育実践の過程で得られる資料や，研究として遂行される実験・調査において収集されるデータに基づいて，実証的に知識の構築および検証を行う学問である。したがって，集められたデータおよびその分析結果を正しく理解することは，自分でデータの分析を行う場合だけでなく，公刊された研究の成果を正しく理解するためにも必要であり，また，第9章で述べた各種の評価情報の解釈など，教育実践におけるさまざまな局面においても役立つ。

　この章では，教育心理学で利用されるデータのうち量的・統計的データとその分析に焦点を当てて解説する。なお観察記録や面接記録など質的データの分析については，秋田・藤江（2007）や澤田・南（2001）などを参照されたい。

1　データの分布の特徴の把握

◆ 度数分布

　学力テストの得点などのデータが集められたら，何点の生徒が何人いるかという度数分布（frequency distribution）を調べ，それを表やグラフにあらわしてみることが基本的なステップである。度数分布を表現するには，棒グラフや折れ線グラフなど，いろいろな種類のグラフが利用できる。その中で，1学級から数学級程度の人数のデータの表現に適したものとして，幹葉表示（stem-and-

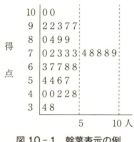

図10-1 幹葉表示の例

leaf display）とよばれるものがある。

幹葉表示は，棒グラフの棒の代わりにデータの数値の一部を書き並べたものである。たとえば図10-1は，37人の生徒のテスト得点の分布を，得点の10の位を"幹"とし，1の位を"葉"としてあらわしたものである。この図は，たとえば70点〜79点という区間（階級ともいう）に入る生徒が最も多いというような，棒グラフなどでも表現できる情報に加えて，それぞれの区間に含まれる個々の生徒の得点まで詳しく表示でき，もとのデータのもつ情報をそのまま保持できるという利点がある。

度数分布の諸特徴は，このようなグラフ表示によって視覚的にとらえることができるが，複数の分布を比較するときなどには，これらの特徴を数値化しておくと便利である。分布の特徴をあらわす指標の主なものは，次の代表値と散布度である。

◆ 代 表 値

データの分布全体を1つの値で代表する指標を代表値とよぶ。代表値としては以下のものがよく用いられる。

(1) 平　均　　すべてのデータの値を合計して，それをデータの総数で割ったものが平均（mean）で，算術平均（arithmetic mean）ともよばれる。平均はシンプルで便利な指標だが，データの中に極端に大きな値や小さな値（外れ値という）があると，その値に引きずられやすい傾向があるので，度数分布全体を参照して，平均が全体の代表としてふさわしい値になっているかどうかを確認する必要がある。図10-1の分布の場合，平均は約70.2となる。

(2) 中央値とパーセンタイル　　データの値を小さいものから順に並べたとき，ちょうど中央に位置するデータの値を中央値（median）という。データの中に外れ値があっても，それらの値に左右されない安定した値を与えるという特徴がある。図10-1の分布の場合，37人の中央，すなわち19番目に小さな（あるいは大きな）値である73が中央値となる。

第9章3の◆集団基準に基づくテスト得点の解釈で述べたように，中央値は分布の下から50%に相当する値であるため，50パーセンタイルともよばれ

る。パーセンタイルを代表値として用いる場合は中央値を用いることが多いが，たとえば分布の中心よりも下位のほうの得点に焦点を当て，その層の学力水準の底上げを目標にするような場合，たとえば分布の下から4分の1にあたる25パーセンタイルの値を求め，その値の年度間の変化に注目するといったことも考えられる。

なお，分布の25パーセンタイル，50パーセンタイル，75パーセンタイルは順に，第1四分位数，第2四分位数，第3四分位数ともよばれる。図10-1の分布の場合，第1四分位数は下から10番目の56，第3四分位数は下から28番目の84となる（Excelのpercentile関数の計算方式による）。したがって，56点から73点までの17点の範囲に全体の約25％，そして73点から84点までの11点の範囲に同じく全体の約25％が含まれることになり，分布の下側（左側）にやや広がり，分布の上側（右側）にやや集中するような分布であることがわかる。このように3つの四分位数を示すことで，分布の中心的な位置のみでなく，分布の形状（歪みの方向）についても概略を伝えることができる。ただし，データが少ない場合，順位が1つ違うだけで値がかなり大きく異なってくる可能性があり，その意味でパーセンタイルの値が安定しないので，パーセンタイルをこのような目的で利用するのは，順位が1つ2つ違っても値が大きく異なることのないような大きなデータに適している。

(3) モード　度数が最も多いデータの値で，最頻値（mode）ともいう。平均や中央値と異なり計算や順序付けを必要としないので，数値データ以外のデータにも適用できる。図10-1の分布の場合，10点きざみで考えれば，モードは70点台ということになる。

◆ 散 布 度

データがどの程度の広がりをもって分布しているかをあらわす指標が散布度である。たとえば，ある学級におけるテスト得点の散布度は，その学級内での得点の個人差の大きさをあらわす。分布を1つの代表値でまとめると，あたかも分布全体がその代表値に近い値であるかのような誤解を生むことがある。代表値とともに，分布の広がりの程度をあわせて調べ，分布の全体の様子を把握することが必要である。散布度としては以下のようなものが用いられる。

(1) 範　囲　データの最大値と最小値の差を範囲（range）という。分布の

広がりをあらわす直接的な指標であるが，外れ値の影響をそのまま受けてしまうという欠点がある。また，データの数が多くなると，それにともなって範囲も大きくなる傾向がある。図10-1の分布の場合，範囲は100-34=66である。

(2) 四分位範囲 　第3四分位数と第1四分位数の差，すなわち分布の中央部分の50%を含む範囲を四分位範囲（interquartile range）という。直感的にわかりやすい指標であり，また範囲とは異なり外れ値の影響を受けにくい。図10-1の分布の場合，四分位範囲は84-56=28である。

(3) 分散と標準偏差 　各データについて平均からの距離（平均からの偏差ともいう）の2乗を求めて，それを全データについて平均したものが分散（variance）である。つまり，データの数をn，個々のデータをy_i，平均を$\bar{y}$とすると，分散s^2は，

$$s^2 = \frac{1}{n}\sum_{i=1}^{n}(y_i-\bar{y})^2$$

となる。偏差を2乗しているため，記述的な指標としてわかりやすいものとはいえないが，数学的には便利な性質を備えており，さまざまな統計的分析法の基礎となる指標である。

分散の平方根sが標準偏差で，英語のstandard deviationの頭文字をとってSDと略記されることも多い。分散がデータを2乗した尺度であらわされるのに対し，標準偏差はもとのデータの尺度上で分布の広がりをあらわす指標となっている。多くの分布において，平均から標準偏差の±2～3倍の範囲内にほとんどのデータが含まれる。図10-1の分布の場合，分散が357.2で，標準偏差は18.9となる。この分布の場合は，平均から標準偏差の2倍の範囲内にすべてのデータが含まれている。

◆ 母集団と標本と統計的推論

ここまで，データの分布の特徴の記述の仕方について述べてきたが，一般的な結論を得ることをめざす研究では，実際に集められたデータを，研究の対象としたい全データ（母集団）の一部（標本）とみなし，標本の特徴から母集団の特徴を推論する。たとえば，調査対象となった200人の小学校4年生（標本）の漢字テストの平均や標準偏差から，全国の小学校4年生（母集団）の平均や標準偏差を推定するなどである。また，母集団における諸指標に関する仮説を

立てて,標本で得られた結果に基づいてその仮説を検定することもある。このような推定および検定の手続きを,統計的推論とよぶ。

統計的推論を行う際には,標本が母集団から完全にランダムに選ばれたものであることが仮定される。そして,それに基づいて確率的な形で推定や検定が行われる。統計的推論の具体的な方法については,次節で平均値差の評価を例にとって紹介する。なお,ランダムな標本抽出という仮定が満たされない場合の問題点および対処については,南風原(2002,第4章5節)などを参照されたい。

2 複数の分布の平均の比較

異なる教材や指導法の相対的な効果を比較したり,男女の間でクラブ活動に対する態度を比較したりするなど,2つまたはそれ以上の群の間で,データの分布を比較するケースは多い。群の間で分布を比較する場合,代表値の違いに注目することもあれば,散布度の違いに主な関心があることもある。ここでは,複数の分布の平均を比較する問題に焦点を当てて解説する。

◆ 効 果 量

例として,理科のある単元において,教師が作成したCAIシステム(第8章5の◆コンピュータで教える参照)を用いた個別学習が,通常の教室での一斉学習よりも効果的といえるかどうかを調べる実験を考えてみよう。いま,全体で52人いる生徒を,ランダムに26人ずつの群に分け,一方の群をCAIシステムを用いる実験群とし,他方の群を一斉学習を行う統制群とする。そして,それぞれの条件のもとで一定の時間だけ学習した後に,その単元に関する理解度テストを実施したところ,表10-1のような結果が得られたとしよう。

ここで,両群の間に $12.6-10.3=2.3$ だけの平均値差がある。2群間の平均値差は,ある条件(いまの場合,CAIシステムによる個別学習)が他の条件(一斉学習)より効果的である程度を反映するものであり,広く効果量(effect size)とよばれるものの1つである。

ここで,この2.3点という差がどれほど意味のある差なのかを評価するには,何らかの基準が必要である。その基準の1つとして,それぞれの群におけるテ

表10-1　2つの群の理解度テストの結果

	参加者数	平均	標準偏差
実験群	26	12.6	4.2
統制群	26	10.3	4.8

スト得点の広がりの程度をあらわす標準偏差をとることが考えられる。つまり，

$$d = \frac{\bar{y}_1 - \bar{y}_2}{s}$$

という比を求めるのである。この比は標準化平均値差（standardized mean difference）とよばれる効果量であり，群間の平均値差が群内の標準偏差の何倍に相当するかを示す。

　ただし，群内の標準偏差は通常，群によって異なるので，何らかの方法で2つの群の標準偏差を1つの値で代表させる必要がある。その方法としてよく用いられる式は，n_1, n_2 を各群の標本の大きさ（表10-1の場合，参加者数）とし，s_1, s_2 を各群の標準偏差として，

$$s = \sqrt{\frac{n_1 s_1^2 + n_2 s_2^2}{n_1 + n_2 - 2}}$$

とするものである。この式は，2つの群の母集団の標準偏差が同じ大きさだと仮定したとき，その母集団標準偏差の良い推定値を与えることが知られている。

　表10-1のデータでは，

$$s = \sqrt{\frac{26 \times 4.2^2 + 26 \times 4.8^2}{26 + 26 - 2}} = 4.6$$

となるから，標準化平均値差は，

$$d = \frac{12.6 - 10.3}{4.6} = 0.5$$

となる。標準化平均値差が0.5ということは，平均値差の大きさが群内の標準偏差のちょうど半分にあたるということであるが，この状況を模式的に描くと図10-2のようになる。

◆ 平均値差の検定

　前項の実験の例では，CAIシステムを用いた実験群のほうが，通常の一斉学習を行った統制群よりも大きな学習効果があったようにみえる。しかし，こ

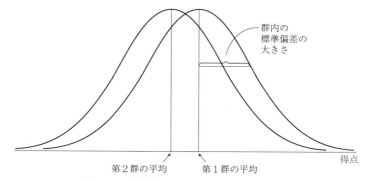

図 10-2　標準化平均値差が 0.5 の場合の模式図

の結果はわずか 26 人ずつの参加者に基づくものであるから，このような効果が母集団においても同様にみられると一般化してよいか，ということについては慎重に検討する必要がある。

　ここで，仮に「母集団における平均値差はゼロである」という仮説を立ててみよう。そして，いま実際に得られた平均値差が，この仮説のもとでは得られにくいほど大きなものといえるかどうかを調べてみる。もしそういえるのなら，仮説を棄却して，「統計的に有意な差が得られた」とすればよい。このような手続きが，仮説の検定とよばれるものである。この場合の検定の対象となる「母集団における平均値差はゼロである」という仮説は，帰無仮説とよばれる。多くの場合，帰無仮説は，データによって棄却されて「無に帰する」ことが望まれる仮説である。

　2 つの群の間の平均値差に関する検定法として最もよく利用されているのは，t 検定とよばれる方法である。この方法は，2 群の母集団標準偏差が等しいという仮定に加えて，それぞれの母集団分布が正規分布（第 9 章 **3** の◆集団基準に基づくテスト得点の解釈参照）であるという仮定を必要とするが，それらの仮定からの逸脱度が大きくなければ，ほぼ正確な結果が得られる。

　t 検定では，前項で説明した標準化平均値差 d と標本の大きさを用いて，次の統計量 t を求める。

$$t = d \times \sqrt{\frac{n_1 n_2}{n_1 + n_2}}$$

表10-2 帰無仮説の棄却に必要な t の値

自由度	両側検定の場合		片側検定の場合	
	危険率5%	危険率1%	危険率5%	危険率1%
10	2.23	3.17	1.81	2.76
12	2.18	3.06	1.78	2.68
14	2.14	2.98	1.76	2.62
16	2.12	2.92	1.75	2.58
18	2.10	2.88	1.73	2.55
20	2.09	2.85	1.72	2.53
22	2.07	2.82	1.72	2.51
24	2.06	2.80	1.71	2.49
26	2.06	2.78	1.71	2.48
28	2.05	2.76	1.70	2.47
30	2.04	2.75	1.70	2.46
40	2.02	2.70	1.68	2.42
50	2.01	2.68	1.68	2.40
60	2.00	2.66	1.67	2.39
70	1.99	2.65	1.67	2.38
100	1.98	2.63	1.66	2.36
∞	1.96	2.58	1.64	2.33

　この統計量に関しては,「母集団における平均値差はゼロである」という帰無仮説のもとで，どういう値がどの程度の確率で得られるかが理論的に知られている。したがって，実際のデータから得られた t の値をそれに照らし合わせることによって，仮説の検定を行うことができる。

　ところで，仮説の検定の仕方としては，どの群の平均が高かったかに関係なく，t の絶対値が十分大きければ有意差があるとする方法と，特定の群の平均が高く，かつ t の絶対値が十分大きいときのみ有意差があるとする方法がある。前者は両側検定とよばれ，後者は片側検定とよばれている。そのうちのいずれを用いるかは研究の内容にもよるが，実際の研究では両側検定を用いることが多い。

　表10-2には，両側検定と片側検定のそれぞれの場合について，帰無仮説のもとでは"得られにくい"ほど大きな t の絶対値が示されている。その"得られにくい"というあいまいな表現を確率で明確にあらわしたのが危険率（有意水準ともいう）である。実際に得られた t の絶対値が，この表に示された値よりも大きいときに帰無仮説を棄却し，結果の有意性を主張することになるが，

本当は仮説が正しいにもかかわらず，誤ってその仮説を棄却してしまうこともある。そのような誤った棄却の確率は危険率に等しい。

なお，表10-2によって棄却に必要な t の値を知るには，自由度とよばれる値が必要である。自由度というのは標本の大きさや実験デザインによって決まる値で，t 検定の場合は，標本全体の大きさにほぼ等しく，

$$\text{自由度} = n_1 + n_2 - 2$$

となる。

表10-1のデータについて，t の値を求めると，

$$t = 0.5 \times \sqrt{\frac{26 \times 26}{26 + 26}} = 1.80$$

となる。いま危険率5%の両側検定を行うとすると，母集団平均に差がないという帰無仮説の棄却に必要な t の値は，表10-2の自由度 26+26-2=50 の欄から2.01となる。上で得られた値はこれを超えないから，平均値差は統計的に有意でなかったということになる。

◆ 検定から推定へ

t 検定の結果から，CAIシステムを用いた個別学習の効果が母集団においてもみられるとは判断できないことがわかった。すなわち，検定を行うことによって，標本で得られた結果を過度に一般化するのを防ぐことができたのである。

一方，検定の結果が有意になった場合は母集団においても効果があると判断することになるが，これは「母集団における平均値差はゼロである」という帰無仮説を否定しただけであって，必ずしも実質的に意味のある大きさの効果の存在を証明したことにはならない。検定では，一般に，標本で得られた効果が大きいほど有意になりやすいが，それと同時に，標本が大きいほど（参加者数が多いほど）有意になりやすいという特徴がある。このことは，先に示した t の式が，標本での効果量（標準化平均値差）に標本の大きさを乗じた形となっていることからもわかる。したがって，母集団での効果が実質的には意味のないほど小さなものであっても，標本が十分大きければ有意な結果が得られる確率が高くなるのである。そこで，検定で有意な結果が得られたときには，母集団での効果がどの程度の大きさのものかを推定して，得られた結果の実質的な意

味を考える必要がある。

母集団での効果の大きさの推定値としては，標本で得られた効果量（平均値差や標準化平均値差）を用いることができる。しかし，標本で得られた値をそのまま母集団での値のように扱うことは，限られた標本の持つ情報量を過大評価し，過度の一般化を助長することにつながりかねない。そのため，母集団における指標の値については，標本の持つ情報量の限界を踏まえて，ある幅を持って推定することが望まれる。

一般に母集団における指標の値を，幅を持って推定することを区間推定といい，その幅を持った区間を信頼区間（confidence interval）とよぶ。2つの母集団平均の差の信頼区間は，t 検定の場合と同じ仮定のもとで，

$$(\bar{y}_1 - \bar{y}_2) \pm t_c \times s \times \sqrt{\frac{n_1 + n_2}{n_1 n_2}}$$

によって求めることができる。ここで，t_c は，表10-2に示した両側検定において帰無仮説の棄却に必要な t の値である。危険率5%の値を用いると，このようにして求められる区間が母集団平均の差を含む確率（信頼水準または信頼係数という）が0.95となることがわかっている。同様に，危険率1%の値を用いると，信頼水準は0.99となる。上の式の残りの記号は先に定義した通りであり，自由度も先と同じく，$n_1 + n_2 - 2$ である。

表10-1のデータから，2つの群に対応する母集団平均の差の95%信頼区間（信頼水準0.95の信頼区間）を求めると，この場合，$t_c = 2.01$ であるから，95%信頼区間は，

$$(12.6 - 10.3) \pm 2.01 \times 4.6 \times \sqrt{\frac{26 + 26}{26 \times 26}} = (-0.26,\ 4.86)$$

となる。

先にみたように，このデータでは「母集団における平均値差はゼロである」という帰無仮説が棄却されなかったが，そのことは，いま求めた母集団平均値差の信頼区間にゼロが含まれていることと合致している。一方，帰無仮説は棄却されなかったものの，データの数があまり多くないことを反映して，母集団平均値差として（-0.26, 4.86）というかなり広い範囲の値が可能性として示されていることから，有意差がなかったことをもって，あたかも差がゼロであ

ることが実証されたかのように解釈してはならないことがわかる。

母集団における標準化平均値差の区間推定の方法については省略するが，平均値差の場合と同様に，母集団値に関する不確実性の程度に応じた幅を持った区間が算出されることになる。

◆ 3つ以上の群の間の平均の比較

比較する学習法が3つ以上ある場合など，3群以上の平均を比較するときは，2群ずつを対にして平均値差や標準化平均値差を調べることができる。標準化平均値差については，すべての群に共通の母集団標準偏差を仮定して，その推定値をすべての対の標準化平均値差に共通に用いることもある。また，群全体として平均値間のばらつきがどの程度あるかを1つの効果量指標にまとめて解釈・報告することもできる（大久保・岡田，2012，第3章3節）。そして，それぞれに応じて，母集団における指標の値を区間推定する方法が利用できる（南風原，2014，第4章2節）。

平均値差の検定については，「すべての群の母集団平均は等しい」という帰無仮説を検定するやり方（分散分析）や，いくつかの群をまとめた平均とある特定の群の平均の差について検定するやり方（対比分析）など，いろいろな方法がある（南風原，2014，第5章）。大事なことは，研究として問いたいことは何かということと，適用しようとしている検定法や報告されている検定結果が整合しているかどうかを見極めることである。

また，検定の方法が複雑なものになってくると，「有意な結果は帰無仮説を否定するのみで，必ずしも実質的に意味のある大きさの効果の存在を証明したことにはならない」という基本的なことが忘れられ，過度に一般化した，あるいは誇張された解釈をしてしまう危険があるので，注意が必要である。検定の利用に関するこうした留意点については，大久保・岡田（2012）が参考になる。

次節以降では統計的推論に関する解説は割愛するが，本節で述べた検定と推定についての留意点は，次節以降で紹介する方法に関しても同様にあてはまるものである。

3 2つの変数間の関係の把握

◆ 散布図と相関関係

　前節までは，1つの変数のデータの分析について述べたが，教育心理学の研究では，2つ以上の変数についてデータを集め，それらの間の関係について調べることがよくある。たとえば，複数の教科の学力テストの得点間の関係を調べたり，種々の心理特性の測定値と学業成績の間の関係を調べたりする。

　この場合，図10-3のような散布図（相関図ともいう）を作成して，全体としての関係の様相を把握することが基本的なステップである。図に示した4つの散布図のうち，(a) では一方の変数の値が大きいほど他方の変数の値も大きいという傾向がかなりはっきり見られる。このように散布図が全体として右上がりの傾向を示すとき，2変数の間には正の相関関係があるという。これに対し (b) では，一方の変数の値が大きいほど他方の変数の値は逆に小さいという傾向がわずかながら認められる。このような場合は，2変数の間に負の相関関係があるという。また，(a) も (b) も散布図全体としての上がり方や下がり方がほぼ直線的になっていることから，いずれも直線的な相関関係があるという。これと対照的なのが，(d) にみられる曲線的な相関関係である。図の (c) については，2変数の間に一貫性のある関係はみられない（コラム10-1参照）。

◆ 相関係数とその解釈上の留意点

　図10-3の (a) や (b) のように直線的な相関関係を示すものについて，その関係の強さの程度をあらわす指標が相関係数（correlation coefficient）である。2つの変数 x，y の間の相関係数 r は，

$$r = \frac{s_{xy}}{s_x s_y}$$

という式で定義される。この式の分母の s_x と s_y はそれぞれの変数の標準偏差をあらわし，分子の s_{xy} は次式で定義される共分散をあらわす。

$$s_{xy} = \frac{1}{n}\sum_{i=1}^{n}(x_i-\bar{x})(y_i-\bar{y})$$

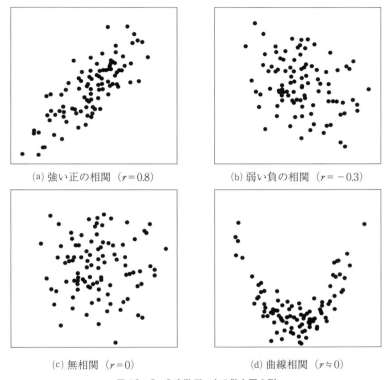

図 10-3 2変数データの散布図の例

ただし，n は標本の大きさであり，$\bar{x}$ および $\bar{y}$ はそれぞれの変数の平均である。

相関係数 r は -1 から 1 までの値をとり，図 10-3 の (a) のように右上がりの関係のときは正の値，(b) のように右下がりの関係のときは負の値をとる。また，(c) のように 2 変数の間に何の関係もない場合は，相関係数 r の値は 0 となる。なお，(d) の場合，強い曲線的な相関関係があるが，全体として右上がりの傾向や右下がりの傾向があるわけではないので，相関係数は高くならない。このような曲線相関を示すデータについて通常の相関係数を求めても，関係の強さを正しく表現することはできない。

2 つの変数の間に相関関係がある場合，1 つの変数が原因となり，もう 1 つの変数が結果となるような因果関係があることもあるが，そのような因果関係

【コラム 10 - 1　●個人間の相関関係と個人内の共変関係】

　図 10-3 の散布図の横軸と縦軸を，それぞれ，「勉強以外の読書時間」と「自宅学習の時間」としよう。このような図は，ほとんどの場合，1 つの点が 1 人の個人に対応しており，たとえば (a) の図であれば，「勉強以外の読書時間が長い人ほど，自宅学習時間も長い」ということをあらわしている。

　これに対し，1 人の個人に注目し，1 週間当たりの勉強以外の読書時間と自宅学習時間を測って，各週のデータを継時的にプロットすることも可能である。図 10-3 がそのような散布図であるならば，たとえば (a) の図は，その個人について，「勉強以外の読書時間が長いときは，自宅学習時間も長い」ということをあらわしている。

　前者は 2 つの変数の個人差がどのように対応しているかを示すもので「個人間の相関関係」とよぶことができる。一方，後者は，各個人の中で，2 つの変数がどのように共変ないしは連動しているかというダイナミックな関係を示すもので「個人内の共変関係」とよぶことができる（南風原・小松，1999；南風原，2011，ガイド 13）。

　「個人間の相関関係」は，一時点で多くの人に調査すれば必要なデータが収集できるのに対し，「個人内の共変関係」は時間をかけた縦断的な調査が必要になる。そのため，本当に知りたいのは「個人内の共変関係」であるときに，データ収集が容易な「個人間の相関関係」で代用しているケースがみられるが，これは適切ではない。

　「個人間の相関関係」は集団全体で 1 つ得られるだけであるのに対し，「個人内の共変関係」は，その関係のあり方が個人によって異なる可能性がある。たとえば，勉強以外の読書時間が長くなると，そのぶん自宅学習時間が減り，図 10-3 の (b) のような関係を示す人もいるだろうし，(c) のように両者がほとんど共変しない人もいるかもしれない。それはそれ自体，興味深い個人差であり，そのような「個人内の共変関係の個人差」が何によって規定されているかを調べることは，新たな研究課題となりうる。

　「個人間の相関関係」と「個人内の共変関係」の違いは，発達心理学の領域で議論されてきた変数志向アプローチ（variable-oriented approach）と個人志向アプローチ（person-oriented approach）の違い（Bergman & Magnusson, 1997）に対応しているともいえる。

がなくても相関関係は生じうる。たとえば，小学校 1 年生から 6 年生までについて身長と漢字テストの得点の間の関係を調べれば，かなり高い正の相関係数が得られるだろう。しかし，これらの変数の間に因果関係があるとは考えにくい。このときは，年齢あるいは学年という共通の要因がそれぞれの変数と正の相関関係を持つために，見かけ上，2 つの変数の間に高い相関関係が生じると

解釈できる。教育に関する研究報告などでは，たとえば学業成績と高い相関関係を示す変数を見つけ，それらの変数を学業成績向上の要因とみなすといったことがよくあるが，相関関係がそのまま因果関係をあらわすとは限らないということに十分注意しなくてはならない。

また，相関係数の値を解釈するときは，集団の等質性の程度にも注意を払う必要がある。というのは，2変数間の相関係数の値は，それらの変数に関して集団が等質であるほど低くなる傾向があるからである。たとえば，上の身長と漢字テストの得点の関係の例でも，小学生の学年を限定すれば相関はほとんどなくなるであろう。また，入学試験の成績と入学後の成績の間の相関係数はあまり高くならないことが多いが，その大きな原因の1つは，入学試験によって選抜された等質性の高い集団のデータを用いていることである。

相関係数の解釈上の留意点としては，このほかに測定値の信頼性（第9章3の◆テスト得点の信頼性参照）に関することがある。測定値の信頼性が低いということは，測定値に偶然的な誤差が含まれる割合が大きいということである。そうした測定誤差は変数間の関係をぼかしてしまうはたらきをするため，測定値の信頼性が低いほど，その測定値と他の変数との相関係数は低く抑えられることになるのである。

◆ 統計的な予測

2つの変数の間に直線的な相関関係がある場合，一方の変数の一次関数によって他方の変数の値を近似的に予測することができる。このとき，予測に用いられる変数を説明変数または独立変数とよび，予測されるほうの変数を基準変数または従属変数とよぶ。図10-4は，知能偏差値を説明変数とし，学力偏差値を基準変数とした仮想的な例である。図に示されている直線は，予測に用いられる一次関数をあらわすもので，回帰直線とよばれる。また回帰直線を求め，それによる予測を行う統計的方法を回帰分析とよぶ（コラム10-2参照）。

説明変数xから基準変数yを予測するとき，予測値（回帰予測値ともいう）を$\hat{y}$とし，回帰直線の式を，

$$\hat{y} = a + bx$$

とすると，定数aおよびbは，x，yの平均，標準偏差，および相関係数を用

【コラム 10-2 ● "輪切り"選抜と回帰効果】

仮に A～E の 5 つの大学への進学者の振り分けが，共通の選抜試験の成績で上位 20% は A 大学へ，次の 20% は B 大学へ，というように完全な"輪切り"選抜で行われたとしよう。一方で，ある職業で必要とされる能力を測定したものを考え，それを基準変数とよんでおく。この基準変数と"輪切り"のための選抜試験の成績との相関係数が 0.8 であるとして，基準変数について 5 つの大学の学生の分布を描くと図のようになる（南風原, 1989）。

極端な"輪切り"選抜が行われたと仮定し，かつ，基準変数と選抜試験の成績の間に 0.8 というおそらく実際よりもかなり高い相関を仮定しても，5 つの分布はかなり重なることがわかる。現実には，異なる大学の学生の能力分布は，この図よりずっと重なりが大きくなるだろうから，出身大学だけによって人の能力を判断することが，いかに当てにならないかがわかる。

なお，この例は，一般に回帰効果とよばれるものの一例である。回帰効果とは，1 つの変数において極端な値をとる者は，もう 1 つの変数においてはそれほど極端な値をとらず，集団平均のほうに"回帰する"傾向があることを指す。回帰効果は双方向的なもので，いまの例でいえば，仮に基準変数によって 5 つの群に割り振ったとしたら，最も高い群の選抜試験成績は平均のほうに回帰し，2 番目以下の群の分布とかなり重なりをもつことになる。

ある変数を用いて他の変数の値を予測するための直線が回帰直線とよばれているのは，その直線の傾きが小さいほど回帰効果が大きいというように，回帰の程度をその直線が表現していることに由来している。

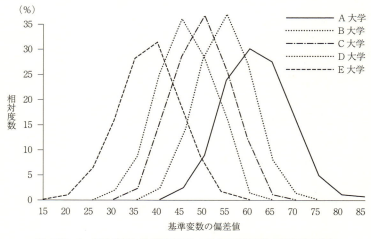

図 10C-1 選抜試験との相関が 0.8 の場合の基準変数の偏差値の分布

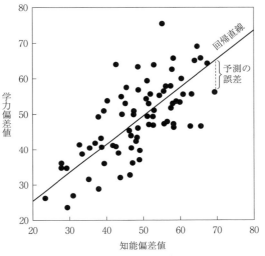

図 10-4 回帰直線による予測の例

いて，

$$b = r\frac{s_y}{s_x}$$

$$a = \bar{y} - b\bar{x}$$

によって求められる。このうち直線の傾きをあらわす定数 b は，とくに回帰係数（regression coefficient）とよばれる。

回帰直線による予測の誤差（残差ともいう）$y - \hat{y}$ の平均は必ずゼロとなり，標準偏差（予測の標準誤差とよばれる）は，

$$s_e = s_y\sqrt{1-r^2}$$

によって与えられる。基準変数 y の標準偏差を一定とすると，予測の標準誤差が小さいほど予測の精度が高いといえるが，この式から，その精度は相関係数の2乗によって決まることがわかる。なお，図 10-4 の例における予測の誤差は，第9章 *3* の◆個人内基準に基づくテスト得点の解釈で述べた回帰成就値になる。この例のように，正確な予測のためには避けるべきものである誤差（残差）が，分析の目的によっては重要な意味を持つことがある。

4 多くの変数間の複雑な関係の把握

◆ 説明変数が2つある場合の予測・説明

　教育心理学が研究対象とするような個人差は，一般に，さまざまな要因によって規定されており，ある1つの変数で十分に予測なり説明なりができることは少ない。図10-5に示した例は，生徒の学業成績の個人差を，学習意欲の指標（尺度の得点）と1日平均の学習時間という2つの説明変数で予測・説明するというものである。学業成績はこの2つの変数だけと関係しているわけではないので，現実を簡略化したものという意味を含めて「モデル」ということばを使っている。

　この図の片方向の矢印は予測・説明の向きを示しており，矢印に付された数値は，分析の結果として得られた係数の値を示している（ただし，数値は架空のもの）。そして，両方向の矢印はどの変数がどの変数を予測・説明するかという方向性は定めず，互いに相関関係にあることのみを示しており，数値は相関係数の値である。このような図は，パス図（path diagram）とよばれる。この図で表現されたモデルおよび結果を式の形で書くと，

$$学業成績 = 0.3 \times 学習意欲 + 0.4 \times 学習時間 + 残差$$

となる。残差は図ではこの後のモデルとの関係で，d_1 と表記している。また，学習意欲の尺度得点と学習時間との間の相関係数は 0.5 であったことを示している。

　このような分析法は重回帰分析とよばれ，説明変数にかかる係数は偏回帰係数とよばれている。重回帰分析の結果をみる際に注意すべきことの1つは，この分析によって因果関係を示したことには必ずしもならない，ということである。同じ相関関係を説明するのに，たとえば，学業成績が高いから学習意欲が高まるとか，学業成績が低いから学習時間がますます少なくなる，といった別のモデルを立てて分析することも可能だからである。あくまで，研究者が立てたモデルの枠内での結果だということである。

　もう1つ注意すべきことは，いま，学習意欲の尺度得点に 0.3 という偏回帰

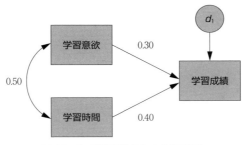

図 10-5　説明変数が 2 つあるモデル

係数がかかっているのは，もう 1 つの説明変数として学習時間を設けていることに依存した結果だということである。この 0.3 という数値は，「学習時間が同じ長さである生徒の中で，学習意欲の尺度得点の 1 点が，学業成績の 0.3 点の差を予測する」という意味であり，「学習時間が同じ長さである生徒の中で」という条件付きの数値である。いま仮に学習時間の代わりに知能偏差値を説明変数として入れたら，学習意欲の尺度得点にかかる偏回帰係数の値は「知能偏差値が同じである生徒の中で」という条件付きの数値となり，数値自体も異なってくる。

　なお，偏回帰係数の値は，データの値をそのまま用いた場合と，データをすべて z 得点（第 9 章 *3* の◆集団基準に基づくテスト得点の解釈参照）やその他の標準得点に変換（標準化）してから分析した場合とで異なってくる。後者の場合の偏回帰係数は標準偏回帰係数とよばれる。先に，図 10-5 の両方向の矢印について，「数値は相関係数の値である」と書いたが，実はこれはデータを標準化した場合のことであり，もし標準化していないのであれば，「相関係数」ではなく「共分散」となる。そして，図 10-5 が標準化したデータによる結果を示しているとすると，先に「学習意欲の尺度得点の 1 点が，学業成績の 0.3 点の差を予測する」と書いたことは，標準得点における 1 点ないし 0.3 点（あるいは標準偏差の 1 倍ないし 0.3 倍）を意味することとなる。重回帰分析や次項で述べるようなその発展系の分析では，分析結果が標準化したデータによるものかどうかは，必ず明示しなければならない。

◆ 潜在変数の導入

　前項の例では，学習意欲の指標として，学習意欲を測定する尺度の得点を想

定した。尺度得点は通常，尺度を構成する項目の得点の合計点である。これに対し，学習意欲は尺度得点では直接表現できない「潜在的なもの」，すなわち潜在変数であり，尺度の項目の得点はその潜在変数を，それぞれの項目なりに反映するものであるというとらえ方もできる。

そのようなとらえ方は，図 10-6 の左上部分に表現されている。図のその部分は，学習意欲を反映する 4 つの項目の得点が $y_1 \sim y_4$ であり，それらは学習意欲という潜在変数（または因子）を，それぞれの矢印に付記された係数値の分，反映していることを示している。それぞれの項目得点には，潜在変数では説明できない残差があり，それは $e_1 \sim e_4$ と表記されている。このようなモデルは因子分析モデルとよばれる。因子分析 (factor analysis) では，各項目が因子を反映する程度をあらわす係数（回帰係数，偏回帰係数）を因子負荷とよんでいる。なお，パス図では図 10-6 のように，潜在変数を楕円，項目得点や尺度得点などの観測変数を長方形，残差（誤差）を円であらわすのが一般的であり，図 10-5 もそのルールに従って描かれている。

図 10-6 の右下の部分は，同様に，学業成績に関する因子分析モデルとなっている。そして，図全体では，図 10-5 と同様に，学習意欲と学習時間の 2 つの説明変数で学業成績を予測・説明するモデルになっているが，図 10-5 との違いは，これらの変数のうち学習意欲と学業成績が潜在変数となっていることである。

このように潜在変数を導入することの一番の利点は，モデル上，項目得点などの観測値に含まれる誤差を分離できること，そして，その結果として，よりクリアな結果が得られる可能性があることである。たとえば，項目得点 y_1 は

$$y_1 = 0.75 \times \text{"学習意欲"因子} + \text{残差}$$

という構成になる。右辺の残差の中には学習意欲とは関係のない部分や偶然誤差などが含まれると考えられるが，この式より，学習意欲の因子は測定値 y_1 から，それら"不純物"を取り除いたものとなり，その分，より明瞭な結果が期待できるということである。なお，この式で"学習意欲"と" "を付けたのは，因子分析における因子が何をあらわすかは，直接には知ることはできず，各項目の内容および因子負荷から間接的に推測するものであることを踏まえて

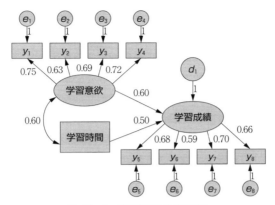

図 10-6 潜在変数を含むモデル

のことである。

　図 10-6 で，図 10-5 にくらべ，対応する相関係数や偏回帰係数（図 10-6 のように複数の重回帰モデルを内包するようなモデルでは，偏回帰係数を「パス係数」とよぶのが一般的である）の値が大きくなっているのは，潜在変数を導入することによって，よりクリアな結果が得られる状況を想定した（架空の）結果である。この例の場合，学習意欲にかかる係数は，図 10-5 では学習時間にかかる係数より小さかったが，潜在変数として表現した図 10-6 では学習時間にかかる係数より大きくなっている。潜在変数の導入はこのような効果を生じる可能性がある。

　図 10-6 のようなモデル化およびそれに基づく分析は，構造方程式モデリング（Structural Equation Modeling: SEM）とよばれ，教育心理学や関連領域では広く利用されている。分析法の数学的な側面に注目した共分散構造分析（covariance structure analysis）という名称が用いられることも多い（南風原, 2002, 第 10 章；豊田, 1998）。この方法は，非常に柔軟なモデル化を可能にし，かつ想定したモデルがどの程度データと整合しているかというモデル適合度を評価することもできる点で有用である。しかし，前項で重回帰分析について述べたのと同様に，あくまでも研究者が立てたモデルの枠内での分析結果を表現するものであり，必ずしも心理プロセスや因果的メカニズムを直接示したものとは言えないということは注意しておく必要がある。

◆ 変数間の交互作用

　本節のテーマである「多くの変数間の複雑な関係」のうち，ここまで取り上げてこなかった重要なものに，「2変数間の関係のあり方が，第3の変数の値によって異なる」という関係がある。たとえば，第1章 *2* の◆個性化教育についてで述べた適性処遇交互作用の例では，「受講者が講義形式の授業を受けるか映画形式の授業を受けるか」が「受講者のテスト成績」に及ぼす影響のあり方が，「受講者の性格が内向的か外向的か」によって異なっていた。この例のように，第1の変数が第2の変数に及ぼす影響のあり方が，第3の変数の値によって異なるとき，第1の変数と第3の変数の間に，第2の変数への影響に関して，交互作用（interaction）があるという。適性処遇交互作用は，第1の変数が「処遇」で，第3の変数が「適性」であるときの交互作用である。第7章 *2* の◆個性を尊重した授業でも述べたように，教育実践においてこのような交互作用を把握し，それを踏まえた判断をすることは重要なことである。

　この交互作用という観点から，あらためて図 10-5 のモデル（図 10-6 のモデルも同様）をみると，たとえば，学習時間と学業成績との関係のあり方が，学習意欲の高低によって異なるといった交互作用については配慮されていない。言い換えれば，このモデル（そして重回帰分析や構造方程式モデリングを用いた多くのモデル）は，「交互作用はない」ということを前提としたものとなっているのである。自分でモデルを立てたり，何らかのモデルに基づいてなされた他者の分析結果を解釈したりする際には，この観点からも吟味を行うこと，そして必要に応じて交互作用の導入を検討することが望まれる。

◆ コンピュータ・ソフトウェアの利用

　本章で紹介したデータ分析の方法は，電卓があれば必要な計算を行うことができるものもあるが，構造方程式モデリングなど，コンピュータなしでは実際上適用が不可能なものも多い。また，簡単な分析法でも，データが多くなればコンピュータが必要となってくるし，計算の正確さのためにもコンピュータは欠かせない。

　現在，広く利用されている統計ソフトウェアとしては，市販のものでは SPSS が代表的であり，また表計算ソフトウェア Excel でもかなり高度な統計計算が可能である。最近は，無料で利用できる R の利用が広がってきており，

そのための解説書も充実してきている（たとえば，山田・村井・杉澤，近刊など）。

　これらのソフトウェアを利用すれば，ほとんど瞬時にしてさまざまな分析結果を出してくれるが，大事なことは分析法の原理を，少なくとも概念的にはよく理解したうえで適切な方法を選択すること，そしてその分析の結果を，本章で述べたような点などに注意しながら，正しく解釈し伝えることである。また，他者の研究報告を読む場合も，「その分析結果でそのようなことまで言えるのか」といったクリティカルな態度で見ることも必要なことである。

〔参考文献〕
◇　南風原朝和『心理統計学の基礎——統合的理解のために』有斐閣，2002
◇　南風原朝和『続・心理統計学の基礎——統合的理解を広げ深める』有斐閣，2014
◇　大久保街亜・岡田謙介『伝えるための心理統計——効果量・信頼区間・検定力』勁草書房，2012
◇　山田剛史・村井潤一郎『よくわかる心理統計』ミネルヴァ書房，2004
◇　吉田寿夫『本当にわかりやすいすごく大切なことが書いてあるごく初歩の統計の本』北大路書房，1998

引用文献

第1章

Cummings, W. K. 1980 *Education and equality in Japan.* Princeton University Press.（友田泰正訳 1981 『ニッポンの学校』サイマル出版会）

長谷川俊明 1988 『訴訟社会アメリカ――企業戦略構築のために』中公新書。

橋爪貞雄 1984 『危機に立つ国家――日本教育への挑戦』黎明書房。

市川伸一 2002 『学力低下論争』ちくま新書。

伊藤正則 1990 『五日制の学校』三一書房。

子安増生 1989 「文献紹介：リチャード・リン著『日本の教育達成――西欧への教訓』」『IDE 現代の高等教育』**301**, 53-59。

子安増生 2001 「多重知能理論からみた近年の教育改革批判」『京都大学大学院教育学研究科紀要』**47**, 28-50。

子安増生・服部敬子・郷式徹 2000 『幼児が「心」に出会うとき――発達心理学から見た縦割り保育』有斐閣選書。

倉石精一・芋阪良二・梅本堯夫編 1978 『教育心理学〔改訂版〕』新曜社。

Lynn, R. 1988 *Educational achievement in Japan: Lessons for the West.* Macmillan Press.

森嶋通夫 1988 『サッチャー時代のイギリス――その政治, 経済, 教育』岩波新書。

中野重人・日台利夫・土屋暢 1989 『生活科 新学習指導要領の解説』初教出版。

NHK 日本プロジェクト取材班 1989 『教育は変えられるか 上』日本放送出版協会。

岡部恒治・戸瀬信之・西村和雄編 1999 『分数ができない大学生――21世紀の日本が危ない』東洋経済新報社。

Rohlen, T. P. 1983 *Japan's high schools.* University of California Press.（友田泰正訳 1988 『日本の高校』サイマル出版会）

佐伯胖・大村彰道・藤岡信勝・汐見稔幸 1989 『すぐれた授業とはなにか――授業の認知科学』東京大学出版会。

産経新聞社会部編 1995 『理工教育を問う――テクノ立国が危うい』新潮社。

戸塚滝登 1989 『クンクン市のえりちゃんとロゴ君』ラッセル社。

第2章

Case, R. 1972 Validation of a neo-Piagetian mental capacity construct. *Journal of Experimental Psychology*, **14**, 387-413.

Dawkins, R. 1976 *The selfish gene.* Oxford University Press.（日高敏隆・岸由二・羽田節

子・垂水雄二訳　1991　『利己的な遺伝子』紀伊國屋書店）
土居洋文　1991　『老化——DNAのたくらみ』岩波書店。
笠原嘉　1977　『青年期——精神病理学から』中公新書。
宮本健作　1990　『母と子の絆——その出発点をさぐる』中公新書。
Pascual-Leone, J.　1970　A mathematical model for the transition rule in Piaget's development stages. *Acta Psychologica*, **32**, 301-345.
Piaget, J.　1970　*L'épistémoloqie génétique*. PUF.（滝沢武久訳　1972　『発生的認識論』白水社クセジュ文庫）
Piaget, J.　1972　Intellectual evolution from adolescence to adulthood. *Human Development*, **15**, 1-12.
Piaget, J. & Inhelder, B.　1966　*La psychologie de l'enfant*. PUF.（波多野完治・須賀哲夫・周郷博訳　1969　『新しい児童心理学』白水社クセジュ文庫）
Premack, D. & Woodruff, G.　1978　Does the chimpanzee have a theory of mind? *The Behavioral and Brain Sciences*, **1**, 515-526.
Siegler, R. S.　1976　Three aspects of cognitive development. *Cognitive Psychology*, **4**, 481-520.
Verny, T. & Kelly, J.　1981　*The secret life of the unborn child*. Delta.（小林登訳　1982／1997『胎児は見ている』祥伝社・NON BOOK）
Wimmer, H. & Perner, J.　1983　Beliefs about beliefs: Representation and constraining function of wrong beliefs in young children's understanding deception. *Cognition*, **13**, 103-128.

第3章

Bower, T. G. R.　1989　*The rational infant: Learning in infancy*. W. H. Freeman and Company.
Gardner, H.　1983　*Frames of mind: The theory of multiple intelligences*. Basic Books.
Morris, D.　1967　*The naked ape*. Jonathan Cape.（日高敏隆訳　1969　『裸のサル——動物学的人間像』河出書房新社）
日本精神神経学会精神科病名検討連絡会　2014　「DSM-5病名・用語翻訳ガイドライン（初版）」『精神神経学雑誌』**116**, 429-457。
高松鶴吉・太田茂　1990　『障害者の可能性を拡げるコンピュータ——electronic equalizerがもたらす新しい世界』中央法規出版。

第4章

Anderson, J. R.　1974　Verbatim and propositional representation of sentences in immediate and long-term memory. *Journal of Verbal Learning and Verbal Behavior*, **13**, 149-162.
Azrin, N. H. & Holz, W. C.　1966　Punishment. In W. K. Honig (Ed.), *Operant behavior: Ar-

eas of research and application. Appleton-Century-Crofts, 380-447.

Bower, G. H. 1972 Mental imagery and associative learning. In L. Gregg (Ed.), *Cognition in learning and memory*. Wiley, 51-88.

Craik, F. I. M. & Watkins, M. J. 1973 The role of rehearsal in short-term memory. *Journal of Verbal Learning and Verbal Behavior*, **12**, 598-607.

井上毅・佐藤浩一編　2002　『日常認知の心理学』北大路書房。

三好邦雄・三好隆史・岡上巳彌子・梅津耕作　1989　「行動療法」杉本助男・佐藤方哉・河嶋孝編（小川隆監修）『行動心理ハンドブック』培風館，107-126。

Mowrer, O. H. & Mowrer, W. M. 1938 Enuresis: A method for its study and treatment. *American Journal of Orthopsychiatry*, **8**, 436-459.

太田信夫・厳島行雄編　2011　『現代の認知心理学2　記憶と日常』北大路書房。

太田信夫・多鹿秀継編　2000　『記憶研究の最前線』北大路書房。

第5章

Anderson, J. R. 1980 *Cognitive psychology and its implications*. Freeman.

Anderson, J. R. 1982 Acquisition of cognitive skill. *Psychological Review*, **89**, 369-406.

Anderson, J. R. 1984 Learning to program in LISP. *Cognitive Science*, **8**, 87-129.

Bassok, M. & Holyoak, K. J. 1989 Interdomain transfer between isomorphic topics in algebra and physics. *Journal of Experimental Psychology: Learning, Memory, and Cognition*, **15**, 153-166.

Bransford, J. D., Stein, B. S., Vye, N. J., Franks, J. J., Auble, P. M., Mezynski, K. J. & Perfetto, G. A. 1982 Differences in approaches to learning: An overview. *Journal of Experimental Psychology: General*, **111**, 390-398.

Brown, J. S. & Burton, R. R. 1978 Diagnostic models for procedural bugs in basic mathematical skills. *Cognitive Science*, **2**, 155-192.

Chi, M. T. H., Bassok, M., Lewis, M. W., Reimann, P. & Glaser, R. 1989 Self-explanations: How students study and use examples in learning to solve problems. *Cognitive Science*, **13**, 145-182.

Deci, E. L. 1971 Effects of externally mediated rewards on intrinsic motivation. *Journal of Personality and Social Psychology*, **18**, 105-115.

板倉聖宣編　1974　『初めての仮説実験授業』国土社。

Karmiloff-Smith, A. 1984 Children's problem solving. In M. E. Lamb, A. L. Brown & B. Rogoff (Eds.), *Advances in developmental psychology*. Lawrence Erlbaum Associates, 39-40.

Keller, K. L. 1998 *Strategic brand management*. Prentice-Hall.（恩蔵直人・亀井昭宏訳　2000　『戦略的ブランド・マネジメント』東急エージェンシー）

Lampert, M. 1990 When the problem is not the problem and the solution is not the an-

swer: Mathematical knowing and teaching. *American Educational Research Journal*, 27, 29-63.
Lave, J. & Wenger, E. 1991 *Situated learning: Legitimate peripheral participation*. Cambridge University Press.（佐伯胖訳 1993 『状況に埋め込まれた学習――正統的周辺参加』産業図書）
松原仁 1990 「Case-Based Reasoning の展開」『日本認知科学会シンポジウム資料集――高次推論機能の解明をめざして』39-43。
大西仁・鈴木宏昭編 2000 『類似から見た心』共立出版。
佐藤理史 1990 「Memory-based Reasoning の挑戦――もう，ルールなんていらない？」『日本認知科学会シンポジウム資料集――高次推論機能の解明をめざして』1-10。
Schoenfeld, A. H. 1985 *Mathematical problem solving*. Academic Press.
Schoenfeld, A. H. 1992 Learning to think mathematically: Problem solving, metacognition, and sense-making in mathematics. In D. Grouws (Ed.), *Handbook for research on mathematics teaching and learning*. Macmillan, 334-370.
Stein, B. S., Bransford, J. D., Franks, J. J., Vye, N. J. & Perfetto, G. A. 1982 Differences in judgments of learning difficulty. *Journal of Experimental Psychology: General*, 111, 406-413.
Thorndike, E. L. 1911 *Animal intelligence: Experimental studies*. Macmillan.
Wertsch, J. V. 1985 *Vigotsky and the social formation of mind*. Harvard University Press.

第6章

河村茂雄 2012 『学級集団づくりのゼロ段階――Q-U 式学級集団づくり入門』図書文化社。
菊池章夫 1983 「向社会的行動の発達」『教育心理学年報』23, 118-129.
Maslow, A. H. 1970 *Motivation and personality*. (2nd ed.) Harper & Row.
文部科学省 2012 「いじめの定義」(http://www.mext.go.jp/ijime/detail/1336269.htm)
竹川郁雄 1993 『いじめと不登校の社会学――集団状況と同一化意識』法律文化社。
竹川郁雄 2006 『いじめ現象の再検討――日常社会規範と集団の視点』法律文化社。
田中俊也・梶田正巳 1995 「教師の教育力を高める」祖父江孝男・梶田正巳編『日本の教育力』金子書房, 76-99。

第7章

Barr, R. & Tagg, J. 1995 From teaching to Learning: A new paradigm for undergraduate education. *Change*, 27, 12-25.
板倉聖宣・渡辺慶二 1974 『仮説実験授業記録集成 4 ものとその重さ』国土社。
三隅二不二・矢守克也 1989 「中学校における学級担任教師のリーダーシップ行動測定尺度の作成とその妥当性に関する研究」『教育心理学研究』37, 46-54。

文部科学省　2012　「予測困難な時代において生涯学び続け，主体的に考える力を育成する大学へ」中央教育審議会大学分科会大学教育部会審議のまとめ（平成24年3月26日）（http://www.mext.go.jp/component/b_menu/shingi/toushin/__icsFiles/afieldfile/2012/04/02/1319185_1.pdf）

Schön, D.　1983　*The reflective practitioner: How professionals think in action*. Basic Books.（柳沢昌一・三輪建二監訳　2007　『省察的実践とは何か——プロフェッショナルの行為と思考』鳳書房，2007年）

田中俊也・山田嘉徳　2015　『大学で学ぶということ——ゼミを通した学びのリエゾン』ナカニシヤ出版．

第8章

Bruner, J. S.　1961　*The process of education*. Harverd University Press.（鈴木祥蔵・佐藤三郎訳　1963　『教育の過程』岩波書店）

Foucault, M.　1966　*Les Mots et les Choses*. Editions Gallimard.（渡辺一民・佐々木明訳　1974　『言葉と物——人文科学の考古学』新潮社）

堀口秀嗣　1988　「FCAI概説」堀口秀嗣編『FCAIによる学習ソフトの作成法』文溪堂，1-18.

文部科学省　2010　「教育の情報化に関する手引」（http://www.mext.go.jp/a_menu/shotou/zyouhou/1259413.htm）

中野照海　1968　「視聴覚教育」東洋・坂元昂・辰野千寿・波多野誼余夫編（波多野完治・依田新・重松鷹泰監修）『学習心理学ハンドブック』金子書房，603-631．

西之園晴夫　1987　「教育機器のありかた」東洋・稲垣忠彦・岡本夏木・佐伯胖・波多野誼余夫・堀尾輝久・山住正己編『岩波講座 教育の方法10 教育と機械』岩波書店，81-118．

田中俊也　2000　「ネットワーク社会における新しい教育」園田寿編『知の方舟——デジタル社会におけるルールの継承と変革』ローカス，59-77．

田中俊也　2002　「『教える』知識・『学ぶ』知識——知識表象の4つのレベル」『教育科学セミナリー』33，43-52．

第9章

安藤輝次　2001　『ポートフォリオで総合的な学習を創る』図書文化社．

東洋　2001　『子どもの能力と教育評価〔第2版〕』東京大学出版会．

Bloom, B. S.（Ed.）　1956　*Taxonomy of educational objectives: Handbook I: Cognitive domain*. Longman.

Bloom, B. S., Hastings, J. T. & Madaus, G. F.　1971　*Handbook on formative and summative evaluation of student learning*. McGraw-Hill.（梶田叡一ほか訳　1973　『教育評価法ハンドブック』第一法規出版）

Flanagan, D. P. & Kaufman, A. S. 2009 *Essentials of WISC-IV assessment*. Wiley.（上野一彦監訳 2014 『エッセンシャルズ WISC-IV による心理アセスメント』日本文化科学社）

南風原朝和 2001 「準実験と単一事例実験」南風原朝和・市川伸一・下山晴彦編『心理学研究法入門――調査・実験から実践まで』東京大学出版会，123-152。

南風原朝和 2011 『臨床心理学をまなぶ7 量的研究法』東京大学出版会。

稲垣佳世子 1980 「自己学習における動機づけ」波多野誼余夫編『自己学習能力を育てる』東京大学出版会，33-95。

加藤健太郎・山田剛史・川端一光 2014 『R による項目反応理論』オーム社。

経済協力開発機構（OECD）編 2010 『PISA の問題できるかな？――OECD 生徒の学習到達度調査』明石書店。

Kreiner, S. & Christensen, K. B. 2014 Analyses of model fit and robustness: A new look at the PISA scaling model underlying ranking of countries according to reading literacy. *Psychometrika*, 79, 210-231.

松田修 2013 「日本版 WISC-IV の理解と活用」『教育心理学年報』52, 238-243。

森本康彦 2008 「e ポートフォリオの理論と実際」『教育システム情報学会誌』25, 245-263。

村上宣寛 2011 「小学生用主要5因子性格検査」（http://www15.ocn.ne.jp/~gakugei/soft/littlebig5.htm）。

村山航 2006 「テストへの適応――教育実践上の問題点と解決のための視点」『教育心理学研究』54, 265-279。

西岡加名恵 2003 『教科と総合に活かすポートフォリオ評価法――新たな評価基準の創出に向けて』図書文化社。

小川賀代・小村道昭編 2012 『大学力を高める e ポートフォリオ――エビデンスに基づく教育の質保証をめざして』東京電機大学出版局。

Shadish, W. R., Cook, T. D., & Campbell, D. T. 2002 *Experimental and quasi-experimental design for generalized causal inference*. Wadsworth.

鈴木雅之 2011 「テスト観とテスト接近-回避傾向が学習方略に及ぼす影響――有能観を調整変数として」『日本テスト学会誌』7, 51-65。

鈴木雅之 2012 「教師のテスト運用方法と学習者のテスト観の関連――インフォームドアセスメントとテスト内容に着目して」『教育心理学研究』60, 272-284。

田中教育研究所編 2003 『田中ビネー知能検査 V』田研出版。

植野真臣・永岡慶三編 2009 『e テスティング』培風館。

第10章

秋田喜代美・藤江康彦編 2007 『はじめての質的研究法 教育・学習編』東京図書。

Bergman, L. & Magnusson, D. 1997 Person-oriented research in developmental psychopathology. *Development & Psychopathology*, 9, 291-319.

南風原朝和　1989　「選抜試験の妥当性と"輪切り"効果」*NIIGATA Educational Psychologist*, Vol. 6, 96-98.
南風原朝和　2002　『心理統計学の基礎——統合的理解のために』有斐閣。
南風原朝和　2011　『臨床心理学をまなぶ7　量的研究法』東京大学出版会。
南風原朝和　2014　『続・心理統計学の基礎——統合的理解を広げ深める』有斐閣。
南風原朝和・小松孝至　1999　「発達研究の観点から見た統計——個の発達と集団統計量との関係を中心に」『児童心理学の進歩』**38**，213-233。
大久保街亜・岡田謙介　2012　『伝えるための心理統計——効果量・信頼区間・検定力』勁草書房。
澤田英三・南博文　2001　「質的調査——観察・面接・フィールドワーク」南風原朝和・市川伸一・下山晴彦編『心理学研究法入門——調査・実験から実践まで』東京大学出版会，19-62。
豊田秀樹　1998　『共分散構造分析——構造方程式モデリング　入門編』朝倉書店。
山田剛史・村井潤一郎・杉澤武俊　近刊　『Rによる心理データ解析』ナカニシヤ出版。

事項索引

あ 行

ICT　153
アイデンティティ　58, 140
アカウンタビリティ　18
アスペルガー症候群　70
アセスメント　72
新しい学力観　156
アナログの表現　171
アナログメディア・リテラシー　171
誤り　108
R　222
アンダーマイニング効果　114
意思伝達（コミュニケーション）　154
いじめ　129, 130
いじめ許容空間　130
維持リハーサル　86
一語文　40
一斉授業　17, 142
eテスティング　196
eポートフォリオ　188
eラーニング　169
因果関係　213
因子分析　24, 220
インフォーマル・グループ　120
ウェクスラー式知能検査　72, 189
うそ　40, 43
内田クレペリン精神作業検査　190
運動性言語障害　69
映画　161
Excel　167, 222
SNS　172
S字（シグモイド）曲線　32
SPSS　222
ATI→適正処遇交互作用
ADHD→注意欠陥・多動性障害

FD（職能開発）　149
M機能　151
延滞模倣　48
オーガナイザー　137
オーサリング・システム　169
オプタコン　74
オープン・スクール　17
オペラント行動　77
オペラント条件づけ　77, 78, 81, 82, 144

か 行

絵画統覚検査（TAT）　190
回帰成就値　195, 217
回帰直線　215
回帰分析　215
外集団　120
解説オーガナイザー　137
外発的動機づけ　114
カウンセラー　61
カウンセリング　61
書きことば　41
可逆性　49
学業不振　60
学習　31, 75, 136
学習意欲　60
学習指導要領　21, 22
　　──の改訂　21, 42
学習者ペース　145
学習障害　60, 71
学習障害児　60
学習性無力感　58
学力低下論　21
学力低下論争　26
学力テスト　182
仮説実験授業　109, 138
仮説の検定　207

学会誌　27
学級集団　119
学級風土　124
学級崩壊　133
学校（週）5日制　19, 20, 22
学校基本調査　43, 64
学校教育　119
学校教育調査　24
学校教育法　36, 63, 119
学校心理士　132
学校図書館　174
学校病理現象　129, 173
学校不適応　60, 62
カット・アンド・ペースト　168
家庭内暴力　61
カフェテリア教育　26
加齢　31
感覚・運動　162
感覚 - 運動期　46, 47
感覚性言語障害　69
間欠（部分）強化　80
観察　2, 23, 138
観察法　23
観衆効果　127
関連要因の発見　50
記憶容量　83
『危機に立つ国家』　13, 26
危険率　208
記号的機能　47
記述式項目　183
基礎学力　60
機能形態障害　62
帰無仮説　207
客観式項目　183
9歳の壁　41
吸啜反射　39
教育
　　——におけるホーソン効果　10
　　——の情報化　155, 157
　　——の世俗化　20
教育技術の法則化運動　140

教育基本法　119
教育効果の検証　4, 11
教育実習　139
教育職員免許法（教免法）　2
教育心理学　1-3, 9, 11, 23, 24
『教育心理学研究』　27
教育相談　61
教育統計法　3
教育内容等小委員会　156
教育評価　177
教育方法　3
教育目標　3
　　——の分類学　183
教員養成の開放制　5
鏡映書字　41
鏡映文字　68
強化　78
教科　136, 140
共学　136, 138
強化子　78, 114
教科「情報」　156
強化スケジュール　80
教科等　140
共感性　122
共行為効果　127
教師　4, 9, 17, 59, 61, 148
　　——の仕事　4
　　——の養成　5
教授 - 学習　121
教授心理学　93
教授的力量　149
教授法練磨　139
協同作業　172
共分散　212
共分散構造分析　221
紀要論文　27
挙手　143
クーイング　40
区間推定　210
具体・抽象論　160
具体的操作期　46, 48, 49

グループ学習　146
KR情報　145
形式的操作期　46, 49
芸術系　43
形成　136, 144
形成的評価　144, 178
携帯電話　172
系統発生　30, 46
系列位置効果　84
系列化　49
劇化装置　161
ゲゼルシャフト　120
ゲマインシャフト　120
元型　161
言語　39, 68
言語障害　69
言語聴覚士　69
言語聴覚士法　69
言語発達遅滞　69
現象型　161
検定　207, 209
現物　163
効果量　205
交互作用　222
向社会的行動　128
構成　142
構成主義　106
厚生労働省　35
構造方程式モデリング　221
行動主義　75, 76
校内暴力　61
項目反応理論　196
交友関係　125
口話法（オーラル・メソッド）　66
顧客ベースのブランド・エクイティ論　97
国際障害分類　62
国際生活機能分類　63
心の理論　51-53
個人間の相関関係　214
個人差　59
個人内の共変関係　214

コースウェア　169
個性化　16
個性化教育　16
個体発生　30, 46
5段階相対評価　194
ごっこ遊び　47
誤答分析　199
個別集団最適教材論　160
コミュニケーション　39, 56, 66, 67, 73, 154
　——の経済性や公共性　165
コンテンツ　153
コンピュータ教育　18, 23
コンピュータ・グラフィックス　161
コンピュータ・ソフトウェア　222
コンピュータ適応型テスト　196
コンピュータ・リテラシー　156, 171

さ 行

サイキグループ　120
最適教材論　160
サイン　163
サインボル　163
作業検査法　190
サッカー効果　127
三項随伴性　79
散布図　212
散布度　203
死　29, 45
CAI　145, 161, 168
　自動生成型——　169
　シミュレーション型——　170
　データベース型——　170
　フレーム型——　169
CAL　169
シェマ　46, 90, 106
CMI　173
自我　57
　——の発達　41
視覚障害　65
視覚障害児　65
刺激般化　79

自己　57
試行錯誤　102
自己開示　58
自己概念　58
自己教育力　156
自己効力　58
自己実現　60
自己説明　104
自己欲求抑制　121
思春期　43
司書教諭　174
自尊感情　58
肢体不自由　67
肢体不自由教育　67
肢体不自由児　74
視聴覚教育　160
実験　2, 23, 138
実験群　23
実験法　23
実践の共同体　113
悉無曲線　32
質問紙調査法　3, 190
CD　170
自伝的記憶　88
児童（期）　36, 41
『児童心理学の進歩』　27
児童相談所　36
自動装置　161
指導の力量　149
児童福祉法　36
CBT　196
四分位範囲　204
自閉症　68-70
自閉症スペクトラム障害　71
社会化　16
社会的促進　127
社会的適応　56, 58
社会的手抜き　127
社会的不利　62
社会的抑制　127
社会的欲求　122

社会と情報　157
弱化　78
重回帰分析　218
就学前児　40
集合の包含　49
習熟度別学級編成　181
自由進度学習　144
十全的な参加　113
従属変数　215
集団運営の力量　149
集団規範　121, 123
集団構成　119
集団の凝集性　124
集団雰囲気　123
集団目標　123
重度重複障害　69, 70
周辺的な参加　113
授業　135
授業観察　23
授業実践記録　23
授業実践報告　23
授業分析法　3
授業崩壊　133
出生前心理学　38
手話　66
循環反応　47
順序選択学習　144
生涯学習　44
生涯教育　44
障害児　72
障害児教育　70
消去　80
状況に埋め込まれた学習　113
条件刺激　77
条件反応　77
小集団学習　146
成就値　195
情緒障害　68
情緒障害児　69
少年　36, 37
少年院　37

事項索引　237

少年法　37
情報A　156
情報B　156
情報C　156
情報科教員免許状　156
情報基礎　21, 156
情報教育　157
情報の科学　157
情報の教育化　155
職業の選択　44
職能開発→FD
初頭効果　84
書物　161
初老　45
調べ学習　138, 172
事例研究法　3
人格　57
新近効果　84
新行動主義　76
新生児（期）　38
新生児反射　47
真正性　185
人生の二大選択　44
身体　154
シンタックス　165
　──の制約　165
診断的評価　144, 178
信念システム　117
新ピアジェ派　51, 52
信頼区間　210
　平均値差の──　210
信頼係数　210
信頼水準　210
信頼性　24, 198, 215
『心理学研究』　27
心理検査法　3, 24
心理的適応　56
心理的不適応　60
心理テスト　3
心理療法　61
推移律　49

推定　209
水路づけ　17
スキーマ　90
スクリプト　90
スクールカウンセラー　132
図表　161
スモール・ステップの原理　144
スライド　161
性格検査　24, 189
生活　136
生活科　21
生活指導　135
制御　116
成熟　31
成熟前傾　33
成人（期）　37, 44
精神間的機能　105
精緻化リハーサル　86
生長　31
成長　31
性徴　42
　第一次──　42
　第二次──　43
　第三次──　43
成長加速　33
成長曲線　32
生徒　36
生徒指導　135
青年期　43, 44
青年期延長　44
生理的欲求　122
積極的反応　145
絶対評価　192
z得点　193
ゼミ　140
宣言的段階　100
宣言的知識　95, 162
先行オーガナイザー　137
全人教育　26
前操作期　46, 47
僧院医学　7

総括的評価　179
相関係数　24, 212
相関分析法　24
総合的な学習　22, 135, 140
操作　46
創造的学び　140
相対評価　192
相補性　49
即時フィードバック　145
ソシオグループ　120
ソニック・ガイド　73

た行

第1次集団　120
第2次集団　120
胎芽期　38
怠学　60
胎教　38
胎児（期）　38
第13期中教審　156
対照群　23
対人魅力　125
胎生期　38, 66
態度　126
代表値　202
代用経験用装置　161
多感覚教材論　160
タッチタイピング　167
妥当性　24, 197
田中ビネー知能検査Ⅴ　189
短期記憶　83
短期記憶貯蔵庫　84
逐次的接近法　81, 144
知識　135, 153, 162, 164
　――の関連づけ　99
　――の翻訳　100
知識表象　162
　――のパラドックス　165
　――のレベル　162
知的好奇心　138
知的障害　66, 69

知的障害児　67
知能検査　24, 66, 188
知能指数　194
知能の時代差　33
知の共有（シェアリング）　172
注意欠陥・多動性障害（ADHD）　70
中央値　202
中性刺激　77
中年（期）　44
チューター　169
聴覚障害　66
聴覚障害児　66
長期記憶　83
長期記憶貯蔵庫　84
調査法　24
調節　46
重複障害　69
重複障害者　68
直後記憶範囲　83
通級指導教室制　69
ツール　153
定位法（場所法）　87
DVD　170
DSM-5　71, 72
DSM-IV-TR　71, 72
TAT→絵画統覚検査
t 検定　207
ティーチング・アシスタント　170
ティーチング・マシン　161
DTP　174
T 得点　194
TIMMS　186
ティーム・ティーチング　18
手紙　172
適応　56-58
適性検査　24, 190
適性処遇交互作用（ATI）　18, 147
適性分化　51
テクノロジー・プッシュ　159
テスト構成法　3
データベース　172

手続化　100
手続的段階　101
手続的知識　95, 162
デマンド・プル　159
転移　109
点字　65
電子機器アクセシビリティ　74
電子メール　172
展望記憶　88
電話　173
同一性　49
　　──の危機　44
投映法　190
同化　46, 60
動機づけ　114
道具　154
統計的推論　204
統合教育　73
統制群　23
到達度評価　192
透明なツール　154
同僚性の重視　150
特殊教育　63
特別支援学級　55, 63, 69
特別支援学校　55, 63
特別支援教育　63
独立変数　215
度数分布　201
ドリル・プラクティス　170

な　行

内化　105
内集団　120
内発の動機づけ　114
納得　168
喃語　40
難読症　71
2貯蔵庫モデル　84, 85
『ニッポンの学校』　13
日本教育心理学会　3, 27
日本国憲法　119

日本心理学会　3, 27
日本の教育　12, 13, 15, 16
『日本の教育達成』　15, 20
『日本の高校』　14, 16
日本発達心理学会　27
入学者選抜　181
乳児（期）　36, 39
ニュメラシー　41
認知心理学　93
脳性麻痺　67
能力障害　62

は　行

把握反射　39
配偶者の選択　44
バグ　108
外れ値　202
長谷川式認知症スケール　72
パーセンタイル　202
パーセンタイル順位　193, 194
パーソナリティ　57
罰　78
発育　31
発見学習　138
発生　30
発生的認識論　46
発達　29, 30, 32, 39
発達加速現象　33
発達課題　39
発達曲線　32
発達障害　70
発達障害児　70
発達障害者　70
発達障害者支援法　55, 70
『発達心理学研究』　27
発達段階　33, 34, 37
発達段階区分　33-35
　　厚生労働省の──　36
　　法務省の──　37
　　文部科学省の──　34
発展課題・課題選択学習の授業　146

発問　143
話しことば　40
バビンスキー反射　39
パフォーマンス　127, 151
パフォーマンス課題　183, 185
パフォーマンス評価　185
バルネラビリティ　131
PowerPoint　170, 174
範囲　203
半具体　160
反射　38
板書　143
反応形成　80
ピアジェ理論　35
PM理論　151
比較オーガナイザー　137
P機能　151
ピグマリオン効果　10
非行　61
PISA　186
非社会的行動　123
ビデオ　161
ビネー式検査　189
ピボットテーブル　167
秘密　43
ヒューリスティック　115
描画　48
表計算ソフト　167
病弱・身体虚弱　67
病弱・身体虚弱教育　67
標準化平均値差　206
標準得点　193
標準偏差　204
表象　163
標本　204
比例概念　50
ファクス　172
フォーマル・グループ　120
フォロアー　151
物理的適応　56
不登校　60, 129, 173

ブラインド・テスト　8-11
　シングル・——　9
　ダブル・——　9, 11
プラシーボ　8
フリーライダー効果　127
プレゼンテーション課題　183
プログラム学習　81, 144
プロジェクト型学習　146
プロダクション　96
分化強化　144
文科系　43, 51
文化参入　117
分散　204
文章完成テスト　190
分離教育　73
平均　202
平均値差の検定　206
偏差値　193
弁別　79
弁別刺激　79
保育所　36
法務省　35
歩行反射　39
母集団　204
保存性　48
ポートフォリオ　187
ポートフォリオ評価　187

ま　行

学び　136
　——の共同体　172
　——のツール　166, 172
　——を拓く　168
マルチメディア・コンピュータ　161
幹葉表示　201
未就学児　40
ミニメンタルステート検査　72
無学年制　18
無条件刺激　77
無条件反応　77
命題の組合せ　50

命題のネットワーク　95
命題表象　89
メインテナンス　151
メソッド　153
メタ認知　111
メディア　153
メディア特性論　160
メディア・リテラシー　154
面接法　3
盲学校　55, 63
目標細目分類表　183
目標準拠評価　192
模型　163
模型装置　161
モジュール性　57
モーズレイ性格検査　72
モデル　163
モード　203
モニタリング　111
モラトリアム　44
モンスターペアレント　148
問題解決型学習　146
問題箱　102
文部科学省　35

や　行

役割取得　121
有意　207
有意水準　208
有意味受容学習　137
優越感　58
友人関係　125
U字曲線　32
U字成長　32
養護学校　55, 63, 70
幼児（期）　36, 40, 46, 47
幼稚園　36
幼保一元化　37
欲求階層論　122

ら　行

ラーニング　127
ラベル　164
理科系　43, 51
リカレント教育　45
利己的遺伝子説　45
リソース　115
リーダー　124, 151
リーダーシップ　151
利他的行動　121, 128
リーディングスパン・テスト　88
リテラシー　41, 162
リハーサル　84
理髪外科　7
略図　163
臨床心理士　132
類似性　110
類推　137
ルーブリック　185
ルール評価アプローチ　51, 52
レスポンデント行動　77
レスポンデント消去　78
レスポンデント条件づけ　77
劣等感　58
連続強化　80
老化　31, 45
聾学校　55, 63, 68
老人　45
老年期　45
ロールシャッハ・テスト　190
論理的思考　165

わ　行

わかる　135, 168
ワーキング・メモリー　52, 88
ワープロ　74, 167
われわれ意識　120

人名索引

あ 行

アズリン（Azrin, N. H.）　82
アンダーソン（Anderson, J. R.）　89, 95, 100, 103
板倉聖宣　109, 139
市川伸一　26
稲垣佳世子　192
イネルデ（Inhelder, B.）　46
ヴィゴツキー（Vygotsky, L.）　105
ヴィマー（Wimmer, H.）　53
ウェクスラー（Wechsler, D.）　189
ウッドラフ（Woodruff, G.）　53
太田茂　74
大西仁　111
岡部恒治　26
オースベル（Ausubel, D. P.）　136

か 行

カーク（Kirk, S. A.）　71
笠原嘉　44
ガードナー（Gardner, H.）　57
カーペンター（Carpenter, P. A.）　88
カーミロフ－スミス（Karmiloff-Smith, A.）　106
カミングス（Cummings, W. K.）　13, 15
菊池章夫　128
倉石精一　2
クレイク（Craik, F. I. M.）　86
クロンバック（Cronbach, L. J.）　18
ケイス（Case, R.）　51
ケラー（Keller, H. A.）　68
ケラー（Keller, K. L.）　97
ケリー（Kelly, J.）　38
子安増生　11, 15, 18, 20

さ 行

佐伯胖　23
佐藤理史　104
シモン（Simon, T.）　189
ジャラード（Jourard, S. M.）　58
ショーンフェルド（Schoenfeld, A. H.）　105, 112, 115
スィーグラー（Siegler, R.）　51
スキナー（Skinner, B. F.）　76
鈴木弘明　111
ステイン（Stein, B. S.）　112
ソシュール（de Saussure, F.）　47
ソーンダイク（Thorndike, E. L.）　102

た 行

高松鶴吉　74
田中俊也　162, 163
ダーネマン（Daneman, M.）　88
チ（Chi, M. T. H.）　104
土居洋文　45
ドーキンス（Dawkins, R.）　45
戸瀬信之　26
戸塚滝登　23

な 行

中野照海　160
西之園晴夫　159
西村和雄　26

は 行

バウアー（Bower, G. H.）　87
バウアー（Bower, T. G. R.）　73
パヴロフ（Pavlov, I. P.）　77
南風原朝和　211
橋爪貞雄　13

パスカル－レオーネ（Pascual-Leone, J.）
　51
長谷川俊明　19
バソック（Bassok, M.）　110
バドリー（Baddeley, A. D.）　88
バートン（Burton, R. R.）　108
パーナー（Perner, J.）　53
バーニー（Verny, T.）　38
ピアジェ（Piaget, J.）　46, 50-53, 94, 106
ビネー（Binet, A.）　189
フーコー（Foucault, M.）　167
ブライユ（Braille, L.）　65
ブラウン（Brown, J. S.）　108
ブランスフォード（Bransford, J. D.）　99, 107, 111, 112
ブルーナー（Bruner, J. S.）　161
ブルーム（Bloom, B. S.）　183
プレマック（Premack, D.）　52
ホリオーク（Holyoak, K. J.）　110
堀口秀嗣　169
ホルツ（Holz, W. C.）　82

　　ま　行
マウラー（Mowrer, O. H.）　78

マウラー（Mowrer, W. M.）　78
マズロー（Maslow, A. H.）　122
松原仁　104
三隅二不二　151
宮本健作　38
三好邦雄　82
メンデル（Mendel, G. J.）　7
森嶋通夫　13
モリス（Morris, D.）　56

　　ら　行
ラングラン（Lengrand, P.）　44
ランパート（Lampert, M.）　117
リン（Lynn, R.）　15
レイヴ（Lave, J.）　113
ローゼンサール（Rosenthal, R.）　10
ローレン（Rohlen, T. P.）　14, 16

　　わ　行
ワーチ（Wertsch, J. V.）　105
ワトソン（Watson, J. B.）　76

◆ 著者紹介

子安増生　京都大学名誉教授
田中俊也　関西大学名誉教授
南風原朝和　東京大学名誉教授
伊東裕司　京都女子大学教授，慶應義塾大学名誉教授

教育心理学〔第3版〕　〈ベーシック現代心理学6〉
Educational Psychology, 3rd ed.

1992 年 1 月 30 日　初　　版第 1 刷発行
2003 年 3 月 30 日　新　　版第 1 刷発行
2015 年 3 月 25 日　第 3 版第 1 刷発行
2025 年 7 月 15 日　第 3 版第 9 刷発行

著　者　　子　安　増　生
　　　　　田　中　俊　也
　　　　　南風原　朝　和
　　　　　伊　東　裕　司

発行者　　江　草　貞　治

発行所　　株式会社　有　斐　閣

郵便番号 101-0051
東京都千代田区神田神保町 2-17
https://www.yuhikaku.co.jp/

印刷・株式会社精興社／製本・牧製本印刷株式会社
© 2015, Masuo Koyasu, Toshiya Tanaka,
Tomokazu Haebara, Yuji Itoh. Printed in Japan

落丁・乱丁本はお取替えいたします。

★定価はカバーに表示してあります。

ISBN 978-4-641-07245-9

JCOPY　本書の無断複写（コピー）は，著作権法上での例外を除き，禁じられています。複写される場合は，そのつど事前に，(一社)出版者著作権管理機構（電話03-5244-5088, FAX03-5244-5089, e-mail:info@jcopy.or.jp) の許諾を得てください。